불꽃, 더 큰 빛으로

한화그룹 창업주 현암 김종희의 사업 철학

# 불꽃, 더 큰 빛으로

달&북

# 스스로 조국 근대화의
# 도화선이 되다

현암小岩 김종희金鍾喜, 1922~1981, 그는 '한국의 노벨'이라 불린다.

해방 이후 이 땅에 화약산업을 본격적으로 태동시킨 우리나라 근대 화약사의 산증인이다. 기술도 인력도 장비도 부족한 척박한 환경에서 다이너마이트를 개발해 국산화했고, 한국전쟁 후 황폐화된 조국을 재건하는 데 크게 기여했다. 그는 오늘날 한화그룹의 전신인 한국화약을 맨손으로 일군 불굴의 창업주다.

그의 이름은 한국 경제계를 빛낸 거목의 반열에 올라 있지만 안타깝게도 그의 생애와 발자취는 잘 알려져 있지 않다.

현암은 생전에 사업과 사명이라는 두 명제를 놓고 스스로에게 끊임없이 질문을 던진 기업인이었다. 그리고 누구보다도 사업보국의 경영 철학을 철저히 실천했다. 2022년은 그런 현암 김종희가 태어난 지 꼭 100년이 되는 뜻깊은 해다.

그가 평범한 기업인의 길을 걷고자 했다면 굳이 목숨을 건 화약사업을 고집할 필요까진 없었을 것이다. 전후 국가가 당장 먹고살기 위한 물자 부족에 시달릴 때 조금만 눈을 돌리고 수완을 발휘했다면 돈 벌 수 있는 일들은 널려 있었다. 하지만 그는 졸업 후 우연한 기회로 화약계에 입문한 뒤 그 운명의 끈을 더욱 조여 평생 화약인의 길을 걸었다.

현암은 학창 시절부터 남다른 정의감으로 충만했다.

그 불타오르는 사명감이 아무도 가려 하지 않았던 미지의 세계로 그를 이끌었는지도 모른다. 현암은 한 사람의 위대한 결심이 세상을 어떻게 움직이고 변화시킬 수 있는지 몸소 실천해 보였다. 수십만 평의 인천 간척지 위 버려진 화약공장에 다시금 국토 재건의 희망을 심었고, 조국 번영의 기대감을 불어넣었다. 무에서 유를 창조하듯 초안폭약을 개발하고, 아시아에서 두 번째로 다이너마이트를 개발하는 기적 같은 역사를 일구어냈다.

그는 사업을 하는 동안 개인과 회사의 이익을 따지기에 앞서 공공의 선을 추구했고 대의와 명분을 좇고자 했다. 매사에 뜻이 확고했고 분명했으며 흔들림이 없었다. 정해진 시간과 때에 맞춰 폭발하는 화약처럼 그 또한 화약인으로서 정도正道를 고집했다. 열 개를 못 벌어도 좋으니 하나를 벌어도 제대로 벌자는 것이 그의 한결같은 정도 철학이었다. 그런 우직함으로 화약사업에 뛰어들었고 한국화약의 전통을 만들어나갔다.

화약사업 이후 펼쳐간 사업들 또한 투철한 국가관에 뿌리를 내리고 있다. 그가 꿈꾸었던 세상은 조그만 기업의 테두리 안에만 머물지 않았다. 항상 거국적인 시각에서 생각했고 먼 미래를 내다보며 행동으로 옮겼다.

장기간 적자가 예상되었던 기계공업을 과감히 인수하고, 장래에 모든 국가 기간산업의 근간이 될 화학과 에너지사업에 매진했으며, 비록 자신의 뜻과는 달랐지만 국가 정책에 적극 협조해 관광산업 진흥에 기여할 호텔을 짓고, 농가를 돕기 위해 낙농업을 지원하기도 했다.

평소 강조했던 '하면 된다'는 정신으로 현암은 세상의 벽을 넘어 사업보국이라는 오직 하나의 목표를 향해 전진했다. 그가 평생 실천했던 신념과 용기, 봉사 정신은 그대로 한국화약의 사훈이 되었다.

현암은 세상을 앞서 내다본 혁신가이자 창조적인 개척자로서 한국 경제사에 큰 족적을 남겼다. 또한 육영사업가와 민간외교관으로서도 사회와 국가를 위한 소임에 최선을 다했다. 당시 재계의 미래를 이끌어갈 젊은 총수로서 주목을 받았지만 너무도 이른 나이에 스러져 안타까움을 더할 따름이었다.

현암의 생애는 불꽃과도 같이 짧지만 강렬했다.

"왜 사업을 하는가? 나는 사명을 다하고 있는가?" 그는 평생이 질문에 치열하게 답하는 삶을 살았다. 스스로 조국 근대화의 도화선이 되었고 자신을 태워 세상을 밝혔다.

그렇게 오직 '불꽃의 길'을 걸었다.

2022년 11월

# 차 례

# 1부 도화선 | 나의 사업

## 1장      어두운 시대를 밝힌 불꽃 사업보국의 사명을 키우다

## 2장 세상의 길이 된 신념 한화 100년의 여정이 시작되다

# 2부 불꽃 | 나의 철학

# 3부 빛 | 나의 삶

# 1부
·
## 도화선 | 나의 사업

2022년 6월 대한민국은 한국형 발사체인 누리호 발사에 성공하며 우주 시대를 활짝 열었다. 민간기업 300여 곳이 힘을 모아 이룬 성과이지만, 그중 누리호의 심장인 엔진을 제작한 기업은 다름 아닌 한화였다. 한화는 그룹 내 스페이스 허브를 통해 우주사업에 적극적으로 나서며 뉴 스페이스 시대의 선두 주자로 도약하고 있다. 또한 현재 미국 태양광 모듈 시장 1위 사업자로 우리나라에서는 유일하게 미국 내 태양광 생산 거점을 확보하고 있다. 향후 대대적인 투자로 글로벌 시장에서 신재생에너지 리딩 기업으로서의 위상을 더욱 높여나갈 계획이다.

2022년은 한화그룹이 창립 70주년을 맞이한 해다. 창업 이후 지난 70년간 총자산 규모 기준 국내 재계 순위 7위에 올랐고, 오늘날 방산·항공 우주·에너지·금융 등의 사업군에서 일류 경쟁력을 갖춘 기업으로 성장했다. 특히 최근 몇 년 사이 한화는 인류와 지구의 지속 가능한 문제에 관심을 갖고 긴 안목으로 미래를 준비하는 대표적인 기업으로 주목받고 있다.

기업은 생명체와 같아서 생로병사를 겪기 마련이다. 국제 신용 평가 기관인 미국 S&P의 통계에 따르면, 최근 S&P500 지수에 편입된 기업의 평균수명은 고작 18년에 불과하다. 그런 통계를 감안하면, 한화는 100년 기업을 지향하는 글로벌 기업의 반열에 당당히 오른 것이다.

기업이 지속 성장하기 위해서는 반드시 젊음을 유지해야 한다. 한화 김승연 회장은 2021년 신년사에서 "방산, 에너지를 비롯한 우리 사업들은 세계 시장에서 국가를 대표하는 브랜드로 성장하고 있으며, 혁신의 속도를 높여 K-방산, K-에너지, K-금융과 같은 분야의 진정한 글로벌 리더로 나아갈 것"이라고 강조했다. 이어 "향후 모빌리티와 항공우주, 그린수소에너지, 디지털 금융 솔루션 등 미래 신규 사업 진출에 전념할 것"이라고 방점을 찍은 것도 한화가 '100년 기업'의 가치를 뛰어넘어 '영속적이고 지속 가능한 기업'을 지향하겠다는 의지를 밝힌 것으로 해석된다.

1981년에 취임한 김승연 회장은 취임 40주년을 맞은 2021년을 기준으로 한화의 자산 규모를 288배 성장시켰다. 이는 제2의 창업자로서 선대 회장의 업적 그 이상을 이룬 결과가 아닐 수 없다. 한화 고유의 정체성은 '내실은 철저히 기하되 현실에 안주하지 않고 미래에 도전하는 강한 생명력'에 있다. 70년의 세월 동안 완성된 이런 정체성을 설명하기 위해서는 지금으로부터 정확히 100년 전에 태어나 조국 근대화의 도화선이 되었던 창업주 현암 김종희와 만나야 한다.

# 1장

·

# 어두운 시대를 밝힌 불꽃

사업보국의 사명을 키우다

# 가난한 식민지 소년,
# 불꽃을 품다

한화그룹의 모체인 '한국화약주식회사'의 창업주 현암 김종희 회장은 한국 근현대사에서 가장 불행한 세대로 이 땅에 태어났다. 말과 글조차 빼앗긴 식민지 시대에 태어나 청년기에는 참혹한 전쟁을 겪어야 했고, 일생을 바쳐 전후 국가 재건에 매달려야 했기 때문이다.

고난과 위기는 인간에게 좌절을 안겨주기도 하지만 어떤 이에게는 초인적인 힘을 부여하는 계기가 되기도 한다. 현암은 후자의 인물이었다. 그는 시대의 악조건 속에서도 대한민국 기업사에 뚜렷한 족적을 남긴 경영자로 성장했다. 해방 후 엄혹한 결핍의 시절을 통과하며 위기와 시련과 난관을 겪었음은 물론이다.

그러나 그는 타고난 기질과 인품으로 자신만의 길을 개척했고, 그 결과는 개인의 성공을 넘어 대한민국의 재건과 부흥에 지대한 영향을 끼쳤다. 따라서 우리는 그동안 가려져 있던 그의 삶을 발굴해 격변의 시대를 헤쳐나가는 길잡이로 삼을 필요가 있다.

1922년 11월 12일(음력 9월 24일), 현암은 김재민 공과 오명철 여사 사이에서 4남 1녀 중 차남으로 태어났다. 그가 나고 자란 충청남도 천안天安은 그 이름에서 알 수 있듯이 '하늘 아래 가장 편안한 곳'이어야 했지만 현실은 달랐다. 그 시절에는 일제의 수탈이 극에 달했고, 그가 살던 천안면 부대리는 암울한 식민지에서도 특히 더 가난한 마을이었다.

마을 주변에는 야산이 많아 70호가 넘는 농가 수에 비해 농토가 너무 적었고, 토질까지 척박해 곡식의 수확량이 시원찮았다. 게다가 부대리 농민들 대다수는 논 열 마지기 미만의 소작농들이었다. 궁핍했던 그들은 농한기인 겨울이면 나무 장사를 해서 좁쌀을 사다가 부족한 양식을 보태 먹고 살았다.

현암의 부친 재민 공의 사정도 다르지 않았다. 겨우 천수답 다섯 마지기로 농사를 지었고, 얼어붙은 20리 길을 걸어 다니며 나무를 해다 팔았다. 가난했던 탓에 현암은 물로 허기진 배를 채우고, 나무를 하다 낫에 손가락을 베여도 제대로 된 치료를 받지 못해 새끼손가락이 굽고 말았다. 말간 죽으로 끼니를 해결할 때면 그 죽이 얼마나 묽었던지 대접 안으로 얼굴이 비칠 정도였고, 훗날 국민당 총재를 지낸 현암의 형 종철은 세수간에서 우연히 본 비누가 떡인 줄 알고 먹어 탈이 났다고 회상하기도 했다.


## 소년을 키운 신학문과 신앙심


국가든 개인이든 꿈을 품기는커녕 가까운 미래조차 예측할 수 없는 암울한 시기였지만, 그 시절 부대리에는 크나큰 자랑거리가 하나 있었다. 현암에게 직접 세례를 주어 '디도Titus'라는 세례명을 갖게 한 영국 출신 성공회 신부 세실 쿠퍼Alfred Cecil Cooper가 1912년 부대리 성당에 딸린 부설학교를 세운 것이다.

처음에는 신명학교라 불린 이 학교는 2년 후 북일사립학교로 이름을 바꾸었다. 비록 천안이나 직산에 있는 6년제 정규 보통학

교가 아닌 4년제 성공회 부설사립학교였지만, 부대리 빈농들에게
는 자식들로 하여금 서구식 신학문을 배우게 한다는 자긍심을 심
어주기에 충분했다.

특히 세실 신부는 부대리 아이들에게 산타클로스와도 같았다.
그는 오토바이를 타고 다녔는데 가끔씩 학용품부터 각종 생활용
품, 사탕 따위를 잔뜩 싣고 와 부대리 아이들에게 나눠주곤 했다.
그 물건들은 영국에 있는 성공회 선교본부의 '세실 쿠퍼 선교후
원회'에서 보내온 것들이었다. 어린 현암은 마을 아이들 중에서
도 유독 세실 신부를 잘 따랐다.

30평짜리 성당 부지 빈터에 흙벽돌을 쌓아 세운 교실 두 칸에
서 현암은 2년을 보내며 자신의 꿈을 무럭무럭 키워나갔다. 교육
받을 기회가 자신에게 주어진 것이 얼마나 큰 축복인지 그 누구
보다 스스로 잘 알고 있었다.

훗날 그가 천안에 고등학교를 설립해 육영사업에 열정을 쏟고,
해방 후 인천화약공장을 불하받고 재건할 당시 공장 부지 안쪽에
작은 성당을 건립한 사실이 이를 뒷받침한다. 현암은 감수성이
가장 예민하던 유소년기에 신학문과 독실한 신앙심이라는 축복
을 받았고, 이는 훗날 현암의 세계관을 형성하는 두 개의 단단한

기둥이 되었다.

어려운 형편에도 불구하고 학업에 대한 현암의 열정은 각별했다. 아버지를 설득하고 주변의 도움을 받을지언정 학업을 포기하거나 중단한 적이 단 한 번도 없었고, 경영자가 된 후에도 영어와 중국어를 배우는 등 일생 동안 뜨거운 학구열을 보였다. 일찌감치 그는 '평생에 걸쳐 공부하지 않으면 안 된다'는 철칙을 세우고 실천했던 것이다.

하지만 현암은 그렇게나 좋아했던 북일사립학교를 2년밖에 다니지 못했다. 2학년 2학기 말 무렵의 어느 날, 그는 영문도 모른 채 가족과 함께 부대리를 떠나야 했다. 부친이 그해 겨울 현미 장사에서 큰 손해를 입었기 때문이었다. 그렇게 현암의 가족은 대전을 거쳐 직산으로 이주했고, 현암은 직산공립보통학교에 편입했다.

집이 있는 상덕리에서 학교까지는 10리 길이었지만, 북일사립학교와는 비교도 되지 않을 만큼 시설과 규모가 좋았다. 게다가 직산공립보통학교는 이미 21회 졸업생을 배출한 학교로 도내에서도 오랜 전통을 지닌 명문이었다.

# 명문 경기도상에 입학하다

.

그 무렵 친척의 도움으로 현암의 부친은 사금 채광사업에 손을 댔고 가정 형편도 조금씩 나아졌다. 덕분에 현암은 점심밥을 싸 오지 못하는 아이들에게 자신의 도시락을 나누어줄 수 있을 만큼 여유가 생겼고, 부친은 사금광을 경영해서 번 돈으로 농토를 장만해 나갔다. 하지만 그렇다고 해서 5남매나 되는 아이들을 결혼시키고 살림을 내줄 만큼의 형편은 되지 못했다.

당시 현암의 형 종철은 서울에 가서 공부를 하고 있었다. 현암의 부친은 자식들 모두를 뒷바라지할 수 없으니 장남인 종철을 공부시키고 둘째인 종희는 집안 살림을 거들며 농사를 짓게 하고 싶었다.

하지만 현암의 생각은 부친의 희망과 달랐다. 그는 직산공립보통학교를 졸업하던 해에 내심 유학을 꿈꾸며 서울의 명문 학교인 경기도립상업학교(현 경기상업고등학교)의 입학시험을 치렀다. 단, 시험에 떨어지면 아버지의 바람대로 농사를 짓겠다는 조건이 붙어 있었다. 하지만 안타깝게도 그 결과는 낙방이었다.

"시험에 떨어지면 농사일하겠다고 네 입으로 말 안 했나 뵈."

"그건 꼭 붙을 생각으로 그렇게 말한 거였어요. 아버지, 내년에 한 번만 더 보고 또 떨어지면 그땐 아버지께서 시키는 대로 할게요."

그러나 부친의 뜻은 완고했다. "붙을 놈이었으면 진즉에 붙었을 것이고, 농사일이라는 게 어려서부터 몸에 배지 않으면 후에 고생한다"라며 아들이 스스로 뜻을 꺾길 바랐다. 현암은 고개를 떨군 채 말없이 입술만 깨물 수밖에 없었다.

마음을 쉬이 접을 수 없었던 현암은 부친에게 받은 지게를 보란 듯이 대문 앞에 던져둔 채 새벽 첫차를 타고 서울 당숙 어른인 봉서 공의 집으로 향했다.

봉서 공은 말년에 금광사업으로 성공한 집안 어른이었다. 본인도 고생을 많이 해 평소 주변의 딱한 사정을 잘 헤아렸고 고향에서도 덕망이 높았다.

'먼 친척도 데려다가 공부시키는데, 설마 내 소원을 안 들어주실까?'

현암의 예상과 달리 봉서 공은 아버지 허락 없이 막무가내로 자신을 찾아온 현암을 크게 꾸짖었지만, 다른 방법으로 도움을 주었다. 그는 직접 상덕리로 가 부친을 설득해 현암을 성환심상

소학교 고등과에 입학시켜 주었고, 현암은 무사히 재시험을 준비해 이듬해 16 대 1의 경쟁률을 뚫고 명문 경기도상에 합격했다. 경기도상은 1923년 설립된 최초의 5년제 경기도립 학교로, 서울에서 공부깨나 한다는 학생들도 낙방의 고배를 마시기 일쑤였으니 시골 소년이 덜컥 합격한 것은 마을 잔치라도 벌여야 마땅한 일이었다.

하지만 문제는 유학에 필요한 학비와 생활비였다. 하숙이나 자취를 할 여력이 되지 않았으니 천안에서부터 새벽 기차를 타고 통학하는 수밖에 없었다.

집에서 성환역까지, 다시 성환역에서 기차로 서울역까지 간 다음 서울역에서 효자동에 있는 학교까지 통학을 하며 지각을 하지 않기 위해서는 일주일에 닷새는 교복이 땀에 흠뻑 젖도록 뛰어야 했다. 왕복 여섯 시간이 걸리는 고달픈 통학길이었지만 현암은 1, 2학년 내내 결석 한 번 한 적이 없었고, 성적 또한 학급에서 항상 5등 밖을 벗어나지 않았다. 불리한 여건 속에서도 수재들이 모인 경기도상에서 상위권 성적을 유지했던 것이다.

# 나라 잃은 설움이 폭발하다

경기도상에 입학하고 2학년 겨울방학이 끝나가던 어느 날 저녁이었다. 현암은 부친 앞에 무릎을 꿇고 앉았다.

"아버지, 소원이 하나 있습니다."

"별안간 소원이 뭐여?"

"우리 학급에서 1등을 한번 해보고 싶어요. 3학년 1학기, 딱 한 학기 동안만 하숙을 좀 시켜주세요. 1등을 할 수 있나 없나 저를 시험해 보고 싶어서 그래요. 1등을 하든 못 하든 하숙을 더 시켜달란 말은 안 할게요."

며칠 후 부친은 서울 안국동으로 올라가 천안에서부터 알고 지낸 친구를 만나 현암의 하숙을 부탁했다. 그렇게 서울에서 하숙을 하게 된 현암은 정말 자신의 능력을 시험하려는 듯 머리를 싸매고 무섭게 공부했고, 3학년 1학기 말 시험에서 당당히 1등을 했다. 부친도 그런 현암의 성취를 무척 대견하게 여겼다.

엘리트 청년의 길을 걷던 현암은 4학년 2학기에 예기치 못한 사건에 휘말리고 만다. 11월의 어느 날, 현암이 학교 수업을 마치고 어둑해진 효자동 골목을 내려오고 있을 때였다. 제2고보(현 경복고등학교) 옆 골목에서 한 무리의 학생들이 패싸움을 벌이고 있었다. 자세히 보니 경기도상 럭비부 일본인 학생 네 명과 조선인 학생 세 명이 뒤섞여 있었다.

열세에 몰린 조선인 학생들을 본 순간 현암은 앞뒤 생각 없이 조선인 편에 가세해 일본인 학생들을 닥치는 대로 걷어차며 머리로 얼굴을 들이받았다. 이윽고 순사들이 달려와 현암을 포함한 학생 여덟 명을 파출소로 연행했고, 현암은 밤늦게까지 조사를 받고 귀가했다.

현암이 싸움에 가세한 것은 단순히 조선인 학생들이 열세에 몰려 있어서만은 아니었다. 식민지 시대를 살아가던 한 청년의 울분이 한순간에 폭발한 것이었다.

당시 경기도상은 내선일체內鮮一體를 표방해 일본인 학생과 조선인 학생을 반반씩 수용한 한일공학으로 시범 운영되고 있었다. 하지만 교장은 물론 교사들까지 거의 일본인으로만 구성해 황국신민화 교육을 강력하게 실시해 오고 있었다. 이는 결국 조선인 학생들의 민족적 자각을 일깨우고 일제에 대한 반감을 자극하는 결과만 낳을 뿐이었다.

다음 날 오전 9시, 조회 단상에 오른 경기도상 일본인 교장은 어젯밤 패싸움을 벌인 학생 여덟 명 전원에게 퇴학 처분을 내린다고 선언했다.

"일본인 학생과 조선인 학생이 패싸움을 했다는 것은 내선일체를 구현하려는 본교의 설립 취지에 정면으로 위배된 행위다. 금번의 전원 퇴학 조치로써 일벌백계의 본보기로 삼고자 한다. 따라서 앞으로는 이유를 막론하고…."

청천벽력이었다. 순간 현암은 자신의 귀를 의심했다. 하지만 그럼에도 자신의 행동이 잘못되었다고 여기지 않았다. 옳은 일이었고, 누구라도 그렇게 해야 했다고 생각했다.

한동안 실의에 빠져 지내던 현암은 다시 한번 당숙 어른의 도움으로 함경도 원산에 있는 원산공립상업학교에 편입했다. 당숙 어른이 사금광을 운영하며 절친하게 지냈던 지인이 도움을 준 덕분이었다.

경기도상과 달리 원산상고는 조선인 학생들이 많아 민족적 분위기가 강했다. 현암은 이미 경기도상 시절에도 '충남회'라는 모임에 참석하며 급박하게 돌아가는 세상의 정세며 조국의 장래에 많은 관심을 갖고 있었다. 그러면서 자연스럽게 민족적 긍지를 키워올 수 있었다. 이곳 원산상고에도 '고래모임'이라는 서클이 있어 어울리게 되었는데, 임시정부나 광복군에 대한 이야기도 심심치 않게 입에 올렸고 공공연하게 독립을 이야기하기도 했다. 원산에 가기 전 현암은 조국의 독립이 요원한 일이라고 생각했다. 하지만 이곳으로 온 이후 상해에 임시정부가 있고 광복군이 끝없이 항전하고 있으며 독립투사들이 독립운동을 벌이고 있다는 소식을 듣기 시작하면서 머지않아 독립이 실현될지도 모른다는 희망을 품게 되었다.

'설령 조선이라는 나라가 지구상에서 사라질지라도 나는 조선사람으로서 의연하게 살아갈 것이다.'

현암은 자신이 살아 있는 동안 조국이 독립을 맞이하는 날이 오지 않더라도 조선인으로서 의연하게 살아가야겠다고 다짐했다.

1941년 12월, 일본군은 당시 미국령 하와이의 진주만을 공격했고 그로부터 2주 뒤 현암은 5년제 원산상고를 무사히 졸업했다. 그렇게 현암이 성인이 될 즈음 제2차 세계대전이 확산되었고, 제국주의 일본에 패망의 검은 그림자가 점차 드리워지기 시작했다.

# '다이너마이트 김'의
# 탄생

1941년 12월 말, 현암은 함경도 원산에서 서울로 돌아왔다. 보통 명문 학교인 경기도상이나 원산상고를 졸업하면 직장에 바로 취업할 수 있었지만, 태평양전쟁 발발로 당시 학생들은 미래에 대해 어떤 결정도 내리지 못한 채 쫓기듯 졸업을 해야만 했다. 현암은 취업보다 자신의 오랜 꿈인 일본 유학을 추진할 계획이었다. 그렇게 창성동의 당숙 어른을 찾아가 자신의 뜻을 밝혔다.

"아니, 세상이 어수선한 이때 일본 유학이라니? 앞으로도 기회가 닿으면 공부는 얼마든지 할 수 있다. 아무 말 말고 내일 당장 내가 일러준 사람을 찾아가거라. 화약을 공판하는 회사라고 하던데 자세한 건 직접 만나거든 물어보고."

1941년 12월도 거의 다 지나갈 무렵, 현암은 당숙 어른의 지인을 찾아갔다. 그리고 그날 현암은 자신의 미래를 결정하는 운명적인 제안을 받았다. 현암이 불세출의 기업가로서 발을 내딛게 될 '조선화약공판주식회사'의 입사를 권유받은 것이다.

조선화약공판은 그해 12월 1일 발족된, 설립된 지 한 달도 채 안 된 회사였다. 한반도 곳곳에 산재해 있던 화약제조회사 네 곳과 판매사 두 곳을 통합한 회사로, 일본 대기업들이 출자해 세운 총판이었다. 이미 6개월 전부터 일본에 설립된 일본화약공판주식회사와 마찬가지로 조선화약공판은 조선 안에 있는 각 화약공장에서 생산하는 제품을 전량 구매해 판매 가격을 결정하고 수요처에 배급하는 역할을 했다. 그리고 각 화약공장에 생산량을 할당하고, 각 공장이 필요로 하는 원재료를 일괄 구입해 공급하는 일까지 담당했다. 근로자 수도 많았다. 본사에만 50여 명이 관리직으로 근무했는데, 그중 조선인은 다섯 명뿐이었다.

1942년 새해, 현암은 서울 남대문 부근에 위치한 조선화약공판 구매부에 입사했다. 본사 사무실에서 현암이 처음 담당한 업무는 경리였다. 당시 조선화약공판에는 1명의 취체역(이사를 뜻하는 일본식 표기) 사장과 2명의 상무 취체역, 3명의 취체역 등 총 6명의 중역이 있었다. 그들은 각자 소속 회사가 달랐다. 당시 조선인으로는 와세다대학을 졸업한 김봉수가 창고계장으로, 현암을 비롯해 민영만, 김덕성 등이 평사원으로 일하고 있었고 노무직으로 근무하던 조선인도 20명 남짓 있었다. 화약계에 입사한 조선인 신입사원은 현암이 유일했다. 당시 그의 초임은 50원으로 조선식산은행(현 산업은행)의 45원보다 높았는데, 화약계는 위험물을 취급하는 특수 업종이므로 일종의 위험 수당이 붙은 까닭이었다.

예나 지금이나 화약은 전쟁에 중요한 전략 물자다. 그리고 화약회사는 국가의 중요 기간산업체이자 방산업체다. 하물며 전시 상황이었으니 조선인에게는 기술직 같은 요직이 주어질 리 만무했다. 하지만 그때 도쿄대학 화학과 출신으로 조선유지 인천화약 공장장을 역임한 마쓰무로 취체역만큼은 달랐다. 조선인인 현암에게 유독 호의적이었고, 틈나는 대로 화약의 중요성과 지식을 가르쳐주었다.

게다가 그는 특이하게도 일본 군부에 대해서도 '전쟁 미치광이들'이라고 분노하며 서슴없이 불만을 터트리곤 했다.

"아마 지금 지하에 있는 노벨도 다이너마이트를 발명한 일을 후회하고 있을 걸세. 지금 일본이 벌이고 있는 세계 전쟁은 승자도 패자도 없는 인류 역사의 비극이네."

마쓰무로 취체역은 현암을 식민지 출신이란 선입견 없이 총명하고 성실한 젊은이로 대했고, 현암 또한 그를 일본인이 아니라 화약에 대한 스승이자 정치·경제·문학 등 다방면에 해박한 식견을 가진 지식인으로 예우했다. 훗날 긴 세월을 함께할 두 사람의 인연은 그렇게 시작되었다.

마쓰무로는 당시 회사 숙소가 있던 홍제동 화약고 기숙사에서 현암이 지낼 수 있도록 조치해 주기도 했다. 홍제동에는 화약을 저장해 놓는 화약고가 있었고 그 곁엔 일본인들이 사택으로 쓰는 건물이 있었다. 마쓰무로의 이런 조치에 일본인 근무자들이 크게 반발했지만, 그는 '조선인이 홍제동 기숙사에서 지낼 수 없다'는 규정은 없다며 그들의 불만을 일축해 버렸다.

마쓰무로의 이러한 배려 덕분에 현암은 조선화약공판에 차츰 정을 붙이기 시작했고, 일본으로의 유학을 도모하기보다는 조선에 남아 계속 화약과 관련한 일을 하기로 마음먹었다.

## 마침내 화약인의 길로 들어서다

조선화약공판에 입사한 후 4년 동안 현암은 화약에 관해 많은 지식을 공부하고 익혔다. 화약을 생산하기 위해서는 어떤 재료가 필요하고, 그 재료는 어느 나라에서 가져와야 하며, 어느 정도의 분량이 얼마만큼의 파괴력을 지니는지, 또 화약을 제조하려면 어떤 형태의 제조시설이 필요한지를 배울 수 있었다.

1944년 현암이 23세의 나이로 구매부에서 생산부 다이너마이트계 계장으로 승진했을 무렵, 일본은 패망으로 국운이 곤두박질치기 시작했다.

급기야 1945년에는 일본 히로시마와 나가사키에 원자폭탄이 떨어졌다. 그로부터 일주일 뒤 히로히토 일왕은 라디오를 통해 연합군에게 무조건 항복한다는 발표문을 육성으로 낭독했고, 영원히 오지 않을 것만 같았던 조선의 독립은 그렇게 불현듯 찾아왔다.

8월 15일, 현암 역시 해방의 기쁨을 만끽했다. 거리로 쏟아져 나온 군중 속에서 목이 터지도록 만세를 외치고 다니다가 가까스로 조선화약공판 사무실이 있는 남산 쪽으로 빠져나왔다. 인파는 화약공판 건물 앞에까지 몰려 있었다.

　사무실에 들어선 순간 3층 생산부에서는 기가 꺾인 일본인 사원 몇몇이 공포에 떨고 있었다. 건물 옥상에서는 흥분한 조선인 관리자가 마쓰무로 취체역을 제외한 회사 중역들을 바닥에 무릎 꿇린 채 겁박하고 있었다. 그동안 조선인이 일본인에게 핍박을 받았으니 이제 그에 대한 벌을 받아야 한다는 이야기였다. 그 모습을 본 현암은 참을 수 없었다. 이미 백기를 들고 항복한 패자들에게 보복을 가하는 것 또한 의롭지 못한 행동이라 여겼기 때문이다.

　"여러분, 내 말을 들으시오! 지금 이럴 때가 아닙니다! 우리는 지금 민족해방의 첫걸음을 내딛고 있는 것입니다. 이들을 응징한다면 우리도 똑같은 사람이 될 뿐입니다. 우리의 저력을 한데 모아 우리의 직장을 우리 손으로 지켜야 합니다. 우리가 먼저 화약공판 산하에 있는 전국의 화약고를 지켜야 합니다!"

　"그래, 그건 김 계장 말이 맞다!"

　조선인 노무직 사원들이 박수로 화답했고, 현암은 그길로 홍제동 사택을 향해 달려갔다.

　마쓰무로는 홍제동 사택에서 본국으로 돌아가기 위해 집 안 살림을 정리하고 있었다. 그의 태도는 평소처럼 태연하고 침착했다. 현암은 앞으로 자신이 어떤 일을 해야 하는지 여느 때처럼 마쓰무로에게 물었다. 그러자 마쓰무로는 현암을 지그시 바라보며 이렇게 말했다.

"일본은 조선에 화약공장을 네 군데나 건설했지만 화약이 갖는 특수성 때문에 조선인들에게 화약에 대한 전문 지식을 전수하는 데 인색했다. 그러나 나는 화약인의 한 사람으로서 조선 땅에 내가 땀 흘려 이룩해 놓은 화약산업이 물거품 되는 것을 원치 않았다. 그래서 인천화약공장의 몇몇 조선인 근로자를 초화공실이라든가 날화공실과 같은 주요 생산 시설에서 견습공으로 일할 수 있게 했지만, 인천화약공장이 그간 휴업했기 때문에 그들이 기술에 익숙해질 수 있는 충분한 기회를 얻지 못했다. 이제 일본인이 조선에서 떠나고 나면 조선에 있는 화약공장들은 사실상 무용지물이 될 것이다. 김 군도 아는 바와 같이 어느 공장에도 조선인 화약 기술자는 단 한 사람도 없으니까."

현암은 묵묵히 그의 말을 듣고만 있었다.

"김 군은 지난 4년간 화약 제조 기술을 배우지는 못했지만 다행히 화약이 무엇이며 화약이 어떤 경로로 생산되는지는 알았을 것이다. 네가 진정으로 너의 조국 조선을 사랑하거든 우리 일본인이 조선을 떠난 후에도 너만은 부디 화약계를 떠나지 말아다오. 이것이 너에 대한 나의 마지막 부탁이다!"

현암은 마쓰무로의 얼굴만 물끄러미 바라볼 뿐이었다. 그 역시 같은 생각을 하고 있었지만 4년여간의 학습만으로는 어떤 일부터 해야 할지, 막상 눈앞에 일이 닥치니 앞길이 막막했다.

현암은 무거운 마음으로 계동의 건국준비위원회 사무실에서 일하던 선배 성백우를 찾아갔다. 경기도상 시절 충남회 모임에서부터 알고 지낸 그는 고민하는 현암에게 마쓰무로와 같은 당부를 전했다.

"자네가 지금 나보다 더 중요한 일을 하고 있어. 우리나라가 자주독립을 하기 위해서는 앞으로 제일 먼저 산업부흥을 이룩해야 하네. 그러니 자네는 다른 생각 말고 화약계에서 열심히 일해 주게! 그것이 바로 해방된 조국을 사랑하고 위하는 최선의 길일세."

뒤이어 찾아간 형 종철 역시 성 선배와 다르지 않은 조언을 했다.

"일본 사람들이 다 돌아가고 나면 어차피 누군가 화약을 잘 아는 사람이 화약공판 일을 책임지고 관리해 나가야 할 것 아니냐?

입으로만 애국한다고 떠들고 다니면 다 애국자냐? 묵묵히 제 할 일을 하는 사람이 애국자지."

그들의 말은 모두 사실이었다. 어렵게 해방을 맞이한 조국이었다. 더 이상 다른 나라의 힘에 굴복당할 수는 없었다. 국가가 진정으로 자주독립을 쟁취하려면 산업부흥을 이룩해야 한다는 말이 현암의 가슴에 화인처럼 새겨졌다.

'그렇다! 명예는 얻지 못할는지 모른다. 빛나지 않을는지도 모른다. 그러나 나는 해방된 조국의 화약계를 지키는 등대수가 되겠다!'


## 조선화약공판의 지배인이 되다

해방 후 일본인들이 하나둘 조선을 떠나며 남겨진 재산, 즉 적산
敵産이 조선인들에게 불하되기 시작했다. 일본은 그중에서도 회사의 형태로 남아 있던 자산만큼은 지배인이라는 직책의 조선인 관리자를 두어 훗날을 도모했다. 당시 일본인들은 자신들이 조만간 식민지 조선으로 다시 돌아올 것이라는 믿음을 갖고 있었다.

조선화약공판의 일본인들도 조선을 떠나면서 현암에게 지배인이 되어줄 것을 요청했다. 다른 조선인들도 여럿 일하고 있었지만 이미 현암의 성실함과 특출한 능력을 높이 사고 있었기에 고민의 여지가 없었다.

현암은 운명의 여신이 내민 손을 주저하지 않고 잡았다. 구매부 직원으로 입사한 후 4년여의 세월이 흐르는 동안 국력을 갖추고 새로운 국토를 건설하는 데 화약이 얼마나 중요한지를 그 누구보다 절실히 알게 되었기 때문이었다.

1945년 9월 7일 맥아더 사령부가 남한에 미군정을 선포했다. 그렇게 35년간의 기나긴 일제 식민지 통치가 종말을 고하고 조선 땅에 미군정 시대가 새롭게 개막되었다. 해방이 되고 불과 한 달이 지났을 뿐인데 조선공산당을 위시한 여러 정당과 사회단체가 어지럽게 난립했고, 직장에는 각기 자치위원회가 결성되기 시작했다.

9월 12일 조선화약공판도 자치위원회를 결성하기로 하고 현암을 위원장으로 추대했다. 그리고 9월 22일, 현암은 조선화약공판 중역회의에서 지배인으로 공식 임명돼 업무 일체를 인계받았다.

<각       서>

---

본인은 조선화약공판주식회사 제47차 중역회의 결의에 따라 일

체의 회사 업무를 인수함에 있어 관계법령을 비롯한 회사정관

과 제반사규를 준수하며 대외적으로 회사를 대표하고 대내적으

로는 회사 경영의 책임자로서 선의의 관리 임무를 성실히 이행

할 것을 엄숙히 각서한다.

1945년 9월 22일

지배인 김종희

조선화약공판주식회사 중역회의 귀중

---

이로써 모든 일본인이 퇴진하고 현암 중심의 새로운 조선화약

공판주식회사 체제가 들어섰다. 해방 후 극심한 혼란을 겪던 시

기에 조선화약공판의 지배인이 된 것은 38선 이남에 산재한 31개

소의 화약고를 관리하는 실질적 운영관리자로서 막중한 책임을

요하는 일이었다. 자칫 유출사고라도 나면 폭동이나 테러에 화약

이 악용되는 등 걷잡을 수 없는 사건이 벌어질 수 있었기에 현암

은 더욱 엄격하게 화약고를 관리했다. 비록 젊은 나이였지만 현암은 강력한 지도력을 발휘해 조선화약공판을 이끌었다.

당시는 어느 곳에서나 극도의 혼란이 야기되던 시기였다. 일부 직원들은 광목, 솜, 작업복, 신발 등 돈이 될 만한 물건을 모두 빼돌린 채 도망을 가기도 했다. 심지어 월급도 나오지 않아서 회사에 출근하는 직원은 노무직을 포함해 총 열 명이 되지 않았다. 현암은 앞으로 조선화약공판을 이끌어갈 일이 크게 걱정되었다. 어느 날 아침 현암은 출근한 직원들을 한자리에 불러 모아 자신의 비장한 결의를 밝혔다.

"여러분! 나는 여러분이 알다시피 이 회사의 업무를 인수한 지배인입니다. 따라서 나는 여러분이 회사를 그만두고 나 혼자만 남는 한이 있어도 화약공판 지배인으로서 책임과 의무를 성실히 다해나갈 것입니다. 지배인으로서 수행해야 할 나의 책임과 의무 가운데는 여러분의 급료를 지불하는 일도 포함되어 있다는 사실을 나는 잘 알고 있습니다. 앞으로 어떤 일이 있더라도 여러분의 급료만큼은 내가 책임지고 지급할 것입니다. 이제부터 조선화약공판주식회사는 우리 손으로 지키고 키워나가야 합니다. 화약공판의 앞날에 어떤 어려움이 닥쳐올지 나는 모릅니다. 그러나 나는 화약계의 등대수가 되어 해방된 조국에 이바지하겠다고 결심했습니다. 여러분도 나와 함께 어떤 태풍이 휘몰아칠지라도 끝까지 이 나라 화약계의 등대수로 꿋꿋이 남겠다는 비장한 각오로 임해주기 바랍니다."

사실 화약을 만들 줄 아는 기술자 하나 없는 화약회사란 속 빈 강정과 다르지 않았다. 많은 직원들이 조선화약공판이 망하고 있다고 생각했다. 결국 현암을 믿고 따르는 몇몇만 회사에 남았다. 다행스럽게도 본사 화약고와 지방 화약고에는 아직 많은 양의 화약이 남아 있었다.

당시 한반도에는 총 네 개의 화약공장이 있었다. 그러나 세 곳은 북쪽에 있었고, 남쪽엔 인천화약공장만이 유일하게 남아 있었다. 현암은 인천화약공장은 둘째 치고 당장 조선화약공판에 남은 직원들의 월급부터 해결해야 했다. 고심 끝에 현암은 홍제동 책임자 홍용기를 천안 상덕리 자신의 집으로 내려보냈다. 같은 천안 사람이었던 홍용기는 현암의 부친을 찾아가 햅쌀 열 가마니를 받아 올라왔고, 그 쌀로 직원들의 밀린 급료를 해결할 수 있었다.

'일단 공판부터 살려야 한다!'

사업주도 아닌 그가 사재로 직원들의 급료를 해결할 이유는 없었지만 직원들을 책임감 있게 대하는 현암의 태도는 그때부터 이처럼 확고했다.

부친에게 손을 벌리는 임시방편으로 당장의 문제는 해결했지만 이는 근본적인 대책이 아니었다. 급한 대로 사원들의 급료는 주었다 해도, 각 지역의 화약창고를 책임지고 관리하는 영업소장들의 급료는 아직 지급하지 못한 상태였다. 깊은 고민 끝에 현암은 미8군 사령부가 있는 용산을 찾아가기로 결심했다. 판로를 찾는 일이 급선무라고 판단했다.


## 미8군을 거래처로 삼다


당시 미8군은 군용도로를 건설하기 위해 터널을 뚫고 진지를 구축하는 작업에 박차를 가하고 있었고, 다이너마이트는 그들에게 가장 필요한 자원이었다. 현암은 조선화약공판이 보관하고 있던 화약을 미군에 팔 수 있을 것이라 생각했다.

'다이너마이트 3.7톤, 흑색화약 0.4톤, 도화선 49킬로미터….'

보유하고 있던 흑색화약은 나중에 광산용으로 따로 팔기로 하고, 우선 다이너마이트만이라도 미군에게 팔아 자금을 만들기로 했다. 그런데 판로가 영 막막했다.

'미군 사령부를 찾아가 직접 이야기해 봐? 그런데 영어를 할 줄 알아야지. 영어야 통역관이 있을 테니 어떻게든 되겠지만, 돈은 안 주고 거저 가져가겠다고 하면 어쩐다?'

고민 끝에 현암은 이판사판이란 심정으로 큰마음을 먹고 용산 미8군 사령부를 찾아갔다. 정문 앞을 지키고 서 있는 MP(Military Police) 앞으로 다가가 큰 소리로 말했다.

"유 노우 다이너마이트? 아이 해브 다이너마이트!"

무슨 말인지 못 알아들은 MP가 이내 권총을 뽑아 들었고, 몸수색을 당한 현암은 사령부 헌병대 사무실로 끌려갔다가 다시 군수참모실로 인계되었다. 일본인 2세 통역관을 통해 사정을 설명하자 미군 장교는 대뜸 화약고의 재고량을 확인하고 싶다고 말했다.

다음 날 조선화약공판 사무실 앞에 미군 지프차 한 대가 달려와 멈췄다. 지프차에서 내린 사람은 어제 만났던 군수참모실 장교와 통역병사 그리고 차후에 현암과 깊은 우정을 나누게 될 공병대 소속 스미스 대위였다. 조선화약공판의 조직과 업무를 간단

히 설명한 현암은 그들을 곧장 홍제동과 녹번동의 화약고로 안내
했다. 말도 통하지 않는 벽안의 그들이 화약고를 둘러보는 사이
현암의 머릿속은 복잡해졌다.

'혹시 우려했던 대로 화약을 징발하겠다고 하면 그땐 어쩌지?
어떤 논리로 저들을 설득하는 것이 좋을까?'

다이너마이트와 도화선의 보관 상태를 유심히 살피던 스미스
대위가 예상을 벗어나 연신 "베리 굿!"을 외치며 고개를 끄덕였
다. 통역병사가 스미스 대위의 이야기를 현암에게 전했다.

"지금까지 돌아본 화약고 두 곳의 보관 상태가 양호하고, 재고
량도 당신이 우리에게 얘기한 그대로다. 굳이 지방 화약고는 가
보지 않아도 믿을 수 있겠다."

통역병사의 전언을 듣고서야 두근거리던 가슴을 진정시킨 현
암이 대답했다.

"화약인은 화약처럼 정직하고 정확해야 한다. 만약 화약이 터
질 자리에서 터지지 않거나 터져서는 안 될 자리에서 터진다면
어떻게 되겠는가? 정해진 때와 정해진 장소에서 정확히 화약을
폭발시키려면 화약인 또한 매사에 한 치의 오차도 있어선 안 된
다고 생각한다."

현암의 얘기를 들은 두 미군 장교는 "기다리고 있으면 조만간 연락을 주겠다"라는 말을 남기고 돌아갔다. 미군 장교가 화약고를 둘러보고 돌아간 지 꼬박 일주일이 되던 11월 초, 스미스 대위가 통역병사를 대동하고 다시 조선화약공판 사무실을 찾아왔다. 그의 손에는 큼직한 C-레이션(미군의 전투식량) 상자가 하나 들려 있었다.

"이건 사원들의 밀린 월급을 지불할 1만 원이다. 화약공판이 보유하고 있는 화약을 어떤 방법으로 처리할 것인가 하는 문제는 추후에 결정하기로 하고, 먼저 사원들의 급료를 미군 측에서 지급한다는 결정이 났다."

당시 조선화약공판 직원들의 평균 급여가 40원이었으니 스미스 대위가 가져온 1만 원은 엄청난 거금이었다. 현암은 본사 직원들의 체불 임금은 물론 각 지방 영업소 소장들의 월급 전액도 지급했다. 미군정 아래서 미군사령부의 감독을 받게 된 조선화약공판은 11월 중순부터 홍제동 화약고의 다이너마이트를 미군에 출고하기 시작했다. 이로써 재고 처리에 고심하던 현암이 미군을 찾아간 고육지책은 보기 좋게 통한 것이다.

이때 첫 만남을 가진 스미스 대위는 나중에 고문관으로 영전한 뒤 현암의 혼인식에도 하객으로 참석하며 개인적 친분을 쌓아갔다. 벽안의 미군 장교가 '화약인은 정직하고 정확해야 한다'는 뚜렷한 신념을 가진 현암을 존중했기에 가능한 일이었다. 모든 일에 사심 없는 열정과 노력으로 임하는 현암의 태도에 감화된 사람은 비단 스미스 대위만이 아니었다.

화약 가격을 해방 전 수준으로 유지해 달라는 현암의 요청을 받아들인 미군사 고문단장 로버트 준장 역시 조선화약공판 지배인 현암의 업무 능력과 진정성을 인정한 사람이었다.

미군정기에 가장 확실한 판로인 미군과의 거래를 성사시켜 발등의 불을 끈 현암의 고민은 다시 깊어만 갔다. 다이너마이트와 흑색화약 그리고 도화선을 미군에 납품하고 있었지만 생산이 재개되지 않는다면 언젠가는 재고가 바닥날 것이 불 보듯 뻔한 일이었기 때문이다.

물론 믿는 구석이 전혀 없는 것은 아니었다. 화약을 다루기 위해서는 소정의 취급면허를 취득해야 하고, 화약을 보관하려면 화약류 단속법 등 까다로운 조건을 충족시킬 수 있는 화약고를 완비해야 한다. 당장 조선화약공판의 재고가 떨어져 미군이 본국으로부터 화약을 들여온다고 해도 결국은 국내 유일의 화약공판 인력과 시설을 활용할 수밖에 없다는 것이 현암의 생각이었다.

여전히 '화약의 국내 생산'이라는 화두가 현암의 머릿속을 떠나지 않은 채 조국이 해방된 격동의 해 1945년은 속절없이 저물고 있었다.

당시 갈등과 혼란이 한반도 전체를 뒤흔들던 해방의 시공간에서 현암이 보인 행보는 결코 일반적이지 않았다. 지식인들 대다수가 이데올로기에 사로잡혀 좌우익의 편 가르기 속에서 휘둘리던 때에 현암은 오로지 '화약'에만 몰두했다.

이 시기에 정치와 이념 대신 사업을 택해 한국 기업사의 첫 페이지를 장식한 1세대 기업인들 중에서도 현암은 독보적인 인물이었다.

소비재를 통한 이익 창출에 나서지 않고 위험성이 커서 아무도 거들떠보지 않던 화약에 전념한 것은 쉽게 이해되지 않는 대목이기 때문이다. 아무리 자신을 인정해 준 마쓰무로 취체역이나 주변 사람들의 조언과 당부가 있었다고 한들 현암의 선택과 행보는 그만큼 각별한 것이었다. 그리고 그런 현암의 선택은 한국 기업사에 결정적 장면이 아닐 수 없다.

## 국내 화약 생산의 꿈을 키우다

당시 군정법령 제73호에 의하면, 모든 산업시설은 군정청이 파견한 고문관 감독하에 공업국이 임명하는 조선인 관리인으로 하여금 운영을 전담하게끔 되어 있었다. 당연히 조선화약공판에서도 관리인 선정이 초미의 관심사로 떠올랐고 현암이 당당히 그 자리에 올랐다.

해방 후 현암은 매일 아침 일찍 사무실에 출근해 건물 앞길에 물을 뿌리며 청소하는 열성을 보이곤 했는데, 이미 인근 적산관리처 직원들 사이에 그 부지런함이 소문날 정도였다. 게다가 당시 조선화약공판의 감독관이었던 스미스 대위 또한 현암의 투철한 직업의식을 익히 알고 있던 터라 현암을 화약공판 관리인으로 적극 추천했다.

미군사령부의 감독을 받게 된 조선화약공판주식회사의 업무가 정상 궤도에 오른 것은 1946년 9월부터였다. 5월 26일 자로 발효된 군정법령에 의해 대외무역 허가제가 실시되면서 중석을 비롯한 흑연과 아연 등 각종 광산물의 수출 전망이 밝아지자 폐업 상태에 놓여 있던 광업계가 활기를 되찾았고, 이는 조선화약공판의 매출 상승으로 연결되었다.

하지만 광업계의 활기가 마냥 반가운 일은 아니었다. 현암은 스미스 대위를 찾아가 부족한 민수용 화약 물량 확보를 위해 화약 수입을 추진해 달라고 요청했다. 그러나 스미스 대위는 당장 민수용 화약 수입이 시급한 것은 아니라며 부정적인 반응을 보였다. 다급한 마음에 현암의 목소리가 커졌다.

"산업화가 되지 않은 한국이 수출할 수 있는 품목은 농산물과 수산물 그리고 광산물뿐이다. 앞으로 광업 경기가 살아나면 군수용보다 민수용 화약 수요가 크게 늘어날 텐데 대책이 왜 시급하지 않은가?"

사실 현암은 이미 이상 징후를 감지하고 있었다. 화약이 영업소에 도착하면 미처 화약고에 들어갈 새도 없이 팔려 나갔다. 이는 화약이 연탄보다 쌌고, 한 가래에 50전 하는 엿가래보다 싼 30전이었던 탓도 있지만 앞으로 화약 값이 폭등할 거란 소문이 퍼져 가수요가 일어나고 있었기 때문이었다.

이렇게 화약 값이 저렴하게 유지된 것은 현암의 계산과 노력 덕분이었다. 현암은 미군정을 설득해 다이너마이트 가격을 해방되기 45일 전인 1945년 7월 1일 책정가로 묶어놓았던 것이다.

'미군 점령지 구제기금GARIOA으로 들여오는 미제 다이너마이트를 한 상자에 30원만 받아도 이문이 박한 것은 아니다. 저렴하게 공급해 광업계를 도와 수출을 늘릴 수 있다면 그것이 애국 아닌가!'

현암의 속내는 그랬다. 그런데 현암의 진심이 왜곡돼 시장에서 매점매석이 이뤄지고 있으니 속이 상할 수밖에 없었다. 현암은 각 영업소에 공문을 보내 대량으로 매출하지 말고 광업소가 필요로 하는 양만큼만 적시에 공급하도록 조치했다. 현암이 미군 고문관을 설득해 민수용 화약을 적기에 공급했다는 사실이 알려지자 토목계나 광업계에서는 현암의 실력을 인정하는 목소리가 나오기 시작했다. 조선광업협회가 현암에게 감사장을 수여한 것도 그 무렵의 일이었다.

하지만 언제까지나 국내 화약 수요를 미국 원조에 의지할 수만은 없는 노릇이었다. 현암은 화약의 국산화를 다음 과제로 설정했다. 국내에서 화약을 생산하려면 인천화약공장을 재가동시키는 것이 유일한 길이었다. 그는 발길을 재촉해 국방부 산하 제2조병창으로 활용되고 있던 인천화약공장으로 향했다.

조선인 견습생들과 얼마간의 생산설비가 남아 있을 것으로 기대하고 달려간 그곳에서 현암은 깊은 절망감을 맛봐야 했다. 뇌화공실 폭발사고로 희망의 끈처럼 여겼던 기술 견습생들이 모두 폭사한 데다 건질 만한 설비도 거의 없었기 때문이다.

현암의 마음은 더욱 바빠졌다. 해방 이후 우리의 수출품 가운데 가장 큰 비중을 차지했던 광산물의 생산을 위해서는 무엇보다 화약이 필요한데 국산화의 길이 막막했다. 인천화약공장에서 답을 얻지 못한 현암은 스미스 대위를 찾아가 기반시설 설비와 기술력을 전수받고자 했다. 그러나 1949년 5월 실시된 주한 미군의 전면 철수와 함께 간절했던 그 계획마저도 무산되고 말았다.

현암의 우려는 현실로 나타났다. 미군정의 종료로 원조 체계가 미군 점령지 구제기금에서 미국경제협력처ECA 원조자금으로 바뀌면서 화약 수급에 비상이 걸렸다. 그나마 다행인 점은 기존 재고와 미국 원조로 들어오는 화약을 관리하는 조선화약공판이 여전히 현암의 지휘 아래 운영되고 있다는 사실이었다. 국가 재건을 위한 광산·토건업이 활기를 띠면서 화약의 수요가 늘고 있었기에 국산화의 길이 막힌 현암은 급한 대로 더 많은 원조를 끌어내야 했다.

궁하면 통하는 법이어서 현암은 미국으로부터 약 225톤, 1만

상자가량의 화약 지원 약속을 얻어낼 수 있었다. 미군사 고문단과 상공부를 수시로 드나들며 얻어낸 화약이 마침내 부산항으로 들어왔고, 전국의 화약고에 가득 채워질 순간이 다가왔다. 그러나 한숨을 돌린 현암이 마주한 현실은 참담하게도 6·25전쟁의 발발이었다.

## 전쟁의 포화 속에서도 지켜낸 화약

1950년 전쟁 발발 당일, 사택 울안의 채소밭을 손보고 있던 현암은 건너편 사택에 사는 운전기사 이병목에게서 북한군 남침이라는 청천벽력 같은 소식을 들었다.

당일 오후 1시 태평로를 걷고 있던 현암은 신문사 지프차가 뿌리는 전쟁 발발 소식이 실린 호외 한 장을 주워 들었다.

'금일 04시에서 08시 사이에 북괴는 38선 전역에서 거의 동시에 남침을 개시하고… 국군은 이들을 격퇴시키기 위하여 긴급하고도 적절한 작전을 전개하고 있다. … 전 국민은 군을 신뢰하고 미동함이 없이 각자의 직장을 고수하면서 군 작전에 극력 협조하

길 바란다….'

신성모 국방장관의 담화문을 읽은 현암은 일순 안도감을 느꼈다. 오후 일과가 끝나갈 무렵 석간을 통해서도 전황이 우리에게 유리하다는 소식을 접했다. 그러나 여전히 불안에 떨면서 우왕좌왕하고 있는 인파를 헤치고 퇴근해 사택에 머물던 현암은 멀리서 들리던 대포 소리가 점점 가까워지고 있음을 느꼈다. 현암은 불현듯 한 달 전 들여와 홍제동 화약고에 보관하고 있던 다이너마이트 3000상자를 떠올렸다.

'만에 하나 포탄이 화약고에 떨어지면 어쩐단 말인가!'

살기 위해 피난을 가고 싶어도 그럴 수 없었다. 다이너마이트를 방치한다면 어떤 일이 벌어질지 모를 일이었다. 현암은 황급히 사무실로 달려갔다. 마침 권혁중도 걱정된 마음에 나와 있었다. 포성이 귓전을 더 크게 때리기 시작하자, 현암은 우선 떨리는 손으로 경찰관서와 주고받았던 서류 등을 찢고 소각하며 나중에 벌어질 수 있는 후환부터 막았다.

며칠 후 피난을 포기하고 머물던 홍제동 사택으로 빨치산 모자를 쓰고 완장을 찬 매서운 인상의 내무서원이 들이닥쳤다.

"동무가 책임자요?"

"여기는 책임자가 따로 없고, 화약 기술자들과 그 가족입니다."

당시 홍제동 사택에는 현암과 형 종철의 가족 그리고 민영만, 홍용기, 이병목의 가족이 살고 있었다. 화약고를 둘러본 서슬 퍼런 내무서원은 화약상자에 찍힌 'ECA원조물자' 표시를 보고 미국의 앞잡이가 아니냐며 의심을 하면서도 "별도 지시가 있을 때까지 이 화약을 잘 보관하고 있으라"라고 지시한 뒤 사택을 떠났다.

이후에도 내무서원들은 사흘이 멀다 하고 홍제동 사택을 드나들며 동태를 감시하는가 하면, 화약고의 화약 재고량을 확인해가곤 했다.

현암과 조선화약공판 직원들 그리고 그 가족은 천운으로 공산당 치하의 서울에서 목숨을 부지하고 9월 28일의 서울 수복을 맞이했다.

하지만 이번에는 수복 과정에서 발생할지 모를 미군과 북한군의 교전을 우려해야 했다. 현암은 미군 지휘관을 찾아 제반 조치를 당부했고 다행히 위기를 넘길 수 있었다. 전장의 한복판에서 일신의 안위보다 화약을 먼저 생각했던 현암의 판단과 행동은 일반인의 상식으로는 설명되지 않는 부분이 많았다.

불행하게도 전란은 거기서 그치지 않았다. 중공군의 개입으로 1·4후퇴가 시작되자 다급해진 현암은 화약관리 주무부서인 외자관리청으로부터 다섯 대의 트럭을 얻어 민영만, 홍용기, 이병목 등과 함께 밤새 화약상자를 옮겨 실었다. 1월 4일 새벽, 가까스로 한강을 넘어 조금 더 안전한 영등포역 구내 대한통운 창고로 화약상자를 옮긴 현암과 일행은 그제야 피난길에 오를 수 있었다.

모진 겨울바람을 맞으며 꼬박 하루 반나절을 달려 우선 대구로 피난한 현암은 동성로 3가에 위치한 화약공판 영업소에 짐을 풀었다. 부산 영업소의 안위가 궁금했던 현암은 다시 길을 나서 부산으로 향했고, 얼마 후 화약공판 본사 주소를 부산 대창동으로 옮기고 부산 영업소를 중심으로 전란 속에서도 영업 활동을 이어갔다. 하지만 전쟁 중에 정상적인 영업이 가능할 리 만무했다.

'그래! 조선화약공판이 당장 해낼 수 있는 일은 전시물자로 반입되는 군수용 화약을 관리하는 것이다.'

현암은 형 종철의 처삼촌이자 연희전문학교 영문과 출신으로 해방 후 미국 무역회사 한국지점에서 근무한 유삼렬을 동행하고 부산 서면에 위치한 미8군 병참기지를 찾아갔다. 사전 약속도 없이 사령관을 만나게 해달라는 현암은 당연히 문전박대를 당했다.

실망감을 감추지 못하고 정문에서 발길을 돌리던 현암 앞에 지프차 한 대가 경적을 울리며 정차했다.

"헤이! 미스터 김."

환한 미소로 현암을 불러 세운 미군 장교는 다름 아닌 스미스 대위였다. 2년 전에 소령으로 진급한 그는 부산 병참기지 사령부 작전참모실에서 근무하고 있었다.

서로의 안부를 확인한 뒤, 현암은 그에게 군수용 화약관리 용역을 맺고 싶다고 말했다. 당시 일본에서 수송기 편으로 수영비행장을 통해 들여온 화약은 비행장 한쪽에 천막만 덮어둔 채 야적되고 있는 실정이었다. 안 그래도 화약관리 대책이 필요했던 미군은 현암의 제안을 흔쾌히 받아들였다. 이로써 현암은 동란기 한국 화약계의 교두보를 확보하고 이듬해 10월에 출범하는 한국화약주식회사의 발판을 마련했다.

이후 현암은 화약을 실은 트럭 적재함에 직접 올라 공비들이 출몰하는 부산과 대구를 오가며 목숨을 건 아찔한 시간을 보내야 했다. 이때부터 미군 장교들은 현암을 '다이너마이트 김'이란 별칭으로 부르기 시작했다. 혹자들은 1959년 유엔군 사령관으로 부임했던 매그루더Carter Bowie Magruder 장군이 현암을 최초로 다이너마이트 김이라 불렀다고 증언하기도 했다.

다이너마이트 김은 다부진 체격에 에너지가 넘치는 현암에게 딱 어울리는 별명이었다. 대한민국 화약사의 주역이자 한국의 노벨은 그렇게 서서히 자신의 존재감을 알리고 있었다.

# 대한민국 화약산업을
# 개척한 선각자

1952년 휴전회담이 진행되자 전선은 교착 상태에 빠졌고, 전후 복구가 이루어지면서 민간부문의 화약 수요가 급증했다. 정부로서도 종전 후 폭발적으로 늘어날 화약 수요에 대비하기 위한 조치를 강구하지 않을 수 없었다.

그런 변화는 화약 수급 활동에 전념하고 있던 현암에게 절호의 기회였다. 정부가 그동안 중단됐던 귀속재산 민간 불하를 재개하면서 조선화약공판을 민간에 불하 매각하고자 입찰에 부친 것이다.

패망 후 한반도에 남겨진 일본 회사의 재산인 적산의 불하는 당시 친일파나 정치인 등 고위층과 연줄이 닿은 사업가들에게만 주어지던 특혜의 성격이 강했다. 그런데 유독 조선화약공판은 입찰이 공고되었는데도 희망자가 나타나지 않아 유찰이 이어졌다.

그도 그럴 것이 화약산업은 위험성이 큰 분야였고, 재산의 대부분을 차지하는 화약고가 전국 외곽 지역에 산재해 있어 투자가치도 현저히 떨어졌기 때문이다. 게다가 재산가치의 감정을 맡은 한국은행 감정원들이 위험 시설에 대한 접근을 두려워해 정밀 검증 대신 서면 감정으로 대신한 탓에 다른 일반 귀속재산에 비해 화약공판의 감정가격은 상당히 높은 편이었다.

무엇보다 가장 큰 이유는 정부가 화약공판의 매수인은 화약고를 다른 목적에 사용하기 위해 용도 변경을 할 수 없다는 단서 조항을 달았기 때문이었다. 화약이 아니더라도 얼마든지 좋은 돈벌이가 있던 상황에서 용도 변경까지 막아놓은 조선화약공판을 선뜻 매수하겠다고 나서는 이는 당연히 없었다.

'내 예상은 10억 원 정도였는데 감정가격이 23억 원이 넘는다니 과도한 것 아닌가? 그렇다고 계속 유찰을 시킬 수도 없고. 차라리 화약계를 위해 손해 좀 본다고 생각해 버리자. 국방헌금 크

게 냈다고 생각하면 마음 편한 일 아닌가.'

생각이 거기에 미치자 현암은 망설임 없이 입찰에 참가했고, 1952년 6월 12일 관재청에서 실시한 조선화약공판 매각 입찰에서 예상가의 두 배가 넘는 23억 4568만 원에 낙찰받으며 운영권을 획득했다. 한 화공약품상이 경쟁자로 나섰지만 애초부터 현암의 상대가 되지 못했다. 이는 해방 전부터 오로지 화약 외길을 걸어온 현암의 공로를 정부가 인정한 것이자, 불하 이후 화약공판 업무를 제대로 수행할 수 있는 사람이 현암뿐이라는 것을 공인한 결과였다.

## 삼백산업을 외면하고 택한 외로운 길

대체 왜 현암은 해방과 전쟁이라는 소용돌이 속에서 목숨까지 걸며 화약에 매달리고, 급기야 거금을 들여 조선화약공판까지 불하받은 것일까? 당시 현암이 사돈 유삼렬과 나눈 대화를 통해 그 진의를 조금이나마 짐작할 수 있다.

"사돈! 화약 들여오는 정성으로 다른 걸 수입해 오면 몇 곱절을 남길 텐데… 화약은 장사 축에 들지도 못해요. 정 그러면 사돈 고 집대로 화약 수입을 하되 설탕이나 밀가루, 면직물 같은 삼백三白 품목도 수입해서 한몫 보자는 겁니다!"

"나는 솔잎을 먹고 살아야 하는 송충이요. 화약쟁이가 어떻게 설탕을 들여와요? 난 갈잎이 아무리 맛있어도 솔잎이나 먹고 살 랍니다."

평소 과묵했던 현암의 답은 짧지만 명쾌하고 또 단호했다. 대 답인즉슨 '나까지 이 난리 통에 큰돈 벌 요량으로 화약을 외면하 면 누가 이 험한 화약사업을 할 것인가'였다.

명석한 두뇌에 강한 추진력과 판단력을 지닌 그가 전후 복구 과정에서 인기 있는 소비재의 높은 사업성을 왜 몰랐겠는가. 하 지만 1942년 조선화약공판에 입사한 이후 현암은 10년 동안 오 로지 화약에만 몰두해 왔다. 화약을 이해하기 위해 공부했고, 화 약을 지키기 위해 피난마저 떠나지 않았다. 심지어는 화약이 실 린 적재함에 올라 목숨을 걸고 공비가 출몰하는 길 위를 달리기 도 하지 않았던가. 그것은 바로 현암에게 어떠한 일이 있더라도 화약계를 자신의 손으로 지키겠다는 변치 않는 신념이 있었기 때 문에 가능한 일이었다.

그런 일련의 과정을 겪으며 화약에 대한 그의 사명감은 더욱 깊어지고 굳어졌다. 또한 그는 해방된 조국에 자신만큼 화약을 사랑하고 잘 아는 사람이 없다는 사실을 스스로 인지하고 있었다. 무엇보다 조국의 재건을 위해 화약보다 중요한 기간산업은 없으며, 화약이 산업 발전의 기본이자 핵심이라고 판단했다.

조선화약공판을 불하받은 현암은 인수를 위한 새로운 회사법인으로 1952년 10월 9일, '한국화약주식회사'를 발기하고 취체역 사장에 올랐다. 이날은 한국 산업사에 큰 획을 긋는 순간이자, 대한민국 화약계의 선구자인 현암의 본격적인 대장정이 시작된 날이기도 했다.

부산시 중구 대창동 1가 41번지에 위치한 2층 가옥을 본사로 삼고 자본금 5억 원으로 출범한 한국화약은 현암을 비롯해 김종철, 유삼렬, 김덕성, 민영만, 홍용기, 권혁중 등 7인의 발기인으로 발족했다. 이때 현암은 첫째 적정가격 유지, 둘째 무제한 공급, 셋째 철저한 서비스 등의 영업 방침을 내걸고 한국화약의 생성기를 시작했다. 그해 2월 훗날 한화 제2의 창업주가 될 장남 승연까지 얻었으니 1952년은 현암에게 겹경사가 찾아온 뜻깊은 해였다.

현암은 이듬해 본사를 서울 중구 회현동 191번지로 이전했다.

이는 전시체제에서 평시 체제로의 전환을 의미했다. 우선 전국에 산재한 판매 조직의 재정비에 박차를 가하면서 정상화에 최선을 다했다. 전후 복구사업이 진행되면서 화약 수요가 크게 늘 것을 대비한 발 빠른 조치였다. 하지만 수입선에 문제가 생겼다. 정부의 대일교역 금지 조치로 그동안 일본에 전적으로 의존해 오던 화약 수입의 길이 아예 가로막힌 것이었다. 화약뿐 아니라 모든 수입 품목에 제동이 걸렸다.

잘 알려진 것처럼 현암은 전형적인 원칙주의자였다. 자신이 정한 규칙에 문제가 없다면 언제나 일관성을 추구하는 사람이었다. 하지만 흥미로운 점은 그가 결정적 대목에서 상당한 유연성을 보였다는 사실이다. 이런 현암 특유의 유연성은 그의 사업 인생 곳곳에서 확인된다.

'당분간은 일본에서 화약을 수입해 올 수 없다. 언제 규제가 풀릴지도 예측하기 어렵다. 골이 깊은 한일관계의 특성상 장기화될 여지도 있다. 그렇다면 수입선을 다른 국가로 바꿔야 하나? 하지만 당장 마땅한 수입선을 찾을 길이 없다. 운송 거리가 긴 국가로 수입선을 바꾸면 비용 지출이 너무 크다.'

골몰하던 현암은 일본의 화약을 대만을 통해 중개무역 형식으로 수입하는 방식을 생각해 냈다. 이처럼 현암은 늘 위기에서 빛을 발했다. 기발한 발상으로 한국화약을 출범시키면서 내걸었던 '적정가격 유지', '무제한 공급'의 운영방침을 실천할 수 있었다. 그러나 현암은 어떤 방식이든 수입은 어디까지나 임시방편이고 국내 생산만이 답이란 생각을 떨칠 수 없었다.

전후 복구사업이 본격 궤도에 오르자 수입 화약의 물량이 달리는 현상이 반복적으로 빚어질 수밖에 없었다. 이에 현암은 해방 후 늘 염두에 두고 있던 화약 생산공장 건설에 대한 청사진을 구체화하기 위해 행동에 나섰다. 마땅한 화약 기술자도 없고, 공장이라고는 기능을 잃은 조선유지 인천화약공장만이 유일했던 상황에서 현암은 일본 출장길에 올랐다.


## 운명처럼 다가온 인천화약공장 복구


현암이 현해탄을 건너 일본으로 향한 것은 1953년 1월 중순경이었다. 도쿄에 도착한 현암은 일본유지의 마쓰무로 상무를 방문했다. 그는 마치 헤어진 혈육을 만난 것처럼 현암을 반겼다. 당시 일본에서는 패전 후 맥아더 사령부에 의해 단행된 화약 생산 금지 조치가 해제되었지만, 마쓰무로 상무가 근무하던 일본유지는 수렵용 무연화약 제조만 허가받은 상태였다.

"우린 지금 화약 수요가 많은 홋카이도에 새로 건설할 화약공장 부지를 물색하는 중이고 유감스럽게도 현재는 산업용 화약을 생산하고 있지 않네. 대신 일본 내 굴지의 화약 중개상인 오카니시 쇼지 주식회사의 사장을 소개해 주겠네."

마쓰무로 상무와의 인연은 다시 한번 현암에게 큰 도움이 됐다. 오카니시 쇼지는 화약뿐 아니라 광산용 착암기를 비롯해 석유정제용 기계에 이르기까지 각종 기계류를 취급하고 있어, 한국화약이 수출 기반을 마련할 목적으로 매입해 두었던 덕령광산에 필요한 자력선광기까지 손쉽게 발주할 수 있었다. 여기에 덕령광산이 채광하는 모나자이트 전량을 일본으로 수출할 수 있도록 주선해 주겠다는 약속까지 받아냈다.

현암은 당시 출장을 통해 일본 화약계를 두루 시찰하는 기회도 가졌다. 일본 아사 지역에 있는 일본화약 공장을 비롯해 유수의 공장을 둘러본 현암은 그 설비와 규모가 한국과 비교할 수 없을 만큼 뛰어나다는 것을 깨닫고 다시 한번 생각을 정리했다.

'당장 다이너마이트를 생산하는 것은 무리다. 일단 원료 구입이 용이하고 제조 공정이 비교적 복잡하지 않은 초안폭약硝安爆藥을 생산하는 편이 합리적일 것이다.'

화약 국산화의 1단계로서 초안폭약을 생산하기로 가닥을 잡았지만 말처럼 쉬운 일은 아니었다. 관건은 일본 화약계로부터 기술 협력을 이끌어낼 수 있느냐였다. 하지만 일본 업체들은 기술 협력은 뒷전이고 한국의 전후 복구 과정에서 폭발적으로 늘어날 화약 수요에만 관심을 보였다. 기술은 이전하지 않으면서 판매로 수익만 올리겠다는 뻔한 속셈이었다. 사실 일본 화약계가 패전 이후 급성장할 수 있었던 배경에는 한국전쟁으로 인한 화약 특수가 있었다. 이제 전쟁이 끝났으니 한반도 재건이라는 또 한 번의 특수를 누리려는 속내였던 것이다.

'국산화가 제때 이뤄지지 못한다면 전후 복구 과정에서 발생할 국내 화약시장의 비약적 수요가 일본 업체들의 이익으로 돌아갈 것이 분명하다.'

한동안 현암이 수심에 잠겨 있자 마쓰무로 상무는 일본 카릿트 주식회사의 요시다 전무를 다시 찾아가라고 권유했다. 현암은 패전 직전까지 초안폭약을 전문적으로 생산했고, 그 원료인

DNN<sup>dinitronaphthalene</sup>을 생산하고 있던 일본 카릿트의 요시다 전무를 만나 '한국화약이 초안폭약공장을 건설할 경우 모든 기술 지원을 아끼지 않겠다'는 약속을 받을 수 있었다. 진로가 막혔던 현암으로선 가뭄에 단비 같은 성과가 아닐 수 없었다.

서둘러 귀국한 현암은 공장 부지 마련을 위해 동분서주했다. 최종적으로 낙점된 곳은 충남 천안군 직산면 일대의 야산이었다. 화약공장은 연쇄폭발 등의 위험을 예방하기 위해 각 작업장이 일정 거리 이상 떨어져 있어야 한다. 다이너마이트보다는 비교적 취급이 안전하다고는 하지만 초안폭약공장을 짓는 데만도 최소 5만 평 이상의 너른 부지가 필요했다. 혹여 소문이라도 나면 땅값이 천정부지로 치솟을 테니, 소리 소문 없이 부지 매입을 진행하면서 기존의 수입 업무도 병행했다.

그 무렵 상공부는 국방부가 제2조병창으로 관리해 오던 인천화약공장을 인수하고, '2년 내에 공장시설을 복구하고 화약 생산을 개시하면 불하해 준다'는 조건으로 화약 실수요자인 대한광업협회에 임대해 주고 있었다. 그러니 형 종철이 현암에게 "인천화약공장이 재건돼 화약이 생산되면 굳이 우리가 공장을 신축할 필요가 없지 않냐"라고 물은 것도 어쩌면 당연한 일이었다.

"형님! 2년이 아니라 5년이 걸려도 거기서는 화약을 생산할 수 없습니다. 서울로 사무실을 옮긴 다음 날 이미 인천에 다녀왔어요. 시설은 둘째 치고 화약을 만들 기술자들이 없어요."

화약 국산화를 위해 일로매진하던 현암은 당시 여러 경로를 통해 화약이 아닌 다른 사업의 참여 제안을 받았다. 영업부장 역시 '정부 지원금으로 법적 테두리 안에서 염료나 도료 같은 일반 화공품을 수입해 이문을 남겨야 한다'는 보고를 했으나, 현암은 결코 곁눈질하지 않았다. 기업의 이윤 추구는 경영의 기본 원칙이다. 하지만 현암은 상인 그 이상의 가치관과 철학으로 화약의 길을 개척하고 있었고, 그 첫 행보는 1년 안에 초안폭약공장을 건설하겠다는 것이었다.

1954년 2월에 개설된 한국화약 도쿄 연락사무소를 통해 일본 카릿트와의 기술 교섭이 순조롭게 진행됐다. 그런데 그만 악재가 터지고 말았다. 1953년 제3차 한일회담 결렬로 인해 일본 기술자들의 입국이 어려워지는 등 실질적 협력이 막힌 것이었다. 이후 출구가 보이지 않던 한국화약에 새로운 전기가 마련된 것은 정부가 화약산업 재건을 위한 인천화약공장 복구계획을 추진하면서부터였다.

# 도쿄대 도서관에서 찾아낸 설계도

현암은 1955년 상공부를 다녀온 권혁중으로부터 '광무국장이 사장님을 만났으면 한다'는 전갈을 받았다. 그렇게 현암은 강성태 상공부 장관을 찾아간 자리에서 "이승만 대통령께서 우리나라에도 화약공장이 있는데 왜 화약을 만들어내지 못하느냐. 아직도 일본이 만든 화약을 쓰고 있다면 부끄러운 일 아니냐고 하셨다"라는 전언을 들었다. 이어 상공부 장관은 현암에게 공장 신설이 아닌 인천화약공장의 복구를 제안했다.

당시 인천화약공장은 남한에 남아 있던 유일한 화약 생산시설이었다. 정부도 이 시설의 중요성을 잘 알기에 의지를 갖고 복구에 나선 참이었다.

조선유지 인천화약공장(남구 고잔동 50번지)은 정부 귀속 이후 공장 불하를 조건으로 대한광업협회에 임대된 상태였으나 임대한 지 2년이 지나도록 화약 생산은커녕 임대 전이나 마찬가지인 상태로 방치돼 있었다. 대통령과 장관의 의지를 확인한 현암은 그길로 인천화약공장을 찾았다. 공장에 도착한 현암은 왜 대한광업협회가 복구공사에 착수하지 못했는지를 다시 확인할 수 있었다. 초화공실부터 교화, 날화 등 각 공실은 우거진 잡초로 사람의 진입이 힘들 정도였고, 남아 있던 설비들도 무용지물에 가까웠다. 전쟁 전에 방문했을 때보다 오히려 더 심각한 상황처럼 보였다.

폐허가 된 공장에서 현암은 화약 국산화로 외화를 절약하고, 각 산업계에 화약을 원활히 공급하는 일은 시대적 요구이며 자신의 숙명임을 다시 한번 자각했다. 이후 현암은 그동안 독자적으로 추진해 온 화약 생산 계획을 수정해 인천화약공장 복구에 나서기로 마음을 고쳐먹었다.

'인천화약공장의 완전한 복구를 위해선 무엇보다 공장 건설 당시의 설계도면을 반드시 손에 넣어야 한다!'

서울로 돌아온 현암은 서둘러 일본으로 향했다. 일본유지의 마쓰무로 상무를 다시 만났다. 일본유지는 인천화약공장을 건설한 조선유지의 모기업이었다. 현암은 그에게서 당시 인천화약공장 화약부장으로 근무했던 사람이 규슈공업대학 교수를 지내다 건강상의 이유로 쉬고 있다는 귀중한 정보를 얻었다. 후쿠오카로 한걸음에 달려간 현암은 그를 만나 자초지종을 설명했다. 기억을 더듬던 노교수는 뜻밖의 이야기를 꺼냈다.

"인천화약공장을 건설할 무렵 젊은 동료 교수가 강의용 교재로 화약공장 설계도를 하나 얻어달라고 해서 복사해 건넨 적이 있어요."

"지금 그 교수는 어디에 있나요?"

"참 유능하고 젊은 교수였는데, 안타깝게도 그만 태평양전쟁에 출정했다가 전사했어요."

이야기를 들은 순간 현암은 정신이 아득해졌다. 잠시 기억을 더듬던 교수가 말을 이었다.

"그런데, 김 사장! 어쩌면 그 도면이 도쿄대에 있을지도 몰라요. 내가 준 도면을 도서관 지하창고에 안전하게 보관해 놓을 테니, 혹시 자신이 전쟁에서 살아 돌아오지 못하면 후임 교수에게 도면의 위치를 알려주라고 했거든요."

그길로 도쿄대에 찾아간 현암은 여러 지인의 도움으로 그토록 소망하던 인천화약공장 설계도 복사본을 손에 넣을 수 있었다. 존재 자체가 잊힐 수 있었던 설계도가 현암에 의해 극적으로 발견된 것이다. 게다가 확보한 설계도는 공장 배치도를 비롯해 건물 구조와 제조설비의 도면, 설계서까지 거의 완벽에 가깝게 보존돼 있었다. 다만 설계에 대한 시방서, 즉 도면에 나타낼 수 없는 사항을 문서화한 사양서가 없어서 제조설비의 상세 내역까지는 알 수 없었다.

'하지만 이 정도도 천운이 아닌가!'

귀국한 현암은 서울대학교 화학과의 박원희 교수를 만나 인천화약공장 복구계획 문제에 대해 논의했다.

"김 사장! 나 혼자서는 설계도 전체를 봐도 잘 알 수 없으니, 건축설계사와 기계전문가로 구성된 팀을 만들어 현장을 확인하고 방법을 한번 찾아봅시다."

하지만 그렇게 구성된 복구계획팀은 인천공장을 복구하느니 차라리 공장을 신축하는 것이 시간과 비용을 줄이는 방법이라고 결론을 내리고 현암에게 보고했다. 그러나 현암은 용역팀의 의견에 동의하지 않았다. 현암도 목전의 이익을 위해서는 복구계획팀의 의견을 따르는 것이 타당하다고 생각했다. 하지만 국가 경제와 기업의 미래를 위해 가능한 한 기존 시설을 최대한 활용하는 방안을 검토해 달라고 다시금 요청했다. 현암과 복구계획팀은 의견 조율을 거쳐 다음과 같은 결론을 도출했다.

'우선 제조공정이 비교적 덜 복잡한 초안폭약과 함께 공업뇌관과 도화선을 생산하기로 하고, 관련된 시설부터 대폭 보완하고 복구한다는 1차 복구계획을 수립한다.'

약 20여 일 뒤 400여 쪽에 달하는 방대한 분량의 입찰용 '인천 화약공장 1차 복구계획서'를 상공부에 제출할 수 있었다. 대한광업협회 역시 입찰에 참여했는데, 설계도면 한 장 첨부되지 않은 20여 쪽짜리 계획서와는 비교가 되지 않았다. 게다가 대한광업협회는 복구비로 200만 달러를 요청했지만 현암은 단 30만 달러면 가능하다고 보고했다. 당시부터 현암의 업무 방식과 실행력은 차원이 다른 수준이었다.

복구계획서를 접수한 당시 강성태 상공부 장관은 별다른 고민을 할 필요가 없었다. 누가 봐도 압도적으로 우수한 한국화약의 계획서를 들고 이승만 대통령에게 보고했다. 경무대를 찾은 강 장관으로부터 보고를 듣던 이 대통령이 물었다.

"계획서도 중요하지만 사람이 더 중요한 법인데 이 계획서를 만든 김종희란 사장이 성실한 인물이오?"

"예! 아주 성실할 뿐 아니라 추진력도 강하고 패기가 넘치는 청년입니다."

그랬다. 현암에 대한 세간의 평판은 이미 유망한 청년 사업가로 굳어져 있었다.

"그렇다면 강 장관이 재무장관과 협의해서 복구비 전액을 보조해 주고 잘 감독해서 내년 안에는 반드시 우리 손으로 화약을 생산해 장차 국방에 쓸 수 있도록 하세요."

이로써 한국화약은 귀속재산처리법 제24조의 규정에 따라 8월 10일부터 인천화약공장을 임대하고, 복구 공사비 5000여만 환에 대한 국고 지원도 재무부에 신청했다. 하지만 복구비 5000여만 환의 추경예산 편성에 재무부가 어려움을 겪으면서 지원은 차일피일 미뤄지고 있었다. 게다가 일주일 뒤 내려진 정부의 대일교역 전면금지 조치에 발목이 잡히고 말았다.

'인천화약공장의 불하와 무관하게 나는 이미 화약 국산화를 위해 공장 신축을 추진해 오지 않았던가! 그렇다면 정부의 지원을 기다리면서 허송세월할 것이 아니라 내 돈으로 복구비를 선투자하겠다고 마음먹으면 그만이다.'

현암은 결단을 내렸다. 정부가 힘에 부친다면 사명감을 가진 자신이라도 나서야 한다고 생각했던 것이다. 현암은 초대 공장장으로 진태두를 초빙하고 공무과장으로 이우희를 영입하는 등 공장 복구에 투입될 기술요원들로 팀을 구성해 현장에 내려보냈다.

투철한 사명감으로 복구에 앞장선 현암과 한국화약의 행보가 알려진 덕분이었을까? 정부는 '복구를 위한 임대'에서 '매각'으로 입장을 급선회했다. 그리고 1955년 10월 26일, 한국화약은 관세청과 7500만 환에 인천화약공장 매수 계약을 맺었다. 인수작업은 10월 30일에 마무리되었고, 이로써 현암은 자신이 세운 한국화약을 통해 그토록 소원했던 화약 국산화의 꿈을 실현할 수 있는 출발점에 섰다.

한국화약이 정부로부터 인수한 조선유지 인천화약공장은 대지 40만 5000여 평에 건물 5200여 평 규모였다. 하지만 드넓은 부지에 생산 관련 기계라곤 108점이 전부였다. 턱없이 빈약하고 노후한 시설이었지만 현암에게는 자신의 꿈을 펼칠 든든한 전초기지가 생긴 셈이었다. 그렇다고 모든 일이 순조롭게 처리된 것은 아니었다. 어렵사리 설계도는 구했지만 아주 기본적인 부품조차 구하기가 어려운 시절이었다. 청계천 고물상을 뒤지고, 일본산 부품은 대만을 거쳐 우회 수입하는 방식으로 들여왔다.

1955년 9월 1일 착수한 제1차 공장 복구작업은 그해 12월 24일 보일러 화입식을 치름으로써 완료되었다. 현암은 만감이 교차하는 표정으로 굴뚝에서 피어오르는 연기를 바라보았다. 화약계에 입문한 지 15년 만에 자신의 공장에 불을 지핀 것이다. 오로지 사명감 하나로 폐허에서 이룬 기적이었다.

그러나 시험생산을 통해 공장에서 나온 뇌관과 도화선은 상품으로서의 가치를 인정받기에 부족했다. 1956년 2월 시험생산에 들어간 초안폭약도 폭약시험에서 만족할 만한 결과를 얻지 못했다. 실험용으로 들여온 질산암모늄의 순도가 낮은 것이 원인이었다.

현암은 곧바로 질산암모늄을 일본 아사히카세이의 제품으로 대체했고, 1956년 4월 마침내 국산 뇌관과 도화선에 이어 국산 초안폭약을 생산하는 데 성공했다. 현암이 구상한 화약 국산화의 1단계가 그렇게 마무리되었다.

## 다이너마이트 국산화의 쾌거

그해 5월부터 전국 탄광에 한국화약 제품들이 공급되었다. 당시 한국화약은 국내에서 첫 생산된 초안폭약의 이름을 '세이프티마이트Safety-mite'라고 명명했다.

한국화약의 첫 브랜드인 세이프티마이트는 불티나게 팔려 나갔다. 수요가 폭발적으로 늘어나자 자금담당 부서에서는 가격 인상을 통해 산업은행 등으로부터 지원받은 자금을 조속히 상환 청산해야 한다는 의견을 낼 정도였다. 가격을 올린다고 해도 한국 화약 제품은 일제 수입 폭약보다 15%가량 저렴했다. 하지만 현암은 자금담당 부서의 의견을 받아들이지 않았다. 국가 재건에 촉매제가 되는 폭약의 가격을 인상하는 것은 시기상조라고 판단해서였다.

'우리 회사는 나와 직원들의 수고로 운영되는 민간기업이다. 하지만 한국화약이란 회사명처럼 우리 회사는 한국 화약계를 대표하고 있지 않은가! 경영도 그에 걸맞아야 한다.'

그는 이런 생각으로 기업 활동을 통해 해방된 조국의 재건에 일조한다는 사업보국의 정신을 실천했다. 그것은 그 시절의 시대정신이었다. 많은 기업들이 사업보국을 마치 구호처럼 외쳤다. 하지만 현암처럼 양손에 화약과 기업이란 두 개의 지팡이를 들고 조국 재건의 높고 거친 산을 오른 실천적 기업가는 흔치 않았다.

한동안 모든 일이 순조롭게 진행되었지만 현암의 갈증은 아직 해소되지 않은 상태였다. 초안폭약의 국내 생산을 화약 국산화의 마침표로 여기지 않은 현암은 다이너마이트 국산화에 더욱 박차를 가했다.

사옥을 회현동에서 태평로에 신축한 4층 건물로 옮긴 한국화약은 인천화약공장의 제2차 복구작업에 속도를 내기 시작했다. 사람 귀한 줄 알고, 인연을 소중하게 여기며, 인재가 기업의 가장 큰 자산이라 믿었던 현암은 이론과 실무를 겸비한 인재 발굴에 각별한 노력을 기울였다. 우선 박원희 교수의 소개로 연희전문학교 화학과 출신에 조선화학 비료공장 생산부장을 지낸 엘리트 신현기를 영입했다. 그리고 다이너마이트의 본질인 니트로글리세린 개발을 지상 과제로 삼았다.

하지만 10년 이상 방치된 노후 기계와 기술 인력의 부족은 여전히 해결하지 못한 숙제였다. 특히 가장 위험한 초화공실 작업을 할 만한 경험과 기술을 가진 적임자가 없었다. 현암의 지시를 받은 신현기 제조과장은 1945년 11월 발생했던 뇌홍화성공실 폭발사고 때 살아남은 세 명의 생존 기술자를 찾아 나섰다.

"사장님. 이성구라는 사람을 찾았는데요…."

"그래요. 그럼 당장 데려와야죠."

"그런데 너무 터무니없는 월급을 달라고 합니다."

쌀 한 가마니에 1만 4000환이고, 인천화약공장 공장장 월급이 3만 환이었던 당시 그가 요구한 월급은 무려 30만 환이었다. 일종의 위험 수당을 달라는 뜻이었다.

"신 과장! 그들을 데려오면 니트로글리세린을 만들어낼 자신 있어요?"

"먼저 실력을 검증해야겠지요."

"확신이 서면, 그들이 얼마를 달라고 하든 데려오세요."

화약 국산화에 목숨을 건 현암이 아니고선 내릴 수 없는 결단이었다. 신현기 과장은 그들 세 명을 만나보았다. 초화 경험이 풍부하진 않았지만 기본적으로 초화작업 과정을 이해하고 있다는 것만으로도 가능성이 엿보였다. 드디어 글리세린 주입담당, 배기가스 감식담당, 냉각온도 계측담당, 공기압력 계측담당 등 네 명으로 구성된 초화작업반이 꾸려졌다.

이성구, 유영수, 이종현 등 네 명의 작업반원은 두 달간 혼산이나 글리세린 대신 맹물을 재료로 삼아 모형 실습을 반복하고 또 반복했다. 자신들의 생명은 물론 회사의 명운이 달린 그들의 숭고한 도전은 그렇게 정점을 향해 달려가고 있었다.

인력 충원과 초화작업을 위한 재료 반입이 이어지더니 이윽고 최초의 초화 예정일이 잡히면서 드디어 카운트다운이 시작되었다. 인천화약공장 안팎은 마치 전운이 감도는 전장처럼 긴장이

고조되고 있었다.

시험 초화의 성공 여부는 한국 화약계의 미래를 결정짓는 일이었다. 1958년 6월 어느 날, 인천화약공장 초화공실을 높게 에워싸고 있는 토제 위로 직각 삼각형의 적색 깃발이 바람에 나부꼈다. 이는 니트로글리세린 시험생산이 시작되었음을 알리는 신호였다. 초화작업을 성공적으로 마치면 깃발은 내려지게 되어 있었다.

작업 개시 시간인 오전 11시 정각이 되자 모두가 기도하는 심정으로 숨을 죽인 채 글리세린 600킬로그램을 초화하는 데 필요한 50분의 시간을 기다리고 있었다. 다이너마이트의 주재료인 니트로글리세린은 작은 충격에도 폭발하는 성질을 가지고 있었기 때문에 더욱 안심할 수 없는 상황이었다. 니트로글리세린 제조공실이 폭발한 사례는 세계 도처에 수없이 많다. 자칫 잘못하면 대형 사고로 이어져 그간의 모든 노력이 수포로 돌아가는 것은 물론 인명 피해까지 발생할 수 있었다.

예정된 11시 50분이 지났다. 이후부터는 피를 말리는 지리한 기다림의 연속이었다. 시계는 어느새 예정 시간을 훌쩍 넘겨 1시 30분을 가리키고 있었다. 하지만 여전히 토제 위 깃발은 무심하게 나부끼고 있었다.

"아직이오? 혹시 무슨 문제가 생긴 건 아니겠지?"

신현기 과장은 수화기 너머 현암의 목소리가 떨리고 있음을 느꼈다. 불안감을 참지 못한 신 과장이 단숨에 초화공실로 내달렸다.

"우리가 해냈다!"

초화공실에 도착한 신 과장의 귓가에 작업반원들의 외침이 들렸다. 행여라도 폭발할까 두려워 사시나무 떨듯 글리세린을 초소량씩 주입하다 보니 작업이 두 시간 반이나 걸린 것이었다. 그들을 얼싸안고 함께 환성을 지른 신 과장은 사무실로 돌아와 현암에게 전화를 걸었다.

"사장님! 해냈습니다. 드디어 해냈습니다!"

본사에서 인천화약공장의 소식을 기다리며 애를 태웠던 현암도 비로소 긴 한숨을 토해낼 수 있었다. 현암은 일본 시찰 때 일본화약 업체 관계자들이 대놓고 '화약 생산 기술자 하나 없는 조선인들이 무슨 화약을 개발하겠느냐'는 식으로 자신을 은근슬쩍 멸시하던 순간을 떠올렸다.

'그래, 해방 13년 만에 이 땅에서 다이너마이트를 생산하게 되

었구나. 이런 게 항일이고 극일이지.'

한국은 현암이라는 선각자에 의해 일본에 이어 아시아에서 두 번째로 다이너마이트를 자체 생산하는 국가가 된 것이다. 이는 한국 화약산업사뿐 아니라 한국 기업사에도 길이 남을 결정적 순간이었다.

다음 날 모든 일간지는 앞다퉈 '다이너마이트 국산화의 개가'란 제하의 기사를 대서특필했다. 이는 한국화약이라는 한 기업의 성과가 국가의 위상과 산업에 지대한 영향을 끼쳤음을 공인하는 과정이었다. 언론은 현암을 비롯한 기술자들을 '노벨의 후예'라고 극찬했다. 자체 기술력에 의해 생산된 국산 다이너마이트는 1959년 1월 상업 생산에 들어갔고, 수입 화약을 대체해 전국의 수요처에 공급되기 시작했다.

한국화약은 조선유지 인천화약공장을 불하받은 뒤, 총 3차에 걸쳐 복구작업을 시행했다. 1955년 9월 시작된 제1차 복구는 4개월 만에 완료되었고, 제2차 복구는 1956년에서 1958년 2월 사이에 진행되었다. 이어 제3차 복구는 1958년 5월부터 1962년 12월까지 이루어졌다.

제3차 복구작업 도중에 초화시험생산에 성공한 한국화약은 공장의 확장과 생산 능력 배가는 물론 연구실 신설 등을 통해 일제에 의해 버려졌던 인천화약공장을 한국 화약산업의 거점으로 탈바꿈시키는 데 성공했다. 그리고 1961년에는 미군과 연간 400톤의 화약 공급 계약을 체결해 한국화약 제품의 품질과 가격 경쟁력이 국제 수준에 도달했음을 알렸고, 국산 화약 수출의 신호탄을 쏘아 올렸다.


## 경부고속도로 건설의 일등 공신


1950년대가 한국화약의 태동과 다이너마이트 국산화라는 과업을 완수한 시기라면, 1960년대는 본격적인 경제개발 5개년 계획 추진 정책에 따라 한국화약이 약진한 시기라고 할 수 있다. 정부의 산업정책이 농업 중심에서 공업 육성으로 전환되고, 중공업 육성은 자원 개발과 공장 건설, 물자 수송을 위한 도로 건설 등 대형 토목공사를 촉발했다. 그리고 이는 당연히 화약 수요의 폭증으로 이어졌다.

특히 경부고속도로를 건설할 당시 원활한 화약 공급은 사업의 성패를 좌우할 정도의 중대 사안이었다. 이를 잘 알고 있던 박정희 대통령은 공사 착공 2개월 전 현암을 청와대로 불러 당부했다.

"김 사장! 내가 대통령 선거 공약으로 내건 것이 있어요. 바로 서독의 아우토반 같은 고속도로를 우리나라에도 만들려고 합니다. 화약이 떨어져 공사를 중단한다는 소리 안 나오게 할 자신 있소?"

박 대통령의 물음에 현암은 자신만만하게 "차질 없도록 하겠다"라고 대답했다. 이후 한국화약 생산 직원들은 3교대로 밤새 공장을 돌려 총 1만 6000톤에 이르는 화약을 생산해 현장에 공급했다. 이는 "국산 화약이 대규모 공사에 쓰인 적이 없었다"라며 불신의 눈초리를 보내던 주변의 우려를 불식시킨 회심의 반격이었다.

만약 현암의 강력한 추진력과 적시 공급을 위한 한국화약 직원들의 헌신이 없었다면, 경부고속도로가 2년여 만에 개통돼 산업화 시대의 상징적 기적으로 남지 못했을 것이다.

고속도로 건설이 적극 추진되면서 한국화약은 1969년에 다이너마이트 매출액이 25%, 전기뇌관 매출액이 68% 증가해 급성장할 수 있었다. 비단 경부고속도로 건설뿐 아니라 경제개발 정책에 따라 국토 곳곳에서 펼쳐진 산업 현장에서 필수품인 산업용 화약의 수요는 계속해서 늘어났다. 홍제동 화약창고 앞에는 화약을 구하기 위해 전국 각지에서 몰려온 트럭들이 장사진을 치곤 했다.

"당시엔 화약을 판매하는 것이 아니라 배급하는 기분이었어요. 수표를 들고 와서는 물건 사기가 쉽지 않았습니다. 현찰을 싸들고 와도 화약 한 상자 더 받아 가려고 치열한 눈치 싸움을 벌이곤 했죠."

훗날 사업담당 임원이 당시를 회고하며 남긴 말이다. 1953년 8400만 환이었던 매출이 1958년에는 8억 4000만 환으로 열 배가 뛰었다는 사실이 당시의 열기를 짐작케 한다.

경제개발 계획의 시행이 해를 거듭하면서 기간산업인 화약산업은 그 비중이 더욱 커졌고, 이에 따라 한국화약은 연간 생산 능력이 1964년 7월 기준으로 1만 2000톤까지 확대되었다. 다행스럽게도 화약산업의 발전을 예견한 현암의 설비 확장으로 그 수요를 따라갈 수 있었다. 아울러 화약류의 수입금지 조치 등의 정책도 초기 국내 화약산업의 안정에 도움을 주었다.

한편 국내 산업용 화약의 대량생산과 판매의 독점적 지위를 구가하던 한국화약의 명성이 날로 높아지자 이를 시샘하는 세력의 음해성 여론 또한 끊이질 않았다.

한번은 '한국화약이 독점적 지위를 이용해 화약을 너무 비싼 가격에 공급하고 있다, 수입해 써야 한다, 화약공장을 하나 더 만들어야 한다'는 식의 원성이 박 대통령의 귀에까지 들어간 일이 있었다.

당시는 자유당 정권과 결탁해 치부한 기업인들에 대해 군사정부가 재산 환수 조치를 단행하던 시기였다. 서슬 퍼런 칼날은 자유당 정권 아래서 조선화약공판과 조선유지 인천화약공장을 불하받은 뒤 발전을 거듭해 온 한국화약에도 어김없이 겨눠졌다. 현암은 곧장 박 대통령의 일정을 어렵게 조율해 인천화약공장 시찰을 청했다. 이미 이승만, 윤보선 두 전 대통령이 시찰한 바 있던 인천화약공장에서 박 대통령을 직접 설득하기로 한 것이다.

"화약공장이란 게 이렇게 넓은 부지에 많은 시설과 인력이 필요하고 철저한 안전이 요구되는 곳입니다. 쉽게 지어질 수 있는 시설이 아닙니다. 한국화약의 제품이 원료를 수입에 의존하기 때문에 높은 생산원가로 다소 비싼 것은 사실이지만 부족한 외화를 주고 화약을 수입하는 것보다 나은 방법이며, 우리 노동인력에게 일자리를 주기 때문에 국가적 차원에서, 또 미래를 위해서도 좋은 일이라고 생각합니다."

박 대통령은 이미 이전 미국 방문길에서 전임 미8군 사령관 등으로부터 '다이너마이트 김'에 대한 호평을 수차례 들은 바 있었다. 그리고 시찰을 통해 본 인천화약공장의 규모에 놀라는 한편, 현암의 사업 능력과 속 깊은 통찰을 인정하지 않을 수 없었다.

일부 세력의 음모와 모략은 오히려 현암과 한국화약이 정치권과 그 어떤 결탁도 맺지 않았으며, 국내 화약산업을 개척한 공로를 세웠음을 재확인하는 결과만 가져왔다. 이로써 다수의 기업인들이 피하지 못한 군사정권의 매서운 칼날이 현암에게는 하나의 해프닝으로 끝나고 말았다.


## 국민을 위한 선물, 연화

우리나라에서 밤하늘에 불꽃을 쏘아 올리기 시작한 것은 1957년 3·1절 기념식 행사부터라고 알려져 있다. 연화煙花라고 불리는 이 불꽃놀이도 현암이 남긴 유산임을 아는 사람은 많지 않을 것이다.

현암은 1964년 국내 최초로 연화 개발에 성공했다. 연화를 생산하기 위해 당시 한국화약 기술자들은 정부가 일본에서 행사용으로 직수입한 일제 연화를 몰래 숨겨와 분해와 실험을 지속하는 피나는 노력을 해야만 했다. 이후 한화는 오늘날까지 우리나라 불꽃놀이 역사와 함께해 오고 있다.

축제 현장이나 경축식의 하이라이트인 연화를 만드는 일은 잔손이 많이 가는 반면 수지타산은 맞지 않는 사업이다. 그런데도 현암은 투자를 아끼지 않았다. 1973년 일본에 장난감 연화 수출을 시작으로 1975년에는 미국 독립 200주년 축제에 사용될 연화 200만 달러어치를 수출하기도 했다.

현암이 수익도 나지 않는 연화사업을 지속한 이유는 불꽃놀이가 식민지를 탈피해 국가 재건에 매진하는 국민을 위로하는 자신만의 방식이자 선물이라고 믿었기 때문이다. 그리고 대통령 취임식이나 전국 각지의 축제 현장에서 중요한 순간을 더욱 화려하게 빛내는 불꽃의 역할에 현암은 큰 자긍심을 느꼈다.

한화는 오늘날에도 88서울올림픽이나 2002월드컵, 2018평창동계올림픽과 같은 범국가적 행사마다 화려한 불꽃축제를 연출해 오고 있다. 지난 2000년부터 개최하고 있는 서울세계불꽃축제는 매년 100만 명이 운집해 탄성을 자아내는 국가적인 규모의 축제로 성장했다.

\* \* \*

이처럼 복잡다단했던 한국 근현대사의 한복판을 걸어온 현암은 불꽃처럼 세상을 밝히며 기업가로서의 자기 정체성을 확립했다. 그는 위험성은 크고 이익은 적어 기업인들이 회피했던 화약산업을 산업화의 필요충분조건으로 인식한 선각자였으며, 불굴의 정신으로 험로를 돌파해 기간산업으로까지 사업을 확장한 개척자였다. 대한민국 산업사에서 이토록 독보적인 행보를 보여준 인물은 현암이 유일하다.

1952년 창업 이후, 전쟁의 참화까지 견뎌내며 다이너마이트 국산화의 쾌거를 이룬 그의 결기는 비단 화약에만 국한된 것이 아니었다. 1964년 신한베어링공업 인수를 시작으로 기계, 석유화학, 에너지 분야에 진출하며 '기간산업을 통한 사업보국'이라는 신념을 관철시킨 의지의 기업인이었다. 이런 현암의 정신과 철학은

이후 한화그룹 경영의 근간이 되었으며, 비교 불가능한 한화만의

정체성을 확립하는 초석이 되었다.

# 2장

·

# 세상의 길이 된 신념

한화 100년의 여정이 시작되다

# 반세기 전 뿌린
# K-방산의 씨앗

세계적 권위를 가진 영국 『옥스퍼드 영어사전』에 'K-'라는 단어가 새로이 등재됐다. 'K-팝'으로 상징되는 한국의 대중문화가 K-라는 접두사까지 만든 것이다. 그런 가운데 최근 'K-방산'이라는 분야가 뜨겁게 떠오르고 있다. 소총 탄약부터 초음속 전투기까지 수출하고 있는 K-방산은 2022년 연말이면 세계 5위권에 오를 것이라는 전망을 낳고 있다.

뛰어난 성능과 탁월한 가성비를 경쟁력으로 삼아 21세기 전 세계 방위산업의 중심에 선 K-방산의 역사에서 한화는 그 이름을

맨 앞에 올리고 있다. 이처럼 한화가 K-방산의 첨병 역할을 한 데
는 약 50년 전 방위산업에 과감히 뛰어든 현암의 결단이 있었다.

화약산업에서 출발한 한국화약이 방위산업으로 영역을 확장한
것은 사업의 속성과 연관성을 고려할 때 필연적인 결과였다. 게
다가 젊은 시절 현암이 그토록 염원했던 부국강병을 이룩하기 위
해서는 반드시 가야 할 길이기도 했다.

하지만 현암이 방위산업에 진출할 당시 사업 환경은 좋지 않
았다. 방위산업으로 무기를 수출하기엔 우리의 기술적 역량이 턱
없이 부족했고, 베트남전 파병에서 확인했듯 우리가 세계 최고의
무기 수출국인 미국과 경쟁한다는 것은 무모해 보였기 때문이다.

1960~1970년대 한국의 산업화 과정은 국가가 성장을 주도했
다. 당연히 국가의 정책 변화는 기업 경영에 지대한 영향을 미쳤
다. 이런 외부적 변수에 의해 매출 급감과 급신장을 반복적으로
경험한 현암과 한국화약은 원가절감과 제품 개발에 몰두하는 한
편, 사업 영역의 확대에 더욱 집중했다.

위기가 없었던 건 아니지만 현암은 1960년대에 시작된 경제개
발 계획 추진 과정을 효과적인 성장 기회로 삼아 한국화약이 화
약산업을 주도하는 국내 유일의 화약 메이커로 자리매김하는 데

뛰어난 경영 능력을 발휘했다. 동시에 정밀화학, 방위산업 등의 기간산업 진출을 도모하며 경영 다각화를 꾀하는 데도 성공했다.

## 방위산업 진출의 계기가 된 1·21사태

이 무렵 한국화약은 1970년대 경영 방향에 지대한 영향을 끼칠 두 가지 중요한 사건과 마주한다.

먼저 한국화약의 연구진은 인천화약공장에서 생산하고 있던 소금을 이용한 세제와 염료, 의약품 등의 원료인 망초$^{Na_2SO_4}$를 개발해 파일럿 플랜트로 생산할 수 있게 되었다. 비록 경제성이 낮아 망초 생산은 중단되었지만, 화약 제조로 축적된 기술을 활용해 정밀화학 제품의 생산 가능성을 보여준 이 일은 훗날 한국화약의 사업 다변화에 큰 경험이 되었고 긍정적인 영향을 끼쳤다.

또 한 가지, 1968년에는 한국화약이 방위산업에 뛰어드는 데 가장 직접적 원인을 제공한 사건이 발생했다. 바로 그해 1월 21일에 벌어진 무장공비 침투사건이었다. 북한 정찰국 소속 공작원 31명이 박정희 대통령을 암살할 목적으로 청와대 300미터 앞까지 습격한, 이른바 1·21사태는 남북의 긴장관계를 최고조로 끌어올리며 우리 사회를 충격의 도가니로 몰아넣었다.

물론 1·21사태가 일어나기 1년 전인 1967년에도 북한의 연간 도발 횟수는 무려 170여 회에 이르렀다. 그해 4월에는 북한군 90여 명이 중부 산악지대를 통해 휴전선을 넘어와 국군 7사단과 교전을 벌일 정도로 남북 간의 대치 상황은 첨예했다. 이러한 일련의 사건들은 국민들에게 아직 전쟁이 끝나지 않았음을 상기시키고도 남았다.

하지만 아무리 휴전 상태라고 해도 수도인 서울 한복판에 위치한 권력의 최정점인 청와대와 대통령을 직접 겨냥한 테러 시도가 자행되리라고는 그 누구도 상상하지 못했다.

사건 당일인 1월 21일 밤 10시 15분부터 30분까지, 경복고등학교와 청와대 사이에서 차가운 밤공기를 뚫고 여러 차례의 총성이 울렸다. 이어 수도경비사령부 30연대 연병장에서 81밀리 박격포로 쏘아 올린 조명탄이 한겨울 칠흑 같은 어둠에 싸여 있던 세검정과 북악산 일대를 대낮처럼 환하게 밝혔다.

그 시각 가회동 자택에서 여느 때와 마찬가지로 막 잠자리에 들기 위해 읽던 책을 내려놓던 현암에게도 날카로운 총성이 들렸다.

'야밤에 수도 한복판에서 총성이 울리다니, 대체 무슨 일이지? 훈련이라도 하는 건가?'

게릴라전 특수훈련을 받은 31명의 북한군은 종로경찰서장 최규식 총경을 포함해 군 장병과 민간인 등 32명의 사망자와 52명의 부상자를 내고 우리 군경합동수색진에 의해 사살 및 생포되었다. 이 사건은 우리 사회에 큰 파장을 불러일으켰다.

그 가운데 가장 큰 충격을 받은 곳은 군과 경찰이었다. 장비의 취약성을 절감한 경찰은 급기야 한국화약에 수류탄 화약 개발을 의뢰하기에 이르렀다.

'그래, 우리가 다시 식민지가 되거나 전쟁의 소용돌이에 휘말리는 일이 벌어져서는 안 돼. 자주국방만이 살길이지. 그렇다면 화약인인 내가 해야 할 일을 찾아야 한다.'

경찰의 의뢰를 받은 현암은 즉각 제품 개발을 지시했다. 그렇게 한국화약은 군용화약 개발 연구에 착수했고, 1969년 5월 경찰에 수류탄을 납품하는 개가를 올렸다.

이 일로 특수화약 개발에 자신감을 얻은 현암은 한국화약 내 전담부서를 설치하는 등 방위산업 참여에 새로운 전기를 마련했다. 바로 이것이 K-방산의 리더 한화의 시발점이었다.

## 국가 방위산업체로 지정되다

방위산업에 뛰어든 한국화약은 현암의 주도 아래 시설 증설과 안전성 제고를 위해 각고의 노력을 기울였다. 1966년을 기점으로 다이너마이트·초안폭약·AN-FO 등 3종의 화약류와 함께 공업용뇌관·제2종도화선·전기뇌관 등 생산품의 다품종화에도 성공했다.

한편 한국화약은 1968년 4월 정부로부터 국가 중요시설 '가'급(대통령 훈령 제18호)에 선정돼 국가안보에 중대한 영향을 미치는 기간산업체로서의 자긍심과 책임감이 배가되는 계기를 맞이했다. 특히 1968년부터 시작된 방산제품의 개발과 생산은 한국화약에 새로운 활력을 가져다주었다.

"좀 더 적극적으로 방산에 뛰어들 수 있게 구체적인 방안을 마련하세요."

저돌적인 추진력을 지닌 현암 특유의 기질이 이번에도 작동했다. 그리고 연구진은 빠른 화답으로 현암의 지시에 응했다. 1971년에는 수류탄과 지뢰, 신호탄 등을 망라한 방위산업계획이 수립되고 추진되었다. 이러한 속도전은 1972년 한국화약이 정부로부터 방위산업체로 지정되는 기반이 되었다.

방위산업체가 된 한국화약은 1972년 흑색화약을 개발하고 생산하는 한편, 국방과학연구소와 고폭탄류 공동개발에도 착수했다. 또한 흑색화약보다 화력이나 성능이 훨씬 뛰어나 군용에 적합한 무연화약과 소화기류에 소요되는 구상화약 개발에도 박차를 가했다.

방위산업용 화약의 생산계획이 단계적으로 진행되면서 방산공장의 부지 선정 문제가 대두되고 있을 때, 마침 정부로부터 지침이 전해졌다.

"사장님! 정부에서 화약공장을 대단위화하라는 지시가 내려왔습니다."

"그럼 방산공장 부지를 인천공장이 아닌 다른 곳으로 알아봐야하나."

사실 현암은 당초 인천화약공장의 유휴 부지에 방산공장 설립을 고려하고 있었으나, 지리적으로 북한이나 수도 서울과 너무 근거리에 위치해 적절치 않다는 반대 의견에 부딪히고 있었다. 게다가 방산공장 특성상 부지가 넓을수록 보안과 안전에 유리하다는 점도 고려해 결국 현암은 인천화약공장에 이은 제2공장의 부지로 전남 여수 지역을 최종 낙점했다.

## 여수 제2공장 건설

1974년 9월에 발족한 제2공장 건설단은 프랑스와 미국, 캐나다의 기술선과 기술도입 계약을 체결하고 본격적인 공장 건설 작업에 착수했다. 방위산업에 필요한 특수화약 제조용 제2공장 건설은 지난 25년간 축적해 온 한국화약의 화약제조 기술과 외국의 선진 기술 및 설비 도입이 결합된 프로젝트였다.

무연화약과 고폭약·원료 플랜트 등의 설비를 갖춘 여수 제2공장은 1977년 준공되었고 다음 해인 1978년에 종합 가동을 시작함으로써 특수 방산제품의 양산화를 위한 첫걸음을 뗐다. 이로써 여수공장은 그동안 전량 수입에 의존해 왔던 특수화약 부문의 국내 수요를 충당하는 한편 자주국방의 기초를 닦는 역할을 수행했다.

한국화약이 방산업체로 지정된 1972년은 한국화약 창립 20주년이 되는 해였다. 그해 10월 9일 기념식에서 10년 이상 장기 근속자 76명이 표창을 받았는데, 그 이전에 이미 수상자가 200여 명이 넘었으니 한국화약에는 총 300명에 육박하는 장기 근속자가 있었던 셈이다.

화약이라는 위험 물질을 다루는 업체에서 이처럼 이직률이 낮고 장기 근속자가 대거 배출됐다는 점은 기간산업 종사자로서 임직원들의 자긍심이 얼마나 컸는지를 보여주는 증거다. 이는 현암의 확고한 경영 철학에 대한 구성원들의 공감과 지지를 대변하는 것이기도 했다.

사업보국이라는 사명감으로 화약 외길을 걸어왔던 현암이 추진한 방위산업 역시 사업적 속성은 화약과 다를 바 없었다. 방위산업은 정부가 발주하는 프로젝트를 중심으로 주요 사업이 추진되기 때문에 고객과 물량이 제한적일 수밖에 없다. 당연히 수익성보다는 사명감이 앞서는 특수한 사업이다.

그런 점에서 화약과 방산은 일반적으로 기업들이 진출을 꺼리는 분야다. 그런데도 현암은 이 어려운 길을 마치 수행을 하는 구도자처럼 묵묵히 걸어갔다.

1970년대에 접어들면서 한국화약은 자주국방을 위한 방산 부문 육성책에 적극 부응하면서 방위산업과 정밀화학 분야로 점차 사업 영역을 넓혀갔다.

당시만 해도 세간에는 한국화약을 은둔의 기업이나 폐쇄적인 기업으로 바라보는 시각이 적지 않았다. 위험성이 높은 화약사업의 특성상 대외적으로 밝히기 어려운 일들이 많고, 국가 기밀을

요하는 방위사업에까지 진출하면서 보안이 더욱 철저히 요구되었기에 빚어진 오해였다. 특히나 정부와 직간접적으로 연관된 특수사업들의 경우 바깥소문에 더 민감하고 조심스럽게 반응할 수밖에 없었다.

이처럼 한국화약은 일반 기업들과는 사업의 출발점부터 달라서 기업 문화 또한 독특한 방향으로 발전돼 올 수밖에 없었다.

하지만 현암은 그런 왜곡된 세간의 평가나 시선 따위를 염두에 두거나 의식하지 않았다. 오히려 그러면 그럴수록 방위산업 진출로 인한 자부심은 커져갔다.

그는 식민 치하의 설움을 잘 알고 있었고, 열강들에 의해 전쟁을 겪어야 했던 약소국 국민의 참담함을 처절하게 체득한 세대였다.

'국방력은 상대를 점령하고 파괴하기 위한 목적이 아니라 어떤 순간에도 나라와 국민을 스스로 지킬 수 있는 최소한의 힘이다.'

현암의 그런 믿음은 한국화약의 기업 철학과 문화의 토대가 되었고, 방위산업을 현재 한화그룹의 주력 사업으로 성장시키는 근간이 되었다. 사업성 등의 이유로 다른 기업들이 꺼려 하는 사업을 과감하게 비즈니스 영역으로 편입시키고 확대하는 한화의 독창적 경영 철학은 바로 창업주 현암에게서 비롯된 것이다.

## K-방산에 이어 우주산업까지

현암의 투철한 사명감으로 출발한 방위산업으로의 도전은 오늘날 한화가 한국을 대표하는 K-방산기업으로 성장해 방산품 수출의 기수가 되는 길을 활짝 열었다. 더 나아가 한화는 최근 항공우주산업 분야에서도 선도 기업으로서 두각을 나타내는 등 국내 유일의 종합방산기업으로 발돋움하며 '한국의 록히드마틴'을 목표로 도전에 도전을 거듭하고 있다.

이미 한국형 발사체 누리호의 로켓 엔진 개발에 성공하며 기술력을 입증했고, 위성통신과 도심항공교통UAM 같은 미래 첨단 산업에서도 방산 기술을 접목한 비즈니스를 꾀하고 있다. 오늘날 한화는 세계 시장에서 K-방산의 신화를 쓰고 있으며, 대한민국 우주시대를 열어갈 첨단 기술 기업으로 계속 진화해 나가고 있다.

기계

# 10년 적자를 감수하고 뛰어든
# 기간산업

한국화약은 창립 이후 안정적으로 사세를 확장해 왔다. 하지만
현암은 화약 일변도의 사업 구조에서 탈피해 새로운 사업 영역을
개척할 필요성을 느꼈다. 대외적으로도 경제개발 5개년 계획이
본격화되면서 산업 현장 도처에서 성장과 도약의 획기적 전기가
마련되고 있었다. 마침 그 무렵 현암은 신한베어링공장의 인수를
제안받았다.

　당시 국내 기계산업은 산업별 육성 순위에서도 후순위일 정도
로 낙후된 기간산업 분야였다. 자전거·농기구·섬유기계 등 분야

는 다양해졌지만, 연간 국내 기계 수요의 3분의 2를 수입에 의존하고 있는 실정이었다.

그마저도 국산 기계 대부분은 성능과 정밀도, 내구성이 떨어져 시장에서 냉대를 받고 있었으며, 생산업체들은 영세성을 탈피하지 못하고 있었다. 즉, 우리 기계산업계는 우선적으로 국내 시장으로부터 품질에 대한 신용을 끌어내는 일이 급선무였다. 그만큼 낙후된 분야였다.

이에 정부는 제1차 경제개발 5개년 계획 기간 동안 중소공장의 전문화로 베어링·기어·스프링 등 기초공업 기반 조성에 힘을 기울인 뒤, 제2차 경제개발 5개년 계획을 시작하면서 베어링공업의 보완 등 국산 기계류의 생산 확대를 추진했다.

특히 기계공업의 핵심 요소 산업인 베어링은 거의 모든 기계에 들어가는 필수품으로, 그 종류와 규격이 다종다양한 것이 특징이다. 따라서 투자 대비 수익이 적은 구조였고, 선뜻 공장 신설에 투자하는 이가 없었다. 그런 까닭에 범람하는 밀수품이 시장을 장악하고 있었다.

# '사업'과 '사명'을 고민하다

신한베어링공장 인수를 제의받은 현암은 고민 끝에 기획실에 첫 신규 사업 진출을 위한 방안을 강구하도록 지시했다. 현암과 한국화약으로선 일종의 모험이었다.

당시 경기도 부평에 위치했던 신한베어링공장은 원래 일본의 3대 베어링 메이커 중 하나인 고요<sup>光陽</sup>베어링이 병참 공업화를 목적으로 1937년 군수용 베어링을 생산하기 위해 건설했던 적산기업 중 하나였다. 해방 이후 신한베어링공업주식회사에 불하돼 각종 베어링 강구 및 기계 부속품을 생산, 판매해 왔다. 한때는 미국 국무부 국제협력처<sup>ICA</sup>로부터 20만 달러의 차관을 얻어 서독의 최신 기계를 도입, 의욕적으로 생산시설 확충에 나서는 등 국내 유일의 베어링공장으로서 성장을 모색했다.

하지만 일반 장치공업과 달리 기계공업은 운전 기술뿐 아니라 고도로 축적된 기술 숙련도가 필요한 분야였다. 그때까지만 해도 국내 기술진이 직접 생산을 시작한 지 채 10년이 안된 시점이라 최신 기계의 도입만으로는 당장 조악한 품질을 개선할 수 없었다. 그로 인한 경영 악화는 도무지 개선될 기미가 보이지 않았다.

이에 신한베어링공업이 당시 정계에서 활동하고 있던 현암의 형 종철을 통해 한국화약에 인수 의사를 타진해 온 것이었다.

'형님의 권유이긴 하지만 베어링이라니… 이제껏 내가 배우고 익힌 것은 오직 화약뿐이다. 다른 분야는 곁눈질도 한 적이 없지 않은가. 과연 해낼 수 있을까? 아니 그보다 기계산업으로 진출하는 것이 과연 옳은 선택인가?'

"형님! 기획실에서 검토한 바로는 현재 국내 기계공업 수준으로 볼 때 손해를 각오하고 시작해야 한답니다."

"그렇다면 장래성은 있다고 하던가?"

"장래성은 둘째 치고 사업이 어려워지면 20만 달러나 되는 새 기계가 무용지물이 되잖아요. 국가적으로도 큰 손해가 아닐 수 없어요."

미지의 길 앞에서 현암의 고민이 깊어졌다. 기계산업의 미래가 밝다는 그 어떤 징후도 발견되지 않는 상황이었다. 사업성이 좋기는커녕 누가 봐도 밑 빠진 독에 물 부을 게 뻔한 일이었다.

하긴 당시 국산 베어링은 미군부대에서 흘러나오는 외제나 재생 베어링과의 경쟁에서도 밀릴 정도였다. 타당성 검토에 들어갔던 기획실에서 인수를 반대한 것은 당연했다. 당시 국내 기계공업의 수준을 고려할 때, 최소한 10년 이상 적자를 감수하며 투자를 지속해야 그나마 정상화가 가능하다고 판단했던 것이다.

이때 가장 적극적으로 인수를 반대했던 이는 공교롭게도 인수후 공장장을 거쳐 사장까지 올라 한국화약 기계부문의 사업 기반을 다진 이우희 전무였다. 그는 한양공대 기계과 교수로 재직하다가 현암과 인연이 닿아 1955년부터 한국화약에 몸담고 있던 인물이었다.

"사장님, 신한베어링공업에서 보유하고 있는 기계는 모두 일제말에 사용하던 폐품 직전의 것들입니다. 도저히 제대로 된 제품 생산을 기대하기 힘듭니다. 게다가 베어링은 약방의 감초처럼 모든 기계에 소용되는 제품일 뿐 아니라 그 종류와 규격이 많고 다양한 것이 특징입니다. 그렇기 때문에 품질관리가 힘들고 수지타산이 맞지 않아 이익을 내긴 더욱 어려운 사업에 속합니다. 비단 제 의견뿐 아니라 일반적인 시각이 그렇습니다."

기계과 교수 출신 임원의 부정적 사업보고를 들은 현암은 장고에 들어갔다. 물론 업계 현실을 정확히 파악한 이 전무의 분석을 의심한 건 아니었다. 다만 이 문제를 단순히 기업가의 시각으로만 보는 것이 옳은지에 대한 판단이 서지 않았다. 기획실의 의견을 받아들여 인수를 거절하는 것이 합리적 결정이었지만 현암은 다른 접근 방식으로 이 사안에 대해 고심하고 있었다.

'기계공업도 폐허가 된 조국을 재건하는 데 꼭 필요한 기간산업이지 않은가. 그리고 베어링은 기계공업의 핵심 요소 산업이라 제2차 세계대전 때도 독일의 베어링공장이 가장 먼저 폭격을 받았다고 하지 않던가. 고품질의 베어링 생산공장을 건설하지 않고서는 시장에 넘쳐나는 외제 밀수품을 근절할 수 없다. 그러니 반드시 누군가는 이 사업에 투자해야 한다.'

## 화약 이외의 업종에 처음 도전하다

얼마큼의 시간이 흘렀을까? 깊은 생각에 빠졌던 현암이 결론을 내렸다. 누군가 해야 하는 일이라면 자신이 하겠다는 쪽으로 생각을 굳힌 것이다. 현암의 판단 기준은 명확했다. 국가와 사회에 기여할 수 있다는 대의명분만 충족한다면 난관이 예상되더라도 자신이 감내하겠다고 결심했다.

정부 역시 국내 베어링산업의 정상화를 위해선 자본력과 경영 능력이 검증된 유력 기업의 인수가 필요하다고 판단했고, 마침내 한국화약은 1964년 창업 12년 만에 화약이 아닌 업종에 첫발을 내디뎠다.

이는 화약산업을 통해 얻은 국민적 성원을 또 다른 기간산업인 기계산업으로 이어가겠다는 현암의 강한 의지가 없었다면 도저히 불가능한 선택이었다. 손익계산서를 철저히 따지는 기업이 최소한 10년 이상의 적자가 예상되는 사업에 진출하는 것이 어디 쉬운 일이겠는가. '기업 활동을 통해 국가 사회에 기여하자'는 한국화약의 사훈이자 창업이념은 그렇게 또 한 번 입증되었다.

신한베어링공업의 주식 60%를 인수한 현암은 그해 1월 3일 대표이사에 취임함으로써 새로운 도전을 시작했다. 경영 부실로 체불된 임금 전액을 지급하고 조업 정상화를 위해 단호한 조치를 취하면서 같은 해 5월 29일 '한국베어링공업주식회사'로 사명을 변경해 이미지 쇄신에 주력했다.

그러나 정상화를 위한 과정은 산 넘어 산이었다. 우선 제품의 하자를 개선하기가 쉽지 않았다. 국산 베어링은 화력이 강하고 압축이 심한 기계를 감당하지 못해 수명이 고작 1~2개월에 불과했다. 그러니 국산보다 곱절은 비싸도 1년 넘게 사용할 수 있는 외제 베어링과 경쟁할 방법이 없었다. 게다가 당시 수요가 급증하고 있던 자동차용 테이퍼롤러 베어링의 품질이 크게 떨어져 미제 재생품에까지 밀리는 상황이 벌어졌다. 품질 개선 없이는 도저히 국산 베어링의 독자적 정상화가 불가능했다.

300여 종의 제품을 생산하며 국내 대표적 생산시설로 자리매김하기 시작한 한국베어링공업은 1960년대 후반부터 기술력 향상을 위한 자구책에 나섰다. 1968년 일본 안택산업으로부터 120만 달러의 자본재 도입 차관을 들여와 다섯 개 라인을 신설하는 등 공장 확장을 본격화했으며, 미국 후버베어링의 기술자를 초청하고, 베어링 원자재 수입처인 NSK<sup>일본정공주식회사</sup> 등으로부터 기술력을 습득하는 등의 노력을 지속했다.

당시 시설투자비가 워낙 많이 들어가다 보니 직원들 사이에서는 '최악의 경우 엿이라도 바꿔 먹으면 된다'는 우스갯소리마저 나돌았다. 하지만 다들 화약사업에 이어 또 다른 기간산업에 종사한다는 애착과 자부심을 갖고 있었다.

다각도의 정상화 노력에도 불구하고 여전히 수입품과의 품질 수준은 좁혀지지 않았다. 그 무렵 세계 베어링 업계의 대표적 기업인 스웨덴 SKF의 도쿄지사장이 한국베어링공업을 찾았다.

"앞으로 철도용 베어링을 만들면 한국베어링공업에 큰 도움이 될 것으로 생각합니다."

SKF 도쿄지사장의 조언은 신선한 충격이었다. 당시 우리나라 열차는 베어링을 사용하지 않아 안전과 속도 면에서 크게 낙후되어 있었다. 한국베어링공업은 곧장 철도청과 접촉하여 베어링을 사용한 열차가 운행될 수 있도록 설득했고, 마침내 설계 변경에 대한 공감을 이끌어냈다.

한국베어링공업은 1970년에 일본 NSK와 기술제휴를 맺어 본격적인 베어링 품질 향상을 모색했고, 지속적인 기술 개발로 마침내 품질 규격을 만족시키는 철도용 베어링 생산에 성공함으로써 성장의 기반을 다졌다.

한국베어링공업은 탄탄한 기업인 한국화약그룹에 편입된 이후 믿기지 않는 흑자 전환에 성공했다. 인수 당시 691만 원의 적자를 기록했으나, 인수 첫해인 1964년에는 47%의 매출 신장과 함께 691만 원의 순이익을 냈다. 매출은 1965년 1억 원대에서 매년 100% 이상씩 성장해 1971년에는 10억 원대를 돌파하는 외형적 성장을 이어갔다.

## 열차와 차량용 베어링을 국산화하다

그러나 매출에 비해 이익 규모는 큰 폭으로 상승하지 못했다. 당시로서는 거액인 120만 달러의 초정밀 기계설비 확장 등의 투자가 과중한 부담으로 작용했다. 여기에 베어링 시장을 장악하고 있던 거대 도매상 등 시장 상인들의 횡포가 여전했다. 관행처럼 이어져 온 유통 구조의 문제가 경영 환경에 악영향을 끼치고 있었던 것이다.

그런 열악한 환경에도 불구하고 현암은 우리 기술력을 높여 작은 부품 하나라도 국산화해 나가는 과정에 보람을 느꼈다. 1970년대로 접어들면서 한국베어링공업은 방위산업체로 지정되었고, 종합공작기계업체로 사업 영역을 더욱 확장해 나갔다. 1977년에는 창원공장의 설립으로 전문 품종의 대량생산 체제를 확립해 생산 물량은 늘리고 원가는 낮춤으로써 점차 경영 개선에도 성공하게 되었다.

또한 정부의 자동차 육성 시책에 부응해 1980년에는 차량용 베어링 국산화를 이뤄 승용차 포니용 베어링을 공급한 데 이어, 1981년에는 기아자동차의 트럭용 베어링도 개발 및 공급함으로

써 국산 자동차 발전에도 크게 기여했다.

1971년 4월에 이르러서는 일본 NSK와 자본 및 기술을 연합하는 그룹 최초의 합작법인 '한국정공주식회사'를 공식 발족시켰다. 이러한 합작법인의 출범은 선진 설비와 기술을 동시에 확보하고 체득할 수 있는 기회이자 한국 기계공업의 새로운 이정표가 되었다.

그룹 차원에서 볼 때 한국화약의 기계산업 진출은 창업 12년 만에 화약 이외의 분야로 사업 영역을 확장한 첫 도전이라는 점에서 의미가 크다. 무엇보다도 그 과정이 현암다운 선택과 추진이었다는 점에서 더 각별했다. 객관적으로 최소 10년 이상 적자를 볼 게 명확한 사업에 뛰어들려면 그만한 이유가 있어야 한다.

현암의 선택 이유는 오직 이익만을 추구하는 투자 원칙이 아니었다. 그것은 '국가 재건을 위한 기간산업'은 반드시 누군가 해야 하고, 다른 사람이 선뜻 나서지 않는다면 희생을 감수하더라도 자신이 맡겠다는 신념이었다. 세월이 흐른 뒤, 이와 같은 그의 뿌리 깊은 신념은 한화그룹 정체성의 발원지로 기록되었다.

# 멀리 내다보고
# 한발 앞서 도전하다

1960년대는 한국화약이 주력 사업을 확보해 그룹의 면모를 갖추며 본격적으로 중장기 성장 기반을 다져나가던 시기다. 이러한 한국화약의 확장기에 현암은 인재 확보에 심혈을 기울였다. 일은 자본이 아니라 사람이 하는 것이라고 믿었던 현암은 신규 사업 확대에 필요한 인재 영입에 적극 나섰다. 서울법대 출신으로 경향신문 출판국에 근무하던 오재덕과 한국은행 출신의 권오균 같은 엘리트들을 스카우트하고, 특채와 공채 등의 인사 제도를 도입해 중견 및 신입사원들을 고루 채용하여 적재적소에 배치했다.

이렇게 한국화약에 입사한 인재들은 화약을 중심으로 한 방위산업 분야와, 후일 정밀화학 분야 등의 신규 사업 진출에도 크게 기여했다. 능력 있는 인재들을 영입한 현암은 그때부터 더 큰 그림을 그리기 시작했다. 특히 신현기 연구실장을 대동하고 미국, 영국, 프랑스 등 7개 선진국 출장을 다녀온 뒤 현암은 석유화학 분야로의 진출 의지를 굳혔다.

석유화학은 현대 산업의 마술사로 불릴 만큼 산업 사회에 미치는 파급효과가 큰 유망 업종이었다. 다만 석유화학 분야로 진출하기 위해서는 정유산업 못지않은 고도의 기술과 막대한 투자가 필요했다. 진입장벽은 높았지만 이미 방향성을 잡은 현암은 귀국후 권오균 당시 기획실장에게 석유화학 분야 진출을 적극 모색하라는 지시를 내렸다.

또한 미국 듀폰Dupont 연구소 방문 당시 강한 자극을 받았던 현암은 인천화약공장 연구실의 강화를 계획하고 추진했다. 이미 그 시절 연구 개발, 즉 R&D의 중요성을 인식한 것이었다. 1942년 화약업계에 입문한 현암은 20년 동안 화약산업의 내실을 다진뒤, 사업의 다각화를 위한 행보를 이어가면서 석유화학사업 진출이라는 계획을 실천하기 시작했다.

한국화약이 PVC<sup>Polyvinyl Chloride</sup> 공업에 진출한 것은 석유화학 분야 진출과 복합적인 연관성이 있다. 이미 현암은 1950년대에 밴 플리트 장군을 단장으로 내한한 28명의 미국 실업인단과 PVC 프로젝트에 관해 합작투자를 협의한 경험이 있었다. 그리고 1960년대 초반에 다녀온 선진 화공업계 시찰을 통해 현암은 확신했다.

'반드시 석유화학 시대가 올 것이다. 이를 대비해야 한다.'

"권 실장! 사업계획서는 언제쯤 마무리되나?"

"워낙 방대한 사업이라… 나프타를 화학 소재로 만들기 위해 증발시키는 시설 하나만 만드는 데도 몇천만 달러가 들어갈 것 같습니다."

"자금하고 기술 문제는 내가 해결할 테니, 어서 사업계획서를 만들어서 경제기획원에 제출하게! 정부 허가만 나면 차후 문제는 내가 해결함세."

현암의 독려에 힘입어 한국화약 기획실은 나프타 분해 시설을 비롯한 석유화학공장 건설 추진 계획이 담긴 80여 쪽 분량의 사업계획서를 경제기획원에 제출했다.

그 무렵 우리나라는 연간 1만 톤에 이르는 PVC 원료 전량을 750달러에 수입하고 있었다. 미국이나 일본 현지의 생산 가격인

300달러에 비하면 두 배 이상 높았다. PVC 원료의 국산화가 시급한 상황이었다.

하지만 그때까지만 해도 소관 부처의 공무원들조차 석유화학 산업에 대한 이해가 부족했다. 당연히 현암의 원대한 계획인 석유화학 콤비나트도 정확히 알 리 없었다. 현암은 브리핑 차트를 들고 직접 장기영 경제기획원 장관을 방문했다.

"좋습니다! 우선 사업 타당성 조사를 거쳐 통과되면 정부 차원에서 적극 협조하겠습니다."

석유화학사업 진출에 대한 현암의 의지는 실로 대단했다. 사업 기획 업무를 담당하던 책임자에게 자신이 외국에서 직접 구한 전문 서적을 건넬 정도로, 현암은 석유화학사업이야말로 조국 근대화에 가장 중요한 분기점이 될 것이라고 확신했다.

## 선진 공법의 국내 최대 규모 PVC공장 건설

당시 경제기획원에 제출했던 사업계획서에는 기존 카바이드 공법보다 진일보한 선진 기법이 포함되어 있었다. 일반적인 석유화학 공법이 아닌 새롭게 연구, 개발된 공법으로 PVC공장을 건설하겠다는 계획이었다. 관계는 물론 재계 어느 누구도 생각하지 못한 혁신적인 방식이자 내용이었다. 그러나 정부는 석유화학 분야가 특정 민간기업에 맡길 만한 사업이 아니라는 이유로 한국화약의 진출에 소극적 입장을 보였다. 게다가 1975년 정부가 미국 기술용역회사 ADL에 의뢰한 석유화학사업 타당성 조사 결과도 한국화약의 사업 진출에 불리하게 작용했다.

한국은 석유화학 가공제품 시장도 좁고, 석유 정제 능력도 최소 10만 배럴은 돼야 하는데, 유일한 울산정유공장의 규모가 고작 3만 5000배럴 정도라서 시기상조로 판단된다.

거시적 안목에서 세워졌던 한국화약의 야심 찬 계획은 이런 장벽에 가로막혀 그만 무산되고 말았다. 정부의 미온적 태도와 미국 컨설팅 용역사의 리포트가 발목을 잡았지만, 이미 마음을 먹은 현암이 고작 그런 일로 자신의 의지를 꺾을 리 없었다.

정부의 제2차 경제개발 5개년 계획 속에 제2정유공장 건설이 포함될 것으로 알려지자 한국화약은 석유화학 분야로의 진출

1단계 프로젝트로 PVC공장 건설을 계획하고 추진했다. 이를 위해 1965년 8월 15일 창립총회를 개최하고 '한국화성공업주식회사'의 설립을 공식화했다. 한국화성공업은 한국화약이 직접투자로 설립한 최초의 자회사였다.

현암은 즉각 일본으로 건너가 PVC공장과 제2정유공장 건설에 동참할 파트너 물색과 함께 기술과 자금 문제를 해결하기 위해 동분서주했다. 그 결과 1965년 일본 미쓰비시 상사와 PVC공장 건설에 필요한 800만 달러 규모의 차관 도입을 성사시켰다. 이는 민간기업이 들여온 최초의 일본 차관으로, 한일협정비준서가 교환되기도 전에 일어난 일이었다. 또한 질풍노도 같았던 현암의 추진력이 얼마나 대단했는지 그리고 일본 재계에서 현암의 입지가 어느 정도였는지를 보여준 사건이었다. 게다가 한국화성공업의 진해공장은 선진 석유화학 공법으로 건설한 국내 최대 PVC 생산 기지였다는 점에서 큰 주목을 받았다.

합성수지 혹은 플라스틱 하면 자연스럽게 연상될 정도로 PVC는 그 역사가 길고 용도도 다양해 수요가 많은 제품이다. 우리나라도 1966년 말 당시 대한프라스틱공업이 일본질소의 기술을 도입해 카바이드 공법으로 연산 6600톤 규모의 공장을 처음 건설하면서 PVC 업계가 태동했다.

PVC 제조법은 그 원료인 VCM<sup>Vinyl Chloride Monomer</sup>의 제법에 따라 크게 두 가지로 나뉜다. 하나는 카바이드로부터 아세틸렌을 얻어 VCM을 제조하는 기존 '카바이드 공법'이고, 다른 하나는 석유화학의 기초 원료인 에틸렌으로부터 VCM을 제조하는 선진 '석유화학법'이다.

생경한 것은 늘 거부반응을 일으키기 마련이다. 현암이 기존 방식을 거부하고 새로운 공법인 석유화학 공법을 채택해 가공공장까지 세우려 하자 업계에서는 크게 반발했다.

"석유화학 공법은 원료를 외국에서 수입해야 하는 방식이라 우리 현실에 부적합하다. 외화 낭비의 소지가 크다."

비판의 목소리가 컸다. 심지어 카바이드 공법을 사용하는 기업들이 신문광고까지 내가면서 논쟁을 불러일으키기도 했다. 기존 업계의 저항이 예상외로 커지자 정부에서도 1년여간 판단을 유보하기로 결정할 정도였다. 불똥은 한국화약으로 튀었다. 그 바람에 사업 추진이 늦어지는 어려움을 겪어야 했다. 하지만 이후 업계에서 카바이드 공법은 퇴출되고, 석유화학 공법만 남게 되었으니 현암의 혜안이 또 한 번 빛난 셈이었다.

사업 승인 단계에서부터 업계의 모함과 방해에 시달리고, 정부의 대일 차관 업무 재개 등의 문제로 1년 넘게 일정이 지연된 PVC공장 건설은 회사 설립으로부터 3년 가까운 시간이 흐른 후에야 비로소 본격화되었다.

한국화성공업의 PVC공장은 당초 물류에 적합한 지역이라 제2정유공장 후보지로 꼽혔던 진해시 장천동 일대 7만 6000여 평 부지에 들어섰다.

기공식은 박정희 대통령까지 참석하며 성대하게 치러졌고, 착공 2년 만인 1968년 7월 시험가동을 마치고 준공과 함께 본격적인 가동에 들어감으로써 현암은 숙원 사업이었던 석유화학사업의 꿈을 이룰 수 있었다.

## 현암이 겪은 첫 번째 경영난

하지만 아이러니하게도 꿈에 그리던 진해공장이 본격적으로 가동되자 한국화성공업은 심각한 재정난으로 고통받기 시작했다. 사실 이는 예견된 경영난이었다. 우선 정부의 계속된 공장 설립

허가로 한국 PVC 업계는 다섯 개의 공장이 난립해 수요보다 공급이 과잉되는 현상, 즉 과당경쟁이 불가피해졌다. 게다가 원료 가격이 두세 배를 웃돌 만큼 폭등했고, 설상가상으로 국내 경기의 전반적 불황까지 겹치고 말았다.

진해공장이 준공되던 1968년에는 톤당 56만 원 하던 PVC 레진 가격이 이듬해 36만 원으로 떨어졌고, 1971년에는 13만 7000원까지 폭락해 현금가로 8만 5000원에 거래되는 지경에 이르렀다. 시장 상황을 고려하지 않은 정부의 무분별한 허가로 인해 공급과잉이 불러온 출혈경쟁은 도를 넘고 있었다.

그 여파는 참혹했고, 한국화성공업도 크게 흔들렸다. 자금난에 시달리면서 은행 융자로 해마다 7억~8억 원의 적자를 메워나가는 고달픈 시간이 반복됐다. 당시의 심각한 상황을 말해주는 일화가 전해진다.

"부도, 부도가 났어요!"

경리 담당자는 꿈속에서 헛소리를 외치다가 잠을 깰 정도였고, 어떤 직원은 스트레스를 못 견디고 쓰러져 사표를 냈다가 1년 후 복직하기도 했다. 당시 상황이 얼마나 심각했던지 책상마다 만기된 어음이 널려 있을 정도로 빚 독촉에 시달렸다. 한국화약과 한국베어링이 한국화성공업의 차관에 대한 지불보증을 연대책임으로 지고 있어서 자칫 한국화성공업이 도산이라도 하면 그룹 전체가 휘청거릴 수 있는 상황이었다.

그 시절 절체절명의 순간들을 함께했던 임광빈 이사도 훗날 "현암 회장님께서도 아마 창업 이후 줄곧 성장 일로만 달려왔기 때문에 처음 겪어보는 큰 어려움이었을 것"이라고 증언한 바 있다.

1973년 10월 29일 자 《경향신문》도 당시 한국화약이 처한 경영 위기를 다음과 같이 분석했다.

20년 동안 화약이란 특수 업종을 독점하면서 착실한 성장을 거듭해 온 한국화약그룹은 68년을 전후로 하여 성장 속도가 꺾이면서 위기에 몰린 인상이다. 72년까지 계속된 핀치에서 PVC업체인 한국화성이 거듭된 경영난에 시달리고 있고… 플라스틱·정유·베어링 등 3개 업종의 부진과 화약의 수요 증가율 또한 타업종의 증가에 따르지 못하면서 고전을 면치 못하고 있다.

그야말로 총제적 난국이었다. 폭약을 실은 트럭 짐칸에 올라 공비가 출몰하는 비포장길을 달렸을 정도로 담대했던 현암에게도 당시의 재정난은 큰 압박이었다. 그룹 전체의 사활이 걸렸으니 왜 안 그랬겠는가. 하지만 그 누구도 현암에게 '이쯤에서 사업을 접는 것이 좋겠다'는 의견을 낼 수 없었다. 현암은 중도 포기를 모르는 사람이라는 걸 잘 알고 있었기 때문이다.

다섯 개 메이커의 사활을 건 경쟁에서 가장 먼저 무너진 업체는 대한프라스틱과 공영화학이었다. 결국 두 회사는 1969년과 1970년에 각각 신동아그룹에 경영권을 넘겨야 했다. 시장 상황이 악화 일로를 걷자, 정부도 PVC 업계의 부실화를 막기 위한 조치에 나설 수밖에 없었다.

다섯 개 사 모두 해외 차관 업체여서 만약 도산이라도 하면 보증을 선 정부가 차관을 대신 상환해야 했기 때문이다. 정부는 PVC 업계의 합리화 조치로 다섯 개 공장의 통합 방안을 추진했고, 1972년에 '한국프라스틱공업'이 출범하게 되었다.

다섯 개 사 중 주식 비율이 31.8%로 가장 높았던 한국화성공업이 한국프라스틱공업의 제1대 주주로서 실질적 경영권을 갖게 되었다. 그런데 1976년 신주공모를 통해 느닷없이 등장한 진양화학이 50% 이상의 지분을 확보하면서 한국화성공업을 제치고 대주주로 올라섰다.

진양화학은 '왕자표' 고무신으로 유명한 국제화학(전 국제그룹의 모태)이 설립한 신발 중심의 수출 기업이었다. 플라스틱 가공업체인 진양화학은 당시 품귀 현상을 빚던 PVC 레진만 독점적으로 확보하면 국내 플라스틱 가공업계를 지배할 수 있다는 야심을 품고 있었다. 이후 지속적으로 한국프라스틱공업의 지분을 확보해 나가더니 결국 1978년 주주총회에서 경영권이 진양화학에 넘어가고 말았다. 그 무렵 한국화약은 전년도에 발생한 이리역폭발사고의 후유증에 시달리고 있던 때라 여력이 없었다.

　사면초가에 놓인 현암은 한일은행장 출신의 서재식을 사장으로 영입해 타개책을 모색했다. 재무부 근무 경력까지 있어 금융권과 관계에 두루 정통했던 서 사장은 누구보다 시장 동향과 정보를 발 빠르게 파악해 현암에게 보고하곤 했다.

　"회장님, 알아보니까 진양화학이 계속 무리하게 지분을 확보하더니 결국은 자금 압박에 시달리고 있는 것으로 파악됩니다. 최근 해외 신발 수출 쿼터가 막히고 금융정책에도 변화가 생기면서 재무구조 역시 건전하지 못하다고 합니다."

　당시 진양화학의 부채비율은 이미 500%에 육박했으며 월 단기 차입 결제액만도 80억 원이 넘은 상황이었다.

## 국내 석유화학 진출의 교두보가 되다

결국 무리수를 두었던 진양화학은 금융권의 대출 연장이 막히자 보유한 주식을 처분하지 않을 수 없었고, 진양화학이 매각한 주식을 한국화성공업이 1년 만에 되찾기에 이른다. 그렇게 1980년 2월, 현암은 한국프라스틱공업의 경영권을 완전히 인수했다. 비록 길지 않은 기간이었지만 현암으로서는 마음을 졸였던 수난기가 아닐 수 없었다.

어지간한 일로는 미동조차 하지 않던 현암은 그때의 과음과 스트레스로 인해 안타깝게도 서서히 건강을 잃어가고 있었다. 집에서는 회사 얘기를 일절 하지 않는 현암이었지만 어두운 표정의 그를 보면서 가족도 고충을 느낄 수 있을 정도였다.

당시의 일이 현암에게 얼마나 큰 압박이었던지, 과묵한 성격에 일희일비하지 않던 그도 최종 결과를 보고하기 위해 찾은 서 사장과 임 이사의 손을 맞잡고 한동안 말없이 눈물만 흘렸다.

"일생에 처음으로 패배자가 될 뻔한 걸 당신들이 살려놨어."

현암 인생의 첫 번째 최대 위기는 그렇게 마무리되었다. 당시 한국프라스틱공업은 1300여 명의 종업원이 근무하는 50대 상장

기업이자 한국의 대표 기업으로서 위상과 면모를 갖추고 있었다. 그렇게 파란만장한 역정을 이어온 한국화성공업은 훗날 한양화학과 다우케미칼을 인수함과 동시에 한화그룹의 주력 사업인 석유화학사업을 일으킨 역사적 시발점으로 기록되었다.

한국화성공업을 설립한 뒤 15년에 걸쳐 이뤄낸 이 업적은 현암이 회한과 희열을 동시에 맛보며 쟁취한 결과물이었다. 현암에게는 크나큰 고통을 안겨주었지만, 한국화성공업은 이후 한국 PVC 공업계의 개척자로서 성장을 거듭했다. 건축재료, 피혁, 철강재 등 각종 생산 분야의 주요 원료 공급은 물론, 우리 일상 속에서 삶의 편의성을 높이는 데 기여하고 비닐하우스의 공급으로 농업 증산에도 혁명을 일으킨 주인공이 되었다.

# 될 때까지 도전해
# 뜻을 이루다

우리나라가 고도성장을 추구하던 시기에 에너지산업은 국가 재건과 공업 근대화를 추진하기 위해 반드시 해결해야 할 또 하나의 핵심 정책과제였다. 1962년부터 시작된 경제개발 5개년 계획이 가속화되면서 에너지 소비량이 급증했고, 이로 인한 전력 파동은 심각한 상황에 직면하고 있었다.

정부는 기존의 무연탄 공급만으로는 전력 수요를 감당할 수 없다고 판단하고 에너지원을 석탄에서 석유로 전환시키는 이른바 '주유종탄主油從炭' 에너지 정책을 펼치기 시작했다. 이에 1962년 한국산업은행과 걸프사의 합작으로 대한석유공사를 설립하고, 2년 후 울산정유공장이 가동을 개시하니 이것이 제1정유공장의 탄생이다.

울산정유공장이 가동되자 현암은 그동안 구상해 온 석유화학산업으로의 진출을 구체화하기 위한 작업에 착수했다. 현대 산업의 총아로 여겨지는 석유화학이 산업 전반에 미치는 파급효과가 매우 크다는 사실을 잘 알고 있었기 때문이다. 그러나 한편으로 석유화학산업은 고도의 기술력과 막대한 투자를 필요로 하는 진입장벽이 높은 업종이기도 했다.


## 눈앞에서 놓친 제2정유공장 사업권

앞서 언급한 바 있듯이 현암은 이미 한발 앞선 1964년에 기획실의 검토를 거쳐 정유사업을 포함해 석유화학 계열 공장을 총망라한 방대한 규모의 사업계획서를 경제기획원에 제출했다.

하지만 민간기업이 감당하기에는 너무 큰 프로젝트이고, 한국에서 석유화학공업을 추진하기에도 시기상조라는 이유로 현암의 야심 찬 구상은 계획 단계에서 무산되고 말았다.

물론 그렇다고 해서 물러설 현암이 아니었다. 비록 1차 시도는 무위로 돌아갔지만 제2차 경제개발 5개년 계획 속에 제2정유공장 건설이 포함되자, 현암은 일본으로 건너가 정유공장 건설 파트너를 물색하는 등 물밑에서 더욱 기민하게 움직이기 시작했다.

1966년에 시행된 정부의 제2정유사 사업자 공모는 당시 재계의 판도를 뒤흔들 정도의 빅 이벤트였다. 일본 출장길에서 세계 석유산업의 동향을 파악하는 한편, 한국 시장 진출에 호의적인 업체들의 반응을 눈으로 확인한 현암은 에너지산업에 대한 자신의 신념을 더욱 확고히 다졌다.

유리한 합작선을 찾기만 한다면 반드시 성공할 수 있다는 자신감을 얻은 현암은 미국 스켈리오일Skelly Oil과 제휴해 '동양석유화학주식회사'를 설립하며 사업 계획을 구체화하기에 이르렀다. 스켈리오일은 메이저급 석유회사들에 비해 상대적으로 규모는 작았지만, 50 대 50의 유리한 합작 지분 비율을 제시해 왔다.

또한 3500만 달러의 건설자금 중 3000만 달러를 차관으로 도입할 수 있도록 주선하겠다는 파격적인 조건을 제시했다. 게다가 스켈리오일은 이미 국내 제3비료공장인 영남화학과도 합작투자를 진행하며 국내 시장에 대한 이해도도 높았으므로 파트너십을 맺기에 적절한 상대였다.

한국화약은 일본에서 현암이 들고 온 합작계약서를 첨부해 마감 한 시간을 남기고 경제기획원 공공차관과에 사업계획서를 접수했다. 한국화약을 포함해 호남정유(락희), 동방석유(롯데), 삼양석유(삼양개발) 등 당대 내로라하는 여섯 개 사가 최종으로 참여해 치열한 각축전을 벌였다. 당시 언론은 제2정유사 사업자 공모의 과열 현상을 이렇게 보도했다.

제2정유공장 건설권 쟁탈전의 첫째 이유는 고도의 이윤성 때문이다. 석유산업은 채유권과 함께 정제권, 수송권 그리고 판매권이 모두 고도의 이윤성을 지니고 있다. 또 국내 산업구조로 볼 때 정유산업은 울산정유에 의해 독점되어 있는 경쟁의 처녀지인 데다가 그 배후에 국제 석유자본의 경쟁이 작용하고 있다. 내적으로는 재계의 판도를 바꾸게 될 패권을 위해서, 외적으로는 경쟁이 치열한 신규 시장의 개척을 위해서 내외 자본의 기업 전쟁이 벌어지고 있는 것이다.

어떤 회사보다도 유리한 외자조건을 제시했다고 자신한 현암은 일산 6만 배럴 규모의 제2정유공장 실수요자는 당연히 한국화약이 될 것이라고 굳게 믿었다. 그러나 현암은 두 번째 도전에서도 분루를 삼켜야 했다. 정부가 호남정유를 사업자로 선정하면서 합작 파트너로 칼텍스를 지정해 결과를 발표한 것이었다. 항간에는 칼텍스가 삼남석유와 제휴 협상을 벌이다 퇴짜를 맞고는 급한 마음에 한국 정부가 제시하는 모든 조건을 수락할 용의가 있으니 기회를 달라는 백지위임장을 제출했다는 소문이 나돌았다. 결국 정부가 염두에 두었던 호남지역에 정유공장을 건설하기로 하고 칼텍스와의 합작을 연결시킨 결과였다. 현암으로서는 납득이 잘 가지 않는 상황이었지만 아쉽게도 제2정유공장에 대한 꿈을 접을 수밖에 없었다.


## 국내 유일 수도권 정유사, 경인에너지 출범


그즈음 당시 장기영 경제기획원 장관은 부총리실로 현암을 불러 사업자 선정에 대한 정부 측 입장을 전했다. 국익을 위한 양해를 구하면서 만약 칼텍스의 제의가 없었다면 한국화약이 유력했을 거라는 위로를 전하기도 했다.

제2정유공장 실수요자 선정에 실패한 현암은 머뭇거리지 않고 즉각 다음 단계를 준비했다. 현암이 제3정유공장 실수요자 경쟁에서 우위를 점하기 위한 전략으로 꺼내든 비장의 카드는 '화력 발전 사업 참여'였다.

당시 정부가 용역을 의뢰한 '토머스 리포트'의 국내 전력 수요 예측은 크게 빗나가고 있었다. 경제 성장에 따른 일반 가정용 전력 수요의 급증을 예측하지 못한 결과였다. 이에 1967년 11월, 정부는 전력비상수급대책을 강구하는 차원에서 민간화력 건설 계획을 발표했다.

현암도 34만 킬로와트 규모의 화력발전소를 건설하면서 이에 필요한 연료인 벙커C유를 자가 생산으로 공급하기 위한 정유공장 건설을 동시에 추진하겠다는 복안을 갖고 있었다. 당시 업계의 상황과 정부의 대응 시책 그리고 이를 주도면밀하게 살피고 있던 현암의 전략적 복안이 절묘하게 맞아떨어지고 있었다.

현암은 최소 1억 달러에 달하는 건설자금을 마련하기 위해 직접 홍콩으로 날아가 유니온오일Union Oil 경영진과의 협상 테이블에 앉았다. 유니온오일은 해외 투자 경험이 전무한 보수적인 미국 기업이었지만, 화력발전과 병행해 간이 정유공장을 건설하자는 현암의 아이디어에 호의적인 반응을 보였다.

이미 걸프와 칼텍스가 한국 시장에 진출해 상당한 성과를 올리고 있던 상황도 협상에 유리하게 작용했다. 그렇게 1968년 1월 16일, 한국화약은 가칭 '경인전력개발'을 주체로 외국인 투자승인 신청서를 제출해 허가를 받았고, 이듬해엔 상공부로부터 경영 허가를 획득해 발전사업과 정유사업의 동반 진출을 가시화했다.

뒤이어 1969년 11월 3일, 에너지사업을 총괄할 법인인 '경인에너지개발주식회사'가 등기되었고 이듬해 '경인에너지주식회사'로 사명을 변경해 면모를 일신했다.

인천시 북구 원창동 해안 일대 부지의 정유공장과 율도 일대에 들어선 화력발전소는 국내 최대 규모의 민간 프로젝트였고, 특히 화력발전소는 국내 최초의 민자발전소였다.

당시 대부분의 정유공장이나 석유화학공장이 울산, 여천, 대산 등에 자리하고 있었던 반면, 에너지 석유 소비가 집중된 경인지구에 산업 에너지 시설이 들어선 것 또한 그 자체로도 큰 화제가 되었다.

정부는 1970년에 제3정유공장의 신설을 확정하고 경인에너지를 내정한 뒤, 그해 4월 25일 일산 6만 배럴의 정유사업을 허가했다. 동시에 벙커C유와 나프타만을 생산 및 판매하고 그 외는 수출한다는 인가 당시의 규제가 풀림으로써 화력발전을 목적으로 설립된 경인에너지는 정유사업을 주목적으로 하는 회사로 탈바꿈할 수 있게 되었다. 이로써 경인에너지는 원유의 정제부터 수송, 판매까지 담당하는 일관형 회사로 발돋움했다.

1971년 4월, 이란산 원유 22만 배럴을 실은 탱커 시파라호가 경인에너지 전용 부두에 접안하면서 5월 22일 경인에너지는 첫 가동을 시작했다. 현암이 품었던 또 하나의 숙원 사업이 마침내 이루어진 것이다. 제3정유공장의 탄생은 전력 파동으로 혼란을 겪었던 당시 우리 사회에 에너지 공급을 확대했다는 점에서 한국 경제 성장사에 한 획을 그은 일대 사건이 아닐 수 없었다.

1971년 정유공장 가동에 이어 1972년 화력발전소가 완공되면서 율도발전소에서 준공식이 거행됐다. 이 자리에서 박정희 대통령은 치사를 통해 다음과 같이 당부했다.

"한국화약의 경인에너지 화력발전소와 정유공장의 준공은 공업화 과정을 밟고 있는 우리나라 경제에 또 하나의 큰 경사이며,

기간산업으로서 그 역할을 충분히 발휘해 값싸고 품질 좋은 전력을 공급해 주길 바랍니다."

당시 경인에너지의 국가적 중요도를 엿볼 수 있는 또 하나의 일화가 있다. 1970년 11월, 경인에너지 정유공장과 화력발전소 건설이 한창이던 때 무장공비가 율도에 나타나는 사건이 벌어졌다. 국가 중요시설이다 보니 평소에도 발전소 내부에 군부대 병력 일부가 상주해 있었고, 외부에도 발전소 소속 경비원들이 경계를 서고 있어서 해안가에 나타난 공비를 발견할 수 있었다.

우리 측 인명 피해도 발생한 안타까운 사건이었으나, 당시 국방부에서는 정유공장과 발전소 모두 국가의 중요한 전략 자산이었기 때문에 신문지상에 그곳이 어떤 시설이었는지 장소를 밝히지 말아 달라고 요청했다. 그만큼 에너지산업은 국가의 기간산업으로서 큰 비중과 중요도를 지니고 있었다.


## 세 차례 도전 끝에 완성된 석유화학 콤비나트

경인에너지는 대한석유공사(현 SK이노베이션), 호남정유(현 GS칼텍스)와 함께 3사 경쟁 체제를 형성하며 화려한 민간정유 시대를 꽃피우는 데 일조했다. 경인에너지 정유공장의 가동은 당시 국가 경제 측면에서도 큰 의미를 갖는 일이었다. 1970년대 초 연평균 10%의 경제 성장과 제조업이 주도하는 산업구조의 고도화 속에서, 경인에너지는 적기에 에너지를 공급하는 주체로서 산업계의 숨통을 틔우는 역할을 했다. 또한 기존 정유회사들과의 경쟁 체제를 가속화해 석유류 제품의 다양화와 품질 개선을 촉진하는 기폭제가 되었다.

현암의 석유화학산업 진출은 결코 순조롭게 이루어지지 않았다. 1960년대 초 다른 기업들은 상상도 못 할 석유화학산업 진출 계획서를 경제기획원에 제출해 관계와 재계를 놀라게 했지만, 우리 경제 규모상 시기상조라는 부정적 의견과 민간기업에 국가적 프로젝트를 맡길 수 없다는 견해로 인해 번번이 실패를 맛봐야 했다. 하지만 현암은 그 모든 난관 앞에서 좌절하지 않고 타개책을 강구해 기어코 숙원을 이루었다.

석유화학과 정유사업은 밀접한 연관성을 갖고 있다. 정유 과정을 거쳐 정제된 원료를 바탕으로 각종 화학가공제품을 만들어내는 일련의 과정은 수직계열화를 이루며 마치 한 몸처럼 유기적으로 이어지기 때문이다. 현암은 이러한 전략을 통해 제3정유공장의 사업권을 얻어냄으로써 석유화학 콤비나트 건설이라는 원대한 꿈을 실현했고, 자신의 사업 능력과 추진력을 입증해 보였다. 더 나아가 한국화약은 화약으로 시작해 기계·화학·정유로 이어지는 기간산업을 온전히 구축하며 사업보국을 실천하는 그룹의 면모를 더욱 굳건히 다지게 되었다.

경인에너지는 IMF 외환위기 때 현대정유로 매각되는 가혹한 운명을 맞았는데, 당시 김승연 회장은 선친의 혼이 깃든 사업을 매각한다는 자책감에 "마취도 하지 않고 폐를 잘라내는 심정"이라며 비통함을 드러내기도 했다.

하지만 강산이 수차례 바뀌는 세월을 거치며 이제 한화는 태양광·수소와 같은 신재생에너지 분야의 글로벌 리더로서 더 큰 명성을 떨치고 있다. 이는 60여 년 전 미래 사업을 예견하고 기반을 다진 현암의 통찰과 고귀한 뜻이 현재진행형으로 이어지고 있다는 증거일 것이다.

# 대의를 위해
# 꺾은 고집

화약을 비롯해 화학과 정유산업 등 오직 국가 기간산업만을 고집하던 현암이 뜻하지 않게 서비스업으로 진출하게 된 배경도 무척 흥미롭다. 1970년대 들어 한국 경제가 비약적인 성장을 거듭하면서 외국과의 인적·물적 교류가 활발히 이루어졌고, 국민들의 생활수준도 높아지면서 3차 산업의 발전이 가속화되기 시작했다.

이에 따라 서울시는 태평로 재개발 계획을 수립하고 한국화약 본사가 위치한 서울시청 맞은편 자리에 국제 수준의 관광호텔을 건립하겠다는 계획을 검토했다. 당시 우리나라에 있는 국제 규모의 호텔이라고는 조선호텔이 유일했던 터라 대형 호텔 건립은 정부의 관광 진흥 시책과도 맞물린 이슈였다.

그러나 현암은 오래전부터 그 자리에 사옥을 포함한 대형 오피스를 건축하겠다는 마음으로 인접한 차이나타운 일부 토지까지 매입해 이미 1390여 평의 부지를 확보해 둔 터였다. 차이나타운이 해제되면서 슬럼화되고 있던 소공동 일대의 땅을 평당 30만 원이라는 높은 가격에 사들인 것은 그곳을 한국화약의 전략기지로 삼겠다는 야심 찬 비전이 있었기 때문이었다.

그런데 타의에 의해 자신의 계획을 포기하고 생각지도 않았던 호텔을 지어야 할 처지에 놓이고 말았다. 게다가 현암에게 호텔업은 처음부터 내키지 않는 사업이었다. 그동안 오직 국가 재건을 위한 기간산업에만 사업적 역량을 모아온 현암에게 호텔업은 결코 어울리지 않았다. 그러니 생뚱맞게 호텔업에 진출하라는 정부의 압박에 소극적인 태도를 보일 수밖에 없었다.

급기야 현암은 '호텔을 지을 바엔 차라리 부지를 매각하는 편이 낫겠다'는 판단을 내렸다. 하지만 서울 중심부 중에서도 가장 비싼 축에 드는 소공동 일대 부지를 선뜻 사겠다는 임자가 나타나지 않았다.

서울지하철과 여의도 개발 등 굵직한 정책을 주도해 온 양택식 서울시장은 미온적 태도를 보이는 현암에게 사정을 했다.

"김 회장님, 호텔업은 관광객이나 고객에게 밥과 잠자리를 제공하는 숙박업이 아닙니다. 귀한 외화 획득을 위한 관광산업이지요. 그러지 마시고 서울의 새 얼굴을 만든다는 생각으로 번듯한 호텔 하나 지어주세요. 김포공항에 내린 외국 손님들이 서소문 방향에서 시청 쪽으로 들어올 때 바로 마주 보이는 곳이 그 자리 아닙니까? 멋진 호텔이 들어서면 서울의 인상이 달라질 겁니다."

사실 호텔 부지로 지목된 '태평로'라는 거리명은 조선시대에 중국 사신이 묵던 여관인 '태평관'에서 유래했다고 알려져 있다. 원래부터 손님을 모시는 터로 유명했던 것이다. 게다가 그곳은 경복궁과 북악산을 마주 보고 있어 예로부터 대표적인 길지로 여겨져 왔다.

## 본사 터에 지은 서울의 랜드마크

우여곡절 끝에 현암은 서울시장의 간곡한 요청을 수락하기로 결정했다. 호텔업은 분명 자신의 경영 철학과는 어울리지 않는 이질적인 분야였지만, 국가의 경제 규모가 커졌으므로 그에 걸맞은 사업에도 진출하는 것이 순리이자 도리라고 생각을 바꾼 것이다.

현암은 둘째가라면 서러울 정도로 우직한 기업가였다. 주변에서 아무리 수익이 크다는 이유로 여러 사업을 권유해도 꿈쩍 않던 사람이었다. 하지만 대의명분이 충족되면 자신의 고집을 꺾고 유연하게 대처할 줄도 알았다.

일단 결심이 섰으니 현암은 자신답게 일사천리로 일 처리를 하기 시작했다. 기왕 하기로 했다면 끝장을 보는 것이 그의 사업 스타일이었다. 어차피 호텔을 지어야 한다면 반드시 최고로 짓겠다고 결심했다.

먼저 현암은 1973년 일본 마루베니丸紅와 50 대 50의 비율로 호텔 건축을 위한 합작투자 계획을 체결하고 정부로부터 승인을 받아 그해 11월 6일 '태평개발주식회사'를 설립했다. 태평개발은 자본금 26억 원의 한일 합작회사로 출범과 함께 본격적인 호텔 건립에 착수했고, 1975년에는 일본 프린스호텔과 10년간의 호텔 운영 위탁계약까지 체결했다. 호텔 시공은 삼환기업에 맡겼다. 그야말로 거침이 없는 일 처리였다.

1973년 12월 7일 구사옥이 완전히 철거된 신축 부지에서 기공식을 연 지 34개월 만인 1976년 10월 1일, 서울프라자호텔의 개관식이 성대하게 치러졌다. 서울 중심가의 새로운 랜드마크가 된 지하 3층, 지상 22층의 초현대식 호텔 개관식에서 현암은 "대서울의 심장부에 뚜렷한 명소로 부각된 서울프라자호텔은 특급 호텔로서는 우리나라 역사상 첫 번째 것이라고 단정하고 싶다"라며 소감을 밝혔다.

서울시청과 정면으로 마주 보고 있는 서울프라자호텔의 건립을 두고 당시 한 신문은 "높이 87미터의 한일 합작호텔로 연면적 1만 2000평에 냉난방 시설이 완전 자동화된 객실 550개"라고 소개하며, 주변에 고층 건물이 없던 시절에 최신식 시설을 갖춘 특급 호텔이 들어섰음을 대서특필했다.

여기서 주목할 부분이 하나 있다. 당시 우리나라에는 호텔 건축과 운영에 관한 노하우가 전무하다시피 했다. 당연히 일본의 기술과 경험을 필요로 했지만 선진 기술과 경험은 쉽게 공유할 수 있는 것이 아니었다. 그런데도 현암은 서울프라자호텔을 건립하면서 그 어려운 일을 아주 순조롭게 처리해 주변의 놀라움과 부러움을 샀다. 그만큼 현암에 대한 일본 경제계의 신망과 평판이 두터웠음을 알 수 있다.

현암은 '최고의 봉사, 최고의 음식, 최고의 위생, 충실한 경영'이라는 사훈을 친필로 써내 걸음으로써 국제급 호텔로서의 품위를 확고히 다지는 것은 물론, 서울의 지역성을 최대한 살린 호텔로서의 면모를 갖춘다는 영업전략을 표방했다. 이에 따라 서울프라자호텔은 각종 국제회의 유치와 국내외 VIP 영접에 역점을 둔 특급 관광호텔로 민간외교의 공간을 제공해 국위 선양과 외화 획득에 일익을 담당하겠다는 확고한 의지를 선보였다.

정부의 시책을 받아들여 호텔업에 진출한 현암은 호텔 운영에도 자신만의 색깔을 잃지 않았다. 현암의 뜻에 따라 서울프라자호텔은 일체의 유흥시설을 들이지 않은 것은 물론, 호텔에서 흔히 벌어질 수 있는 불미스러운 일이 생기지 않도록 고객 관리도 철저히 했다.

1977년에는 22층의 스카이라운지 공사가 마무리돼 서울프라자호텔은 덕수궁과 시청 앞 광장을 한눈에 조망할 수 있는 장안의 명소로 새로이 자리매김했다. 한때 맞선의 성지로도 유명세를 타는가 하면, 정관계 인사를 비롯해 많은 고객들이 즐겨 찾는 서울의 랜드마크가 됐다.

## 농가를 도와 국민 브랜드를 만들다

생소한 분야였던 호텔업 진출이 본격화된 1973년에 현암은 식품
업이라는 또 다른 사업 제안을 받게 된다. 어느 날 현암은 당시
김보현 농림부장관으로부터 면담 요청을 받았다. '체신부장관 시
절 안면을 튼 사이이긴 한데, 대체 무슨 용건으로 농림부장관이
날 보자는 걸까? 업무상 연관이 없지 않은가?' 김보현 장관은 현
암에게 자초지종을 털어놓았다.

"김 회장님! 대일유업의 도농리 아이스크림 공장 건으로 긴히
할 얘기가 있어 뵙자고 했습니다. 지금 젖소를 키우는 농가들에
서 우유가 남아돌아 야단입니다."

당시 정부는 농가의 소득 증대를 위해 적극적인 낙농지원책
을 펼치고 있었다. 이에 힘입어 전국 5500여 호의 농가에서 5만
4000여 마리의 젖소를 사육하고 있었는데, 대일유업이라는 대표
적인 유가공업체가 도산에 처했으니 정부로서는 대책 마련이 시
급했다. 김 장관은 다급한 심정으로 현암에게 대일유업의 공장
인수를 제안했다. 대일유업은 미군부대에 아이스크림과 유가공
품을 납품하던 업체로 베트남에도 진출해 미군을 상대로 큰돈을

번 기업이었다. 이후 경기도 남양주군 도농리에 대규모 유제품 가공공장을 건설하려 했으나 베트남에서 미군이 철수한 이후로 사업이 급속히 쇠락하는 바람에 자금 압박에 시달려 부도가 난 상황이었다.

집착에 가까울 정도로 기간산업에만 몰두해 온 현암에게 식품업은 호텔업만큼이나 뜬금없는 사업이었다. 하지만 이번에도 현암은 '농가를 살려야 한다'는 대의에 따라 평소 자신의 지론을 과감하게 꺾었다.

당시 대일유업은 경기도 남양주군 일대에 젖소를 사육하는 농가가 많다는 데 착안해 미금면 도농리에 유제품 가공공장을 건설하고 있었다. 실제로 전국에서 사육하는 젖소 중 무려 60%가 남양주군 일대에 몰려 있었다. 당시 건설 중이던 도농리 공장은 젖소 4000마리의 생유를 처리할 수 있는 규모라 한국화약이 인수한다면 영세한 낙농가에 큰 보탬이 될 수 있었다. 김 장관의 권유로 한국 유가공산업의 어려운 실정을 파악한 현암은 다시 한번 마음을 바꿔 식품사업에 뛰어들었다.

낙농업 지원을 통한 농촌 재건과 국민 건강 증진을 대의명분 삼아 식품업이라는 새로운 영역에 뛰어든 현암은 호텔업에서 그랬던 것처럼 이번에도 탁월한 경영 능력을 보여주었다. 대일유업은 그룹 편입과 함께 경영 정상화가 이루어졌고, 1973년 6월 도농공장의 준공과 함께 종합식품회사를 지향하며 순항을 이어갔다.

대일유업을 인수한 뒤 새롭게 내건 '주고 싶은 마음, 먹고 싶은 마음'이라는 캐치프레이즈는 당시 어린이들과 젊은이들이 흥얼거릴 정도로 유행어가 되었고, 미국 퍼모스트사와 기술제휴로 생산된 아이스크림은 설탕물을 얼린 경쟁사의 빙과류와 품질 면에서 비교가 안 될 정도로 뛰어났다. 도농공장의 품질 좋은 유제품과 아이스크림 선진국인 미국의 기술력이 시너지 효과를 낸 것이다.

1976년 퍼모스트사와의 계약 만료와 정부의 국어순화운동에 따라 우리 고유의 브랜드 도입이 추진되었다. 당시 상표로 검토된 브랜드는 '포미'와 '삼희' 그리고 '빙그레'였다. 담당 임원이 현암에게 "사람이 기쁘면 빙그레 웃으니 빙그레가 좋겠다"라고 제안 배경을 설명하자, 그러면 국민 모두를 웃게 만들자는 취지에서 사명을 빙그레로 정했다는 일화가 전해진다. '빙그레'는 당시 부천 소재 어느 기업이 상표권을 보유하고 있었는데, 20만 원을 주고 양도받은 브랜드였다.

지금도 그러하지만 식품사업은 아무래도 소비재를 다루는 까닭에 생산 품목과 거래처가 많아 회계나 경영관리에 애를 먹기 마련이었다. 그런 특성으로 인해 1973년 그룹 내에서 가장 먼저 빙그레에 컴퓨터가 도입되기도 했다. 현암이 의도한 사업은 아니었지만 빙그레는 국민적 사랑을 받는 브랜드로 오랜 기간 성장했고, 1992년에 방계기업으로 분리되었다.

# 인재를 키워
# 나라에 보답하다

현암이 사업보국의 일념으로 한국 경제의 미래를 열어가는 일 못
지않게 열중한 일이 있다. 장차 우리나라의 미래를 이끌어갈 인
재들을 육성하는 것이었다. 기업 경영의 핵심이 인재이듯 국가
경영에도 인재가 필요하다고 본 것이다. 현암은 기업의 이윤을
사회에 환원하는 방법 중 가장 보람된 일이 교육사업이라고 믿었
다. 그런 자신의 신념에 부합된다면 손익 따위는 크게 개의치 않
았다.

현암은 빈농의 아들로 태어나 어린 시절 마음껏 공부하지 못한

한이 늘 가슴 한편에 남아 있었다. 치열한 경쟁을 뚫고 경기도상에 합격할 수 있었던 것이나, 천안에서 서울로 통학하면서도 최상위권 성적을 유지했던 것도 높은 학구열 덕분이었다. 졸업 후 일본 유학을 꿈꾸기도 했지만, 운명은 그를 폐허가 된 조국을 일으키는 대한민국 기간산업 개척자의 길로 이끌었다.

평소 현암은 사업으로 바쁜 와중에도 '국가를 위해서라도 돈이 없어서 공부 못 하는 아이들이 있어선 안 된다'는 생각을 수없이 되풀이하곤 했다. 1950년대부터는 남몰래 고향 학생들에게 장학금을 주면서 지원해 왔지만 그 정도로는 성이 차지 않았다. "학교를 하나 세웠으면 좋겠다"라는 말을 입버릇처럼 되뇌던 현암은 어느 날 아내 강태영 여사와 온양온천을 다녀오다가 학교 설립에 관한 이야기를 꺼냈다.

"천안을 오가다 보면 말야. 한약방을 하던 사람도 고등학교를 짓는다는데 나는 돈푼이나 있다는 놈이 10년째 말만 했지 노상 이러고 있으니, 거참 얼굴 들기가 그래."

평소 현암의 생각을 잘 알고 있던 아내 강태영 여사가 말을 받았다.

"뭘 그렇게 고민하세요. 당장 가서 학교 부지를 한번 봐요. 교육은 교육자에게 맡길 일이고, 우선 당신이 하실 일은 학교를 세우는 일이잖아요."

그렇게 강 여사가 현암의 손을 이끌고 간 곳이 현재 북일고가 위치한 천안 신부동이었다.


## 일류 시설에 일류 교사로 꾸린 학교


원래 신부동 땅은 화약공장을 지으려고 매입한 땅이었다. 이후 PVC 레인코트 공장 부지로 계획이 변경되었으나, 이 역시 다른 곳에 공장을 짓는 바람에 한동안 묵히고 있던 참이었다. 현암은 신부동을 외진 곳이라 여겨 학교 부지로는 적합하지 않을 거라고 생각했다. 하지만 강 여사의 생각은 달랐다. 학교는 번잡한 시내에서 좀 떨어져 있어야 공부하는 학생들에게 오히려 좋다고 여긴 것이다.

강 여사와 함께 직접 가서 다시 살피니, 나라의 스승을 키운다는 '국사봉' 아래로 2만 8500여 평의 드넓은 땅이 펼쳐져 있었다. 시가지와 떨어져 조용한 데다 주변이 온통 산으로 둘러싸여 있어

공기는 물론이고 자연환경 또한 더할 나위 없이 좋았다.

현암의 오랜 숙원 중 하나가 구체화되는 순간이었다. 다음 날 현암은 태평양건설의 신현기 사장을 천안으로 내려보내 신부동 산 11번지의 지목을 학교 부지로 변경하게 하는 한편, 기획실에 지시해 학교법인 설립을 서두르게 했다.

하지만 천안 관계부처를 찾아가 학교법인 설립을 추진하던 초 창기만 해도 지역 여론이 마냥 우호적인 것만은 아니었다. 해당 관청 관계자는 화약 만드는 회사가 무슨 꿍꿍이로 학교를 짓겠다 는 거냐며 색안경을 끼고는 몇 달을 상대해 주지 않았고, 지역의 인문고등학교들도 새로운 경쟁 학교의 등장을 탐탁지 않게 여겨 반대하는 분위기였다. 몇 달간 발로 뛰던 실무자들의 고충은 이 만저만이 아니었지만, 현암이 거액인 33억 원을 출연하고 '천안 의 경기고'를 만들고자 한다는 포부가 알려지면서 여론도 서서히 돌아섰다. 기업 이윤의 사회적 환원이라는 현암의 순수한 목적이 공감대를 형성한 것이다.

1975년 5월 문교부로부터 재단과 학교설립에 관한 인가를 받 고 8월에 첫 삽을 뜬 지 3개월 만인 그해 10월, 마침내 1700평 규 모의 4층짜리 학교 건물과 기숙사가 완공됐다. 당초 교실 20개와

2개 층을 먼저 짓고 나머지는 이듬해에 짓기로 했으나, 추가 공사로 수업에 방해가 돼선 안 된다는 현암의 강경한 주문으로 야간 공사까지 불사한 결과였다. 전광석화 같은 한국화약 특유의 기업 문화가 아니었으면 불가능했을 일이었다.

현암은 건물을 포함한 모든 시설에 대해 당시 어떤 학교에서도 볼 수 없는 최신식만을 고집했고, 수시로 신현기 사장을 불러 자신의 뜻을 전달하곤 했다.

"신 사장! 학교 교실은 최고로 지어야 합니다."

"그럼요. 교실 난방을 라디에이터로 하는 학교는 북일고 말고 없을 겁니다."

"화장실도 수세식으로 하고 화장실 휴지도 좋은 걸로 구비해 주세요. 촌놈들이 나중에 외국에 나가서 적응하려면 미리 써봐야 하지 않겠어요?"

"회장님, 학교 시설이 거의 호텔 수준이겠는데요?"

"하하, 제가 술 한잔 덜 먹으면 되는 일입니다. 모든 시설은 무조건 일류로 하세요."

재래식 화장실과 조개탄 난로가 일반적이던 그 시절, 북일고에는 수세식 화장실과 난방용 라디에이터가 설치됐고 교실 바닥에는 나무가 아닌 인조대리석이 깔렸다. 여기에 여느 학교에서는 꿈도 꾸기 힘들었던 시청각교육실과 어학실습실이 갖춰졌으며, 기숙사까지 있는 초현대식 학교가 세워졌다. 이 모든 것이 1970년대에 벌어진 일이니 교육계의 핫이슈가 되고도 남았다.

현암의 남다른 생각은 이듬해 700평의 도서관과 800평의 대강당 겸 실내체육관 건설로까지 이어졌다. 각종 부속 시설을 갖춘 이 학교는 어지간한 대학교를 능가하는 교육 환경으로 일류 명문고가 되기에 손색이 없었다. 현암의 파격은 비단 하드웨어에만 그치지 않았다.

교사진 역시 전국 최고로 구성했다. 당시 지역에서 명망이 높았던 온양고등학교의 권혁조 교장을 초대 교장으로 영입했고, 교사들에게는 600%의 보너스 지급과 해외 연수 특전 등 파격적인 조건을 제시했다. 일류 시설과 일류 교사진으로 대한민국의 미래를 책임질 일류 학생을 육성하겠다는 현암의 포부가 그대로 반영된 결과였다.

장학금 제도 역시 당시로서는 상상하기 힘든 수준이었다. 집안 형편 때문에 학업을 계속할 수 없는 학생이 없도록 50명의 학생에게 장학금을 지급했다. 현암이 세운 파격의 전통은 지금까지 이어져 현재는 학년별로 약 100명의 학생들에게 장학금이 지급되고 있으며, 이는 전교생 기준으로 30%에 해당한다. 졸업 후에도 국내외 명문대학 진학자나 성적 우수자에게 장학금을 지급하는 졸업생 특별장학제도까지 도입해 운영하고 있다.


## 반세기 만에 부활한 '북일'


현암은 학교명도 손수 지었다. 학교법인 설립을 추진하던 기획실에서는 현암의 아호를 딴 '현암학원'이나 '천안제일학원'을 추천했다. 하지만 현암은 이미 오래전부터 '북녘 북北' 자에 '한 일一' 자, 즉 자신이 어린 시절 다녔던 '북일'의 교명을 마음에 두고 있었다.

식민지 시대의 가난한 소년으로 태어난 현암에게 부대리 성공회 부설 북일사립학교의 추억은 그만큼 강렬한 것이었다.

소년 김종희는 세실 쿠퍼 신부에게서 변치 않는 신념과 좌절할 줄 모르는 용기 그리고 봉사하는 희생 정신을 배웠다. 한국화약의 초창기 사훈이 '신념, 용기, 봉사'였던 것은 소년 김종희가 북일사립학교 시절 체득한 삶의 지표에서 비롯되었다.

현암은 천안북일고를 3년 안에 일류 명문고등학교로 만들겠다는 목표를 세웠다. 그러한 의지를 담아 개교도 하기 전에 친필로 '애국하는 사람, 적극적인 사람, 합리적인 사람'이라고 쓴 교훈탑을 세워 자신의 뜻을 알렸다.

1976년 3월 6일, 천안북일고가 개교를 했다. 개교 기념식에 초청된 인사만 400여 명에 이르렀는데, 당시 1학년 학생 수가 60명씩 8학급으로 정원이 480명이었으니 기념식에 참석한 하객과 학생 수가 거의 비슷한 셈이었다. 서울에서 발행되는 중앙지들도 개교를 앞둔 천안북일고에 관한 기사를 내며 일제히 개교 소식을 알렸다.

지방 소도시의 일개 사학에 불과했던 천안북일고는 최고의 시설과 교사진으로 전국 교육계에서 초미의 관심사가 되었고, 한국 중등교육과 사학에 신선한 충격을 던졌다.

현암이 개교 기념식에 초청한 인사들의 면면은 국가 기념일 참석자로 착각될 만큼 화려했다.

당시 초청 인사들을 보면 남덕우 부총리, 서정화 내무차관, 이민우 국방차관, 스나이더 주한 미국 대사, 스틸웰 주한 유엔군 사령관, 테일러 주한 이스라엘 대사를 비롯해 김용태 공화당 원내 총무, 정석모 충남지사, 충남 출신 국회의원들, 김옥길 이화여대 총장, 김원기 산업은행 총재, 고태진 조흥은행 총재, 태완선 상공 회의소 회장 등 정계·관계·재계·학계·외교계 등의 인사들이 총 망라됐다.

이날 개교식에서 현암은 본인이 직접 작성한 개교사를 통해 다음과 같이 포부를 밝혔다.

"오늘 역사적인 첫출발을 하는 천안북일고등학교는 배움에 뜻을 둔 우수한 인재를 발굴하여 본인의 노력 여하에 따라서는 경제적인 구애를 받는 일이 없이 마음껏 공부하게 함으로써 국가에 유용한 참된 일꾼을 길러 내자는 데 그 설립의 기본 목표를 두고 있습니다…."

어린 시절 현암에게 신문명의 세계를 열어준 북일사립학교는 반세기 만에 새롭게 부활했다. 그리고 현암의 깊은 관심과 지원 아래 전국 제일의 명문고로 성장해 나갔다.

1979년 배출한 1회 졸업생 중 87명이 전기대에 합격했고, 2회 졸업 때는 195명으로 합격 인원이 대폭 늘어났다. 해를 거듭해 4회 졸업 때는 서울대에만 50명이 합격했고 4년제 대학 진학률이

80%를 넘기며 북일고는 신생 명문고로 명성을 떨치게 되었다.

## 2대에 걸친 육영사업

2009년부터 천안북일고는 지역명인 '천안'을 떼고 현재의 '북일고'로 교명을 변경했다. 천안의 울타리를 넘어 글로벌 일류 명문고로 나아가겠다는 강한 의지를 담은 결정이었다.

북일고는 44회 졸업식을 치른 2022년 2월 기준 총 2만 2780명의 졸업생을 배출했다. 그리고 2020년을 기준으로 정관계 672명, 금융·교육기관·전문직 등에 1300여 명의 북일고 출신 인재들이 진출해 우리 사회 곳곳에서 활약하고 있다.

빠른 시간에 명문사학으로 성장한 북일고는 현재 10만 평의 교정에 최상의 교육시설을 갖춘 전국 단위 자율형 사립고등학교로그 위상이 더욱 높아졌다.

현암이 북일고를 세우고 20여 년이 지난 1997년에는 김승연 회장이 북일고 옆에 북일여고를 설립하며 현암의 고귀한 육영 의지를 받들었다. 당시 지역 학부모들도 "첫아들 낳고 21년 만에 딸을 얻었다"라는 표현으로 북일여고의 개교를 환영했다. 이로써 북일학원은 2대에 걸친 육영사업을 통해 명실공히 남녀 명문고교를 운영하는 사학재단으로 자리매김했다.

북일고를 설립할 당시 현암은 대학까지 설립해 종합적인 학문기관으로 발전시키려는 계획을 갖고 있었다. 하지만 이리역폭발 사고가 터지면서 아쉽게도 그 꿈은 실현되지 못했다. 현암이 마음에 두었던 학교 부지에는 현재 단국대학교 천안캠퍼스가 들어와 있다.

현암은 평생의 철학이었던 사업보국 정신을 교육을 통해서도 실천해 보였다. 오늘날 한국을 대표하는 명문사학으로 자리 잡은 북일고는 이처럼 현암의 오랜 꿈으로 이루어졌다.

# 절망의 끝에서도
# 놓지 않았던 사명

1970년대 중반을 지나면서 한국화약그룹은 창업 25년 만에 15개 기업으로 구성된 대기업의 면모를 갖추는 데 성공했다.

현암의 숙원 중 하나였던 천안북일고가 개교했고, 경제적인 원유 수송을 위해 설립한 성운물산의 국적선이 취항해 바닷길을 열었다. 또한 태평양건설이 사우디아라비아에 진출했으며, 한국화약의 여수 제2공장과 파인케미컬공장이 준공식을 가졌다.

다방면에 걸친 한국화약그룹의 성장은 여기서 그치지 않았다. 한국베어링 창원공장 착공은 물론 성도증권 인수도 진행되었고,

비슷한 시기에 서울프라자호텔 개관도 이루어졌다.

당시 현암은 끝내 이루지는 못했지만 또 하나의 첨단 미래 사업의 비전을 펼쳐가고 있었다. 1976년 현암은 첨단기술이 집약된 전자산업, 그중에서도 컴퓨터산업에 확신을 갖고 전자전문업체 설립을 구체화하고 있었다. 이때 설립한 회사가 '고려시스템산업'이다. 현암은 미국의 RC 앨런Allen사와의 기술 제휴를 통해 부평에 금전등록기 생산공장을 설립하고, 이듬해 3월부터 금전등록기를 시판하기 시작했다.


## 이루지 못한 또 하나의 꿈, 반도체

금전등록기 생산은 향후 컴퓨터와 반도체에 의해 산업계의 지형도가 바뀔 것이라는 현암의 복안을 반영한 기술 축적의 기초 단계였다. 현암은 전자 분야에 진출하면서 일반 생활가전 쪽이 아닌, 컴퓨터와 반도체로 대표되는 첨단 분야를 겨냥했다.

한국화약이 진출한 전자식 금전등록기 시장의 경쟁은 상당히 치열했다. 선두 주자였던 서흥전기를 비롯해 금성사·대한전선·

삼성전자 등 가전 3사가 모두 참여해 격전을 벌었다. 당시 국내 전자업체는 백색가전산업을 중심으로 사업을 벌였던 탓에 첨단 컴퓨터산업을 일으킬 만한 기초 여건이 마련돼 있지 않았다. 이런 상황 속에서 현암은 첨단산업 진출을 위한 초석이었던 전자식 금전등록기 생산을 통해 고려시스템산업을 국내 최대 수출 메이커로 성장시키는 데 성공했다. 자신감을 얻은 현암은 1978년 컴퓨터사업부를 발족시킨 데 이어 미국 '포파스시스템Four Phase System'사와 대리점 계약을 체결하고 미니컴퓨터의 국내 보급을 개시하면서 컴퓨터사업에 본격적으로 진출했다.

1983년 부평에 국내 최초 컴퓨터 전문공장을 건설하고 수출을 확대해 나갔으나, 이후 동양정밀을 무리하게 인수하려다 자금난에 빠지면서 설립 15년 만에 전자사업을 접고 말았다.

외부에 잘 알려져 있진 않지만 당시 전자사업에 대한 현암의 관심을 느낄 수 있는 비화가 있다.

1977년 현암은 반도체사업 진출 방안을 야심 차게 준비하고 있었다. 당시만 해도 반도체라는 말 자체가 생소했는데, 바로 이때 현암은 국내에 진출해 있던 미국 반도체 회사의 국내 조립공장 인수를 추진하고 있었던 것이다. 업계의 외부 전문인력까지 스카우트하면서 사업을 구체화해 나갔지만 미국 측과 조건이 맞지 않아 인수를 포기했다. 그 대신 미국 NSC사와 제휴해 웨이퍼 가공 및 조립 합작사업을 추진하는 것으로 방향을 선회했다.

양사 간의 합작이 거의 성사 단계에 이르자 현암은 구미에 반도체공장을 세우려고 부지까지 알아보았으나, 그해 예기치 못한 이리역폭발사고가 터져 신규 사업의 꿈을 접을 수밖에 없었다.

그때 이 야심 찬 프로젝트를 진행했던 고려시스템산업 기획관리실장은 당시 현암과의 한 장면을 이렇게 회고했다.

"그룹과 NSC사 간에 중요한 합의가 거의 이루어져 최종적으로 회장님 재가를 받기 위해 그룹 경영관리실장, 종합기획실장 등을 모시고 종합보고를 드리던 날이었습니다. 브리핑 시작부터 줄곧 눈을 감고 계셔서 주무시나 싶었는데 중요한 대목만 나오면 눈을 번쩍 뜨시고는 갑자기 날카로운 질문들을 던지셔서 무척 당황했던 기억이 납니다. 대부분의 질문이 반도체사업이 그룹과 국내 업계에 미칠 파급효과, 웨이퍼 가공 분야의 국내 현황 및 전망, 합작사인 NSC사로의 직수출 비중과 투자 회수 기간 등 핵심을 찌르는 것들이었습니다. 제가 3년 정도면 이익 실현을 기대할 수 있고 5년 내 웨이퍼 가공 분야에서 세계적인 메이커로 도약할 수 있다고 자신 있게 말씀드렸더니, '잘 추진토록 하라'고 말씀하시면서 보고서에 서명하시던 모습이 눈에 선합니다. 회장님께서 그동안 반도체사업에 대해 얼마나 관심이 많으셨는지 피부로 느낄 수 있던 날이었습니다."

삼성전자가 한국반도체를 인수해 사업을 시작한 때가 1974년도였으니 그로부터 3년 후의 일이었다. 역사에 가정假定이란 성립하지 않지만, 만약 이리역폭발사고가 일어나지 않았다면 대한민국은 또 하나의 반도체 브랜드를 보유한 국가가 되었을지도 모른다.


## 일생일대의 재난과 마주하다


화약은 양면성을 가진 물질이다. 그 쓰임새에 따라 인류에게 약이 되기도 하고 반대로 독이 되기도 한다. 그러니 화약업체의 생산 현장은 안전에 대한 규제가 엄격할 수밖에 없다. 그렇게 조심하고 또 조심해도 크고 작은 사고를 피하기는 어려웠다. 그래서 초창기만 해도 화약사업은 목숨을 건 사업으로 불렸다.

사명감으로 시작한 일이지만 안타까운 사고가 발생할 때마다 현암은 그 누구보다 더 괴로워했다. 1977년은 악재가 연이어 터지는 바람에 한국화약과 현암 모두에게 몹시 힘든 시간이었다. 그해 이른 봄, 인천화약공장 흑색화약 성형공실에서 원인 불명의 폭발사고가 났다. 점심 식사를 마친 근로자들이 휴식을 취한 뒤 작업장으로 들어간 직후 벌어진 참사로, 현장 근로자 여덟 명이 목숨을 잃고 말았다.

1956년 초안폭약을 생산하기 시작한 이래 20여 년 동안 한국화약은 크고 작은 폭발사고를 겪었다. 평소 위험 물질인 화약을 취급하면서도 일반 작업장보다 산재율이 낮았지만 이렇듯 불시에 찾아오는 사고의 불안감을 온전히 떨쳐내기란 불가능했다.

치명적인 인명 사고의 위험에 항시 노출돼 있는 화약공장 근로자들은 늘 높은 긴장감을 유지하며 근무해야 했다. 스트레스성 위장병은 물론이고 빈뇨증까지 달고 살 지경이었다. 그들을 관리 감독하고 무한 책임을 져야 했던 현암은 오죽했겠는가.

당뇨 때문에 10일 간격으로 인슐린 주사를 맞아가며 버티고 있었던 현암에게 인천화약공장 사고는 실로 엄청난 타격을 주었다.

게다가 제13대 전국경제인연합회 회장단 선거에서 현암이 부회장으로 선임되면서 공적 부담감까지 가중된 상태였다. 그러던 어느 날 현암에게 더 큰 고난이 찾아왔다.

1977년 11월 11일 벌어진 이리역폭발사고는 현암에게 일생일대의 악몽이자 시련이었다. 그날 밤 9시 30분경, 한국과 이란의 월드컵 축구 예선 중계방송 화면에 뉴스 속보가 떴다.

> 9일 밤 10시에 인천역을 출발하여 광주로 향하던 화약열차가 오늘 밤 9시 10분경 이리역 구내에서 원인 불명의 폭발로 대참사 발생!

오재덕 경영관리실장과 성하현 비서실장이 상황을 파악하기 위해 동분서주했지만 청와대, 치안본부, 신문사에 전부 연락을 돌려봐도 정확한 사고 경위를 아는 이가 없었다. 밤 12시가 되어서야 겨우 1차 상황을 파악한 성하현 비서실장이 현암에게 보고한 시각은 새벽 2시였다.

현암은 다급하게 울리는 전화벨 소리에서 불길함을 감지했다. 항상 긴장의 끈을 놓지 못하는 한국화약의 수장이 가진 직감 같은 것이었다. 아니나 다를까 비서실장은 떨리는 목소리로 사고 소식을 전했다.

"회장님, 이리역에서 폭발사고가 났습니다. 이틀째 정차해 있던 열차에서 저희 화약이…. 지금 사고 현황을 확인하기 위해 직원이 현장으로 급히 내려갔습니다."

현암은 "절대로 당황하지 말고 침착하라"라는 말을 세 번이나 반복했지만 정작 자신도 어찌할 바를 몰랐다. 훗날 부인 강태영 여사는 당시를 이렇게 회고했다.

"전화를 받으시고 쇼크가 와서 두 시간 동안 찜질과 마사지를 해드렸어요. 평소 혈압이 높은 사람은 이럴 때 일이 나겠다 싶었지요. 직원들에게는 침착하게 대응하셨지만 그때 겪은 심적 고통은 이루 말할 수 없었을 겁니다. 그때 억지로라도 좀 쉬게 했어야 했는데 너무 책임감이 강한 데다 죄책감 때문에 아픈 몸을 이끌고 회사에 출근하셨던 걸로 기억해요."

통금이 풀리자 신현기 사장과 성하현 비서실장이 가회동으로 달려와 '최소 50여 명이 사망한 것으로 보인다'고 보고했다. 사고 소식을 전해 들은 현암의 심정은 참담했다. 차후에 밝혀진 당시 사고의 전말은 이랬다.

1977년 11월 11일 밤 9시 15분경, 화약을 싣고 가던 화물열차가 이리역 구내 4번선에서 정차하던 중 화약 호송원의 성냥불 실화로 열차에 실려 있던 화약 1100상자와 전기뇌관 2만 9000개 등 총 25.3톤의 폭약류가 연쇄폭발을 일으키며 엄청난 인명 피해와 재산 피해를 낸 재난이 발생한 것이었다.

다이너마이트가 폭발한 자리에는 직경이 30미터나 되는 큰 웅덩이가 파였고, 폭발 지점으로부터 2킬로미터 안에 있던 건물에 직간접적인 피해가 발생했다. 사망 57명, 중경상 1300여 명과 9900여 명의 이재민이 발생했으며, 가옥 등의 재산 피해는 51억여 원에 달했다.


## 아무도 예상하지 못한 결단


사고 이튿날, 현암은 서울 본사에서 시시각각으로 들어오는 피해 상황을 보고받고 대책 마련에 돌입했다. 사고 규모가 워낙 컸던 지라 임직원 모두 망연자실할 수밖에 없었다. 임원들은 이구동성으로 '사고 원인과 무관하게 한국화약에 법적 책임이 없음'을 강조했다. 인천에서 열차에 화약을 상차한 순간부터 목적지에 도착할 때까지의 법적 관리 책임은 철도청에 있었기 때문이다. 회사 중역들과 관계자들은 위기 상황을 빠져나갈 합리적인 이유가 얼마든지 있다고 보았다.

하지만 현암의 생각은 달랐다. 현암은 잘잘못의 경중을 따지기 전에 한국화약에서 만든 제품에 의해 많은 희생자가 발생했다는 사실만으로도 이미 죄책감을 느끼고 있었다.

설령 법적 책임에서 한국화약이 자유롭다고 해도 수많은 사람들이 죽고 다쳤으니, 일단 사과부터 하는 것이 도리에 맞는다고 판단했다. 사고 대처에 있어서도 현암은 냉철함과 기업가 정신을 잃지 않았다.

불의의 사고는 언제든 찾아올 수 있다. 문제는 그런 사고에 직면했을 때 어떤 태도로 현실을 직시하고 대처하며 재발을 방지하느냐에 있다. 그런 점에서 현암의 대응은 지혜롭고 현명했다. 현암은 임원들을 향해 일갈했다.

"일 처리를 그런 식으로 해서는 곤란합니다. 장사는 주판을 놓기 전에 상도의를 먼저 생각해야 합니다. 기업의 사명은 국가 발전을 위한 기여이므로 법적 책임 유무와 무관하게 국가와 국민에게 해가 되었으니 우리가 마땅히 책임을 져야 합니다."

현암은 아직 정확한 사고 원인조차 밝혀지지 않은 상황이었지

만 우선 참담한 심정을 담은 사과문부터 석간신문에 게재하도록
지시했다.

"1977년 11월 11일 밤, 이리역에서 일어난 화약 폭발로 국민 여
러분께 걱정을 끼쳐 드린 데 대해 우선 지상을 통하여 심심한
사과의 말씀을 드립니다. 특히 이 사고로 불의의 참변을 당하신
사망자의 영전에 삼가 명복을 빕니다. 사망자의 유족과 부상자
및 그의 가족 여러분과 이리 시민 여러분에게 무어라 죄송한 말
씀을 드려야 할지 모르겠습니다. 황급한 마음으로 우선 지상을
통하여 국민 여러분에게 깊은 사과의 말씀을 올립니다."

15일 아침, 합동조사반은 이번 사고를 "화약 호송원이 양초를
켠 채 누워 있다 잠들어 발생한 실화 폭발사고"라고 규정했다. 한
국화약은 합동조사반이 발표한 사고 원인에 대해 이견을 제기할
수 있었다. 화약을 운송하는 차량은 원칙상 목적지에 도착할 때
까지 운행을 중단해서는 안 된다. 그렇지만 기차는 이리역에서
이틀이나 정차해 있었다.

원칙이 지켜지지 않은 이유는 당시 이리역 역무원이 급행료를

요구하며 화약열차를 통과시키지 않았기 때문이었다. 합동조사반은 "이에 화가 난 호송원이 술을 마시고 촛불을 켠 채 잠든 것이 화근이었다"라고 사고 원인을 발표했다. 하지만 한국화약 입장에서는 석연치 않은 구석이 있었다. 운송되는 화약은 촛불에 의해 폭발할 정도로 허술하게 포장되지 않는다는 점 등의 문제 제기를 하고 싶었지만 끝내 이의를 제기하지 않았다.

어쨌든 사고 원인이 밝혀지자 여론의 관심은 보상 문제로 모아졌다. 19일 현암은 최규하 국무총리를 방문해 자신의 전 재산을 피해 보상에 내놓겠다는 의사를 피력했다. 22일 자 모든 일간 조석간들은 '한국화약 김종희 회장 폭발사고에 90억 원 보상 확약'이라는 제하의 기사를 게재했다.

당시 정부 측의 재해 복구 예산은 50여억 원이었지만 현암은 전 재산을 바치겠다며 총 90억 원을 내놓았다. 철도청의 잘못이 있음에도 현암이 독자적으로 피해 보상을 하는 것은 문제가 있다는 의견이 팽배했으나, 정작 현암 자신은 의연한 태도를 보였다. 현암을 가까운 거리에서 지켜본 비서실 직원들이나 임원들은 훗날 하나같은 증언을 남겼다.

"놀라울 정도로 평정심을 유지하셨어요. 솔직히 그룹 전체가 타격을 받을 정도로 큰 사건이었는데 말이죠. 그 일로 최경록 당시 교통부장관이 사임하자 자신의 발등에 불이 떨어진 상황에서도 '점잖은 분에게 피해가 갔구먼'이라며 미안해하시던 모습이 잊히지 않아요."

현암은 이미 이 사태에 대한 응분의 책임을 지기 위해 모든 것을 내려놓고 빈손으로 돌아가겠다고 결단을 내렸던 것이다.

회사 중역들에게도 "너무들 신경 쓰지 마시오. 맨손으로 기업을 일으켜 지금껏 키워왔는데 지난 25년간 이만하면 잘해온 것 아니오. 모두 내려놓고 홀가분하게 다시 시작할 것이니 다들 건강이나 조심하시오"라고 위로를 건넬 정도였다.


## 살신성인의 정신을 실천하다

정부는 한국화약에 '매년 30억 원씩 3년 분할'이라는 조건으로 피해 보상금을 낼 수 있게 조치했다. 평소 국가 기간산업에 투신해 온 현암의 헌신과 진정성을 고려해 내린 결정이었다.

이런 결정에는 현암을 향한 기업인들의 격려와 지지도 일조했다. 재계의 뜻이 여러 경로를 통해 박정희 대통령에게 전달되었고, 대통령은 현암의 평판과 기간사업체를 살려야 한다는 여론을 존중해 그런 조취를 취한 것이었다.

이후 현암은 약속대로 1977년 말까지 2차에 걸쳐 30억 원을 그리고 1978년과 이듬해에 각각 30억 원을 납부함으로써 자신의 결단에 책임을 졌다. 또한 그룹 차원의 사고대책본부를 꾸리고 전사적으로 현장 복구작업에 나서는가 하면, 2000여 명의 임직원이 헌혈에 참여하고 휴무일 없는 비상 체제를 이어갔다. 그뿐만이 아니었다.

1978년 2월 8일 자《동아일보》는 "이리역 보상금 지급으로 지난해 결산 결과 55억 원의 결손이 발생한 한국화약의 김종희 사장은 배당이 불가능해지자 주총에서 2억 원의 사재를 내어 소액주주들에게 10%의 위로금을 지급했다"라고 보도했다.

미증유의 재난이란 악재를 당하고도 의연하게 사고를 수습한 현암은 1978년 신년사를 통해 "단 한 사람의 과오가 인명의 희생과 국가 재물의 손해를 발생케 한 사실은 충격적인 일이 아닐 수 없다"라며 "어려운 시련에 굴하지 말고, 고난을 피하려 하지 말고, 이에 도전하는 용기와 의욕과 슬기를 모아 난국을 타개해 줄 것"

을 당부하는 한편 "이 사고를 전환점으로 각기 맡은 업무에 정진해 회사의 비약적 발전을 이루자"라고 임직원의 분발을 촉구했다.

사고의 책임을 지고 10개월의 실형을 선고받았던 신현기 한국화약 사장이 복역 후 출소하자 현암은 그를 끌어안고 "나 때문에 대신 옥고를 치렀다"라며 하염없이 눈물을 흘렸다. 사업 초기부터 자신이 스카우트해 목숨을 걸고 화약 국산화를 함께 성공시킨 오랜 동료가 모진 일을 당한 것이 가슴 아팠던 것이다.

이리역폭발사고는 한국화약그룹이나 현암에게 닥친 극강의 악재였다. 이로 인해 극심한 재정적 압박을 겪었고 반도체 등 신규 사업 진출이 무산되는 등의 후유증을 앓아야 했다. 하지만 동전의 양면처럼, 창업 이후 일어난 최대의 악재는 한국화약에 순기능으로 작용하기도 했다.

우선 독점적 지위에 따른 관행을 일대 혁신하는 계기가 됐다. 화약의 제조, 포장, 호송 등 생산부터 수송까지의 전 과정을 낱낱이 새롭게 점검해 다른 차원의 운영 시스템을 구축했다. 이로써 한국화약은 지속 가능한 성장을 이어갈 수 있는 전기를 마련했다.

한국은 압축 성장을 통해 전근대와 전쟁의 상흔을 씻어낸 독특한 발전사를 가진 나라다. 이 과정에서 태동한 많은 기업들은 사회적 책임보다 성장 발전을 우선시하는 태도를 보였고, 이는 기업에 대한 국민의 불신을 초래했다. 그런 점에서 볼 때 오래된 사건이기는 하나 이리역폭발사고 당시 현암과 한국화약이 보여준 사고 대처는 한국 기업사에 기록될 만한 모범 사례라고 평가할 만하다.

한 기업가가 실천한 살신성인 정신은 존폐 위기에 몰린 기업을 살리고, 피해를 입은 국민들을 진정으로 위로했다. 혼신을 다해 시련을 이겨낸 현암은 일생일대의 위기를 전화위복의 계기로 삼은 뛰어난 기업가이자, 기업의 사회적 책임이 어떤 것인지를 몸소 보여준 선구자였다.

안타깝게도 그 무렵 일련의 사고들로 인해 현암의 건강에는 적신호가 켜지고 있었다. 1960년대 중반부터 당뇨를 앓긴 했지만 그럼에도 상당히 건강한 편이었다. 하지만 이리역폭발사고 이후에는 현암 자신도 자신의 나빠진 건강 상태를 차츰 인지하기 시작했다.

이에 현암은 이리역폭발사고 직후 미국에서 유학 중이던 장남 승연을 불러들여 본격적인 경영 수업을 시작했다. 부친의 의중을 알아차린 승연도 태평양건설 해외수주 담당이사를 거쳐 이듬해 사장으로 임명된 후, 1979년 중동에서 1억 달러의 대형 주택공사를 수주하며 와병 중인 부친에게 힘을 보탰다. 사고가 벌어지고 만 2년 만에 현암은 다시 한번 한국화약을 보란 듯이 일으켜 세운 것이다.

그렇게 현암은 마지막까지도 자신에게 남은 생명의 불꽃을 한국화약을 위해 모두 태웠다. 과감한 결단을 통해 절체절명의 위기를 재도약의 기회로 삼은 현암의 다사다난했던 1970년대가 그렇게 저물고 있었다.

# 위기를 넘어
# 다시 비상하다

개인의 삶에도 필연적으로 기복이 있듯이 기업 역시 성장 과정에서 우여곡절을 겪기 마련이다. 아무리 뛰어난 기업가인 현암이었다 해도 순풍만 부는 항로만 골라 항해할 수는 없었다. 더욱이 현암은 파란만장한 한국 현대사의 한복판을 관통하며 사업 활동을 벌인 기업가가 아니던가.

1970년대 그룹의 면모를 갖춘 현암과 한국화약은 고삐를 늦추지 않고 점차 성장의 속도를 높였다. 1977년이 되자 현암은 부실기업이긴 했으나 사업 전망이 밝았던 한국알루미늄과 성신화학의 인수를 연내에 마무리 짓고자 했다. 예정대로 인수가 이루어지면 국내 재벌 10위권에서 단숨에 상위권으로 진입이 가능한 상황이었다.

불과 20년도 안 돼 현암은 폐허나 다름없던 공장에서 출발한 기업을 대기업의 반열에 올리는 마법을 부렸다. 미풍에 돛 달고 순항을 계속하던 바로 그때 현암과 한국화약그룹은 이리역폭발사고라는 불운의 대형 암초를 만났다. 한국화약그룹과 기업인 현암에게 닥친 최대 위기였고 사활이 걸린 순간이었다.


## 2년 만에 극복한 이리역폭발사고

역사상 최악의 열차 사고로 기록된 이 사건은 한국화약그룹에겐 사형선고나 마찬가지였다. 많은 인적·물적 피해가 발생하면서 사회적으로 엄청난 파장을 불러일으켰고, 현암과 한국화약은 이 십자가를 온전히 짊어지고 가야 했다. 경제계에서도 '이제 한국화약은 끝났다', '재기는 불가능할 것이다'라는 안타까운 평가가 나돌았다.

그도 그럴 것이 당시는 한국화약이 매출 80여억 원, 순이익 7억 원을 내던 시절이었다. 매년 납부해야 할 30억 원은 그룹 전체의 연간 순이익 규모와 맞먹는 것이었으니, 피해 보상금 90억 원은 3년에 걸친 분할 납부 조건을 감안하더라도 그룹 입장에서는 '악' 소리가 날 만큼 엄청난 규모였다.

하지만 절체절명의 순간에도 현암은 전 재산을 내놓는 초강수를 두며 초연한 모습을 보였다. 그룹이 어려울수록 더 *끈끈하게* 뭉쳐 힘을 내는 화약인 특유의 기업 문화는 위기 극복의 동력이 되었다.

그나마 다행인 것은 당시 국내외 건설 붐이 고조되고 중화학공업을 중심으로 한 산업 경기도 활황을 이어가고 있었다는 점이다. 1976년에 해외건설업 면허를 취득하고 해외시장 개척에 집중해온 태평양건설도 1979년부터는 두드러진 성과를 내기 시작했다.

김승연 당시 해외담당 사장 주도 아래 태평양건설은 사우디아라비아의 리야드 상수도 토목공사를 수주했고, 국내에서도 서소문 사옥 건설과 1600여 가구의 아파트 건설에 나서는 등 연이어 괄목할 실적을 올리고 있었다.

현암 또한 이미 이리역 대참사의 상처가 아물기도 전인 1978년

초부터 전사적인 경영 혁신을 강력히 주문하고 있었다. '전년 대비 매출 평균 25% 상승'이라는 공격적인 목표를 설정하고 임직원의 동참을 호소하며 적극적인 위기 타개에 나섰던 것이다.

그 결과 한국화약그룹은 다시금 반전의 역사를 쓰기 시작했다. 그룹의 기반까지 뒤흔드는 절체절명의 위기를 넘어 1978년과 1979년에 2년 연속 10대 그룹에 이름을 올렸다. 1978년에는 매출 3171억 원, 순이익 125억 원, 총자산 2601억 원을, 1979년에는 매출 4530억 원, 순이익 48억 원, 총자산 3595억 원을 기록해 매출이 전년 대비 42.9%나 신장했다.

그뿐 아니라 미국 경제전문지《포춘》이 1980년에 발표한 세계 500대 기업(미국 제외)에서 393위에 이름을 올리는 등 한국화약그룹은 글로벌 기업으로의 기반을 다져나갔다.

한국화약그룹의 이런 비약적인 성장은 기업을 존폐 위기까지 몰고 갔던 이리역폭발사고 이후 불과 2년이라는 짧은 기간 동안 현암이 어떤 노력을 했는지를 보여주는 가장 확실한 증거다.

흔히 '삼류 기업은 위기에 의해 파괴되고, 이류 기업은 위기를 이겨내지만, 일류 기업은 위기로 인해 발전한다'고 한다. 현암은 스스로 이를 증명해 낸 것이다.

45년 전 이리역폭발사고를 수습한 현암의 현명한 대응은 오늘을 사는 우리에게 교훈과 메시지를 주기에 충분하다. 물론 기업인 현암에게 닥친 위기가 비단 이리역폭발사고만 있었던 건 아니었다.

기업을 이끌던 29년 동안 현암은 1, 2차에 걸친 오일쇼크와 10·26 같은 정변에도 시달려야 했다. 그야말로 산 넘어 산이었다. 눈을 뜨면 위기가 찾아오고, 하루가 저물면 새로운 난관이 그를 기다렸다.

## 두 차례 오일쇼크의 파고를 넘다

숨 가쁘게 이루어진 성장 일로에서 가장 먼저 한국화약의 발목을 잡은 것은 1973년 전 세계를 강타한 제1차 오일쇼크, 즉 석유파동이었다. 60~70대 연령층이라면 고물가와 에너지 부족으로 인해 일상의 불편을 겪어야 했던 당시의 상황을 기억하고 있을 것이다.

그해 10월 제4차 중동전쟁이 발발하자 이집트와 사우디아라비아를 중심으로 한 OPEC이 원유 고시가 인상과 감산 등을 전격 선언하면서 세계 경제는 제2차 세계대전 이후 가장 심각한 불황에 직면했다.

14.8%라는 한국의 놀라운 경제 성장률은 제1차 오일쇼크의 여파로 불과 2년 만에 반토막이 났으며, 한국화약의 계열사인 경인에너지의 가동률도 58%로 급감하고 말았다.

오일쇼크로 인해 기업 환경은 현암의 예상보다 더 급속도로 악화되었다. 1974년 2월 들어 정부는 유가를 82%나 인상했고, 전기요금도 30%나 올렸다. 유가와 전기요금 인상은 생필품 가격과 공산품 전체 가격을 천정부지로 뛰게 하는 도미노 현상을 일으켰다.

상상해 본 적 없는 인플레이션이 나타났고, 상대적으로 생존 경쟁력이 약한 중소기업들이 힘없이 쓰러지는 줄도산의 참상이 빚어졌다. 약삭빠른 중간상인들의 매점매석과 위기감에 휩싸인 일반 소비자들의 생필품 사재기로 인해 시장 질서는 처참하게 무너졌다. 거액의 부동 자금이 부동산 시장으로 몰렸고, 기업들 역시 근본적인 대책을 수립하는 대신 부동산 투기에 달려들었다.

그러나 이 위기의 순간 현암의 행보는 역시 남달랐다.

내일의 기업 환경은커녕 당장 기업의 존망이 어찌 될지도 알수 없는 시기였지만 현암은 한일 합작회사인 유니온포리마주식회사를 설립하고 천안시 두정동에 PVC 원단공장을 착공하는 등지역민들에게 일자리를 제공하고 세계 경제의 흐름을 읽는 경영적 판단을 이어갔다.

다행스럽게도 오일쇼크로 인한 반사이익이 한국화약에 주어지기도 했다. 철재나 목재 등의 국제 원자재 가격이 폭등하자 대체재로 PVC 수요가 급증했고, 1972년에 한국화약에 통합된 한국프라스틱공업이 만성 적자를 벗어나 흑자로 돌아설 수 있었던 것이다.

그런가 하면 오일쇼크는 줄어들고 있던 화약 수요를 반등시키는 효과도 가져왔다. 정부의 에너지 정책이 석유 위주의 '주유종탄'에서 석탄을 중심에 두는 '주탄종유'로 전환되자 연탄 수요가크게 늘어나 탄좌 개발이 활기를 띠었고 화약 수요가 크게 늘어났다.

한국화약이 얻은 이 두 가지 반사이익은 제1차 오일쇼크를 이겨낼 수 있는 최소한의 에너지원이 되었다.

하지만 곧이어 1978년 12월에 불행하게도 제2차 오일쇼크가발발했다. 개발도상국 한국에서 새로운 달러 공급원으로 떠오른 중동의 건설 붐이 한창이던 시절이었다. 1980년에 벌어진 이란과 이라크 간 전쟁은 유가 폭등으로 연결됐다.

전 세계에서 고물가와 실업 등으로 스태그플레이션이 일어나는 등 제2차 오일쇼크의 파괴력은 제1차 오일쇼크와는 비교할 수 없을 정도였다. 1979년에 8% 중반의 경제성장률을 보였던 한국은 이듬해 -1.4%라는 초라한 성적표를 받아들었고, 이는 20년 만에 최초로 기록한 마이너스 성장률이었다.

제2차 오일쇼크로 인한 성장률 저하는 2008년 미국발 세계금융위기 때와 비교하면 두 배에 해당하는 수치이고, 1997년 IMF 외환위기 당시의 수준과 맞먹는 수치였다. 역설적이게도 중동 건설 붐으로 벌어들인 자본이 중동 산유국으로 유출되는 경험을 하게 된 것이다.

한국화약그룹은 이리역폭발사고 극복 과정에서 두 번째 오일쇼크를 맞았지만, 1960년대 이후 기간산업 위주로 다각화해 온 사업들이 매출 증대와 경영 안정을 꾀하면서 다행히 성장력을 회복해 나갈 수 있었다.

현암과 한국화약그룹에 1970년대는 위기이자 기회였으며, 고난을 극복해 도약하는 시험대였다. 두 차례의 오일쇼크와 이리역폭발사고라는 난관에도 불구하고 한국화약그룹은 현암의 뛰어난 리더십과 뚝심의 경영 철학으로 성장세를 이어갔다.


## 무역과 건설로 해외 영토를 넓히다


1970년대 전후 한국화약은 수출 부문을 극대화하기 위해 해외지사와 해외사업부를 신설, 확대해 나갔다. 이런 노력들은 국제 경쟁력을 강화하고 글로벌 기업으로 도약하고자 한 결단이었다는 점에서 주목할 만하다. 또한 이미 이 시기에 현암이 '글로벌'이라는 키워드를 경영에 접목했다는 사실을 보여준다.

한국화약은 화약류의 수입과 기술정보 수집 활동을 효율적으로 추진하기 위해 1954년 일본에 도쿄사무소를 설치했다. 이로부터 10여 년이 지난 1966년, 한국화약의 외자 부문을 강화하면서 물산 업무를 통합한 무역 전문법인인 태평물산을 본격 출범시키고, 2년 후 사명을 골든벨상사로 변경했다.

1969년 4월 한국화약그룹 최초의 해외지사인 도쿄지사를 설치해 그룹의 중요한 해외 전초기지로 삼았고, 해외 사업 신장을 위해 1970년과 1975년에는 LA지사와 뉴욕지사를, 1977년에는 유럽 지역의 전진기지로 삼을 런던지사를 개설해 명실상부한 종합무역상사의 외형을 갖추게 되었다.

한국은 오일쇼크 이후 전 세계적으로 보호무역주의가 팽배해짐에 따라 일본의 종합상사 제도를 적극 도입했다. 종합무역상사는 업종의 특성상 전 세계 각지에 지사와 사무소를 두고 거대한 정보망을 운용하게 되어 있다. 따라서 1970년대에 본격적으로 이루어진 골든벨상사의 해외지사 구축은 비즈니스 영역을 간파하는 현암의 예리한 시각과 국제적 감각에서 비롯된 조치였다.

1975년, 15년에 걸친 베트남전쟁이 종식되자 한국은 더 이상 베트남 특수를 누릴 수 없게 되었다. 대신 새로운 길이 열렸다. 산유국들이 넘쳐나는 오일달러로 도로·항만·공항 등 사회간접자본에 대규모 투자를 하면서 중동국가 건설 붐이 일어난 것이다. 한국은 중동 진출에서 새로운 돌파구를 찾았다.

1973년 삼환기업이 사우디아라비아에서 첫 공사를 따내면서 중동 건설 붐의 서막이 오르자 정부의 적극적인 지원 아래 많은 기업이 앞다퉈 열사의 나라로 향했다. 시기적으로 늦은 감이 없지 않았지만 한국화약그룹도 예외는 아니었다.

한국화약그룹의 건설업 진출은 서울프라자호텔 건축을 구상하는 단계에서 본격화되었다. 현암은 1973년에 동원공업을 인수한 후 태평양건설로 사명을 변경하고 1976년에는 해외건설업 면허를 취득함으로써 중동 건설 경쟁에 뛰어들었다.

당시 사우디 등에 진출한 한국 건설사는 무려 70여 개였다. 자국 기업 간의 경쟁이 얼마나 치열했던지 입찰에 참여하려던 외국 기업들이 "또 한국 기업인가!"라고 외치며 두려워할 정도였다고 한다. 그만큼 중동 건설 붐에 올라타려는 한국 건설업체들의 경쟁은 치열했다. 그 시절 해외에 진출한 한국인의 30%가 중동으로 파견되었으며, 1980년에는 그 비중이 80%까지 증가했던 걸 보면 그 열기가 짐작되고도 남는다.

사막의 열기보다 더 뜨거운 경쟁을 펼쳤던 중동 건설 시장에서 현암이 거둔 첫 결실은 1976년 사우디아라비아에서 수주한 2200만 달러 규모의 아파트 및 빌딩 건설 공사였다.

한국화약그룹은 비교적 후발 주자에 속했지만, 1977년에는 해외건설 부문에서만 전년 대비 23.5%의 신장을 기록했으며 1978년과 1979년에도 계속 수주를 이어가 해외건설사업에서도 획기적인 성장세를 보였다. 현 한화건설의 뿌리인 태평양건설은 1976년 1군 건설업체로 승격한 이후, 도급 순위를 인수 당시 533위에서 단 1년 만에 27위까지 끌어올리며 승승장구했다.

이 대목에서 흥미로운 점은 현암이 이리역폭발사고 직후 회사가 중대 기로에 섰을 때 급히 귀국한 장남 승연에게 태평양건설 해외담당 이사에 이어 사장을 맡겼다는 사실이다. 시급했던 후계자 수업이 중동 건설 현장에서 이루어진 것은 상징하는 바가 크다. 현암은 당시 전 세계 주요 기업들의 치열한 각축장이었던 중동에서 자신의 후계자가 글로벌 감각과 약육강식의 세계를 경험하기를 바랐을 것이다. 그리고 장남 승연 또한 부친의 뜻에 부응해 한국화약그룹의 후계자로서 자신의 능력을 증명했다.


## 마지막까지 사업보국으로 살다


제2차 오일쇼크의 격랑에 휩쓸린 1979년 한국 경제는 '10·26 박대통령 시해사건'이라는 정치적 소용돌이에 빠지고 말았다. 국제 원자재 가격이 평균 52.9%나 폭등하고 국내 도매물가 지수도 38.9%까지 뛰어올라 대다수 국내 기업들은 고전을 면할 길이 없었다.

그러나 경쟁력과 내실 다지기로 체질 강화에 힘쓴 한국화약그룹은 그런 악재 속에서도 경이적인 신장률을 이어나갔다. 1970년대 들어 본격적인 사세 확장을 이어가 기계·석유화학·정유·무역·건설·관광·서비스·금융·식품·전기전자·운수 분야와 육영사업에 이르기까지 그룹의 면모를 갖춘 한국화약은 국내외 시장을 넓혀가며 당당히 국내 10대 기업으로 성장해 있었다. 창업 25년 만에 15개 기업과 학교법인 북일학원을 망라한 대기업군의 반열에 오른 것이다.

하지만 불행하게도 그룹이 글로벌 기업으로 성장하기 위한 발판을 만들어가고 있던 그때, 혼신을 다해 기업을 견인했던 현암은 가장 큰 자산을 잃고 말았다. 그의 건강이 급속도로 악화된 것이었다.

현암은 오랫동안 당뇨병을 앓고 있었지만 주변에 알리지 않았다. 마지막 순간까지도 그의 병이 얼마나 위중했는지는 가족과 담당주치의, 수행비서 정도만 알았을 뿐 자신의 건강 상태를 철저히 보안에 붙였다. 현암을 6년간 지근에서 보필했던 오재덕 경영관리실장조차도 현암이 세상을 떠나던 그해 봄이 되어서야 비로소 심각성을 눈치챘을 정도였다.

약자에겐 더욱 가혹한 기업 환경의 생리를 수없이 체득해 온 현암이기에, 자신의 건강 문제로 그룹이 공격을 받거나 발목을 잡히는 걸 원치 않았을 것이다. 병이 깊어져도 자신의 건강보다는 사업을 우선시했고, 아무렇지 않다는 듯 더욱 일에만 열중했다. 사실 자기관리에 철저했던 현암은 당뇨쯤이야 이겨낼 수 있다고 자신했다. 하지만 이리역폭발사고와 오일쇼크로 인한 경제 위기, 여기에 연이은 기업 인수 합병을 통한 사업 다각화로 격무에 시달린 현암은 회장실에 들어온 손님을 알아보지 못할 정도로 시력마저 잃어가고 있었다.

1981년 봄부터 현암의 건강은 숨길 수 없을 만큼 악화되었다. 김승연 현 회장과 임원들이 치료와 휴식을 권유했지만, 현암은 "내가 회사에 나가 있어야 위계질서가 선다. 만약 내 건강이 나쁘다는 사실이 외부에 알려지면 그룹 전체의 사기가 약해질 것이다"라며 일손을 놓지 않았다.

현암은 쇠약해지는 몸을 돌보기는커녕 오히려 모든 사업을 더 꼼꼼하게 챙겼다. 1976년 태평양건설이 최초로 수주한 해외 공사는 사막 한가운데에 수백 채의 주택을 짓는 대규모 공사였다. 현장으로부터 상수도 공사 진척이 더디다는 보고를 받은 현암은 주변의 만류를 뿌리치고 사우디로 날아갔다. 이리역폭발사고 이후 급격히 건강이 안 좋아진 상황에서 사우디아라비아의 리야드와 알코바 등 세 곳의 공사 현장을 3박 4일 일정으로 돌아보는 강행군을 소화했다.

"회장님! 이따 저녁에는 귀국하셔야 하니 오늘은 이만 호텔에서 쉬시는 것이 좋겠습니다."

태평양건설 관리 담당이사로 나가 있던 이종갑이 현암에게 휴식을 권했다. 혈액투석 치료까지 받고 있던 현암의 건강을 염려해 건넨 얘기였다. 그러자 현암이 버럭 호통을 쳤다.

"이 사람아! 여기까지 와서 호텔에 누워 있으란 얘기야? 이 더위에 땀 흘리는 직원들을 한 명이라도 더 만나고 현장을 한 곳이라도 더 둘러봐야 하지 않겠어?"

현암은 기어이 경쟁사들의 공사 현장까지 찾아가 밖에서 한 번 둘러보고 나서야 숙소로 발걸음을 옮겼다.

한국화약을 설립한 1952년을 기점으로 하면 기업인 현암의 여정은 29년에 불과하다. 이병철, 정주영, 신격호 등 동시대를 살았던 한국의 1세대 기업인들과 비교하면 짧은 기간이 아닐 수 없다.

단기간이라는 불리한 조건에도 불구하고 현암이 뚜렷한 족적을 남길 수 있었던 것은 그가 자신의 모든 것을 불사르는 화약처럼 뜨거운 삶을 살았기 때문일 것이다.


## 제2의 창업으로 되살린 불꽃


자신의 모든 것을 남김없이 태워버린 화약인 현암은 1981년 7월 23일 밤 9시, 59세를 일기로 불꽃 같았던 생애를 마쳤다.

고인의 영결식은 7월 27일 대한성공회 서울대성당에서 거행되었고, 장지인 공주군 정안면 보물리에서 비로소 영면에 들어갔다. 그해 10월에는 고인이 생전에 국가 경제 발전에 기여해 온 공적을 기려 기업인 최고의 영예인 금탑산업훈장이 추서됐다. 자연인으로서 현암은 애석하게도 짧은 삶을 마감했지만, 기업인으로서 현암은 대한민국 산업사에 그 누구도 이루지 못한 영원한 발자취를 남겼다.

시조 시인 노산 이은상은 추모시를 통해 "비바람 무릅쓰며 굽힘 없던 님의 기개/어려움 참고 견디며 헤쳐가던 님의 모습/이나라 기간산업을 그 힘으로 이루었네… 티끌 세상 괴로움 신앙으로 이겨내고/과묵한 성품 속에 가득 찬 다정과 사랑/60년 깨끗이 사신 님, 낙원에 가서 쉬소서"라며 현암의 삶을 기렸다.

식민지 시대 빈농의 아들로 태어나 일신의 영달이 아닌 사업보국의 기업 철학으로 기간산업에 투신해 온 그는 1952년 한국화약 창업 이후 29년 동안 열거하기 힘들 정도의 성과를 남겼다. 1981년 타계하기까지 그가 일군 기업은 모두 17개로 그 기업들은 화약을 포함해 석유화학·무역·기계·금융·건설 등 한국의 산업 근대화에 기여하는 대표적 기업군으로 지금까지 그 역할을 다하고 있다.

대한민국 첫 화약인으로 화약산업을 일구어 한국 경제 발전에 기여했고 나아가 글로벌 기업의 발판을 놓았던 현암의 삶은 불꽃 그 자체였다.

\* \* \*

창업주의 시대를 마감하고 한국화약그룹을 이어받은 김승연 현 회장의 당시 나이는 29세로, 아버지 현암이 창업했던 때와 비슷한 나이였다. 현 회장은 2대 회장으로서 부친의 유지를 받들어 지난 40여 년 동안 그룹을 국가 경제의 한 축을 담당하는 위치에 올려놓았다.

현암이 타계한 1981년 한국화약그룹의 총매출액은 최초로 1조 원을 넘겨 1조 600억 원을 기록했다. 하지만 현 회장 체제로 바뀐 3년 후인 1984년에는 배가 넘는 2조 1500억 원으로 늘어나는 한편 재계 순위도 7위로 올라섰다. 가히 제2의 창업이 이뤄진 셈이다.

현암이 일군 일련의 사업들은 현 김승연 회장 대에 이르러 한 단계 더 높이 진화하며 성장을 거듭하고 있다. 그룹의 시초가 된 화약과 방위산업은 대한민국의 K-방산을 선도하는 밑거름이 되었다. 나아가 오늘날 항공우주산업을 주도하는 첨단기술기업으로 대변신해 국가 브랜드 향상에 기여하고 있다.

전통의 화학, 정유사업은 지속 가능한 미래 친환경에너지 사업체로 발전해 태양광, 수소, 풍력과 같은 청정에너지 분야에서 세계 일류의 위상을 굳건히 다지고 있다. 또한 현암이 씨앗을 뿌린 금융업에서도 국내 유수의 생명보험 회사를 거느린 금융사업군을 구축하며 당당히 그룹 사업의 중심축을 이루고 있다.

시대를 달리하면서 사업의 규모와 가치는 눈부신 발전을 이어왔지만, 결국 창업주의 뿌리는 오늘의 한화를 받치는 든든한 기반이 되었다. 미래를 정확히 꿰뚫어 본 창업주 현암의 높은 안목과 비전 그리고 사업보국 정신은 21세기를 통과하고 있는 지금 이 순간에도 인류와 지구의 지속 가능한 미래를 위한 한화의 헌신으로 이어지고 있다.

눈앞에 놓인 당장의 이익이 아니라 모두의 내일을 위하는 현암의 이타 정신은 여전히 유효한 경영이념으로 한화의 DNA 속에 살아 숨 쉬고 있다.

2부

·

불꽃 | 나의 철학

해방을 맞아 산업 1세대 창업가들이 속속 등장하며 한국 경제계에도 한 줄기 희망의 빛이 깃들기 시작했다. 그들은 남다른 역사의식과 기업가 정신으로 국가 발전의 동력이 되었고, 오늘날에는 우리 경제를 반석 위에 올린 선구자로 칭송받고 있다. 현암 또한 그 누구보다 나라를 위하는 마음이 깊었고 진심을 다해 이를 행동으로 옮긴 창업 1세대 기업인이었다.

현암의 경영 철학은 사업보국, 이 한마디로 집약된다. 그리고 그 꿈과 목표를 이루기 위해 평생 '자강불식自强不息'을 좌우명으로 삼아 실천했다. 비록 기업의 본질은 이윤을 창출하는 것이지만 현암은 그 자체가 기업 운영의 목적이 되어서는 안 된다고 믿었다. 그리고 국가를 굳건히 지키고 국민을 보듬는 것이야말로 기업이 감당해야 할 최우선의 철학이라 생각했다. 이를 위해 잠시도 쉬지 않고 스스로를 단련했다.

그의 확고한 경영 철학은 '불꽃 정신'과도 맥이 닿아 있다. 불꽃을 피우는 화약은 정해진 때와 장소에서 정확히 폭발할 때 비로소 그 소임을 안전하게 완수할 수 있다. 매 순간마다 바른 길, 옳은 길을 지키는 신뢰의 상징인 셈이다.

불꽃이 지닌 응축된 에너지와 폭발력 또한 그 어떤 불가능도 극복해 내

고야 마는 강한 추진력, 불굴의 의지와 다르지 않다. 그 형태와 색채가 시시각각 천변만화하는 불꽃의 창조적인 모습은 독점사업에 안주하는 무사안일과 경직된 문화를 경계했던 현암의 철학을 대변한다.

그리고 마침내 다양한 불꽃들이 한데 어우러지며 연출하는 장관은 현암이 궁극적으로 지향했던 이타적이고 조화로운 세상의 모습이기도 하다. 이처럼 불꽃 하나에도 현암의 창업 정신과 철학이 녹아 있다. 현암이 불꽃이고, 불꽃이 곧 현암이었다.

# 화약은 정해진 때와
# 장소에서 터져야 한다

1945년 해방 직전 한반도의 민족별 자산 총계를 보면 일본인이 전체 자산의 93%를 차지하고 있었고, 고작 7%만이 한국인의 몫이었다. 해방이 되자 일본인이 두고 떠난 93%의 자산은 한국인들에게 불하되었고, 이를 차지하기 위한 한국인들 간의 경쟁이 치열해졌다. 대부분의 적산은 법령에 의해 개인과 기업에게 저렴한 가격에 불하되었고, 적산의 불하는 해방 후 부를 축적하는 결정적인 수단이 되었다. 물론 위험하고 이익률이 낮은 조선화약공판처럼 매수자를 찾기 힘든 예외적인 사업도 있었다.

한편 해방 이후 미군정이 시작되면서 미군 점령지 구제기금으로부터 무상 원조가 시작되었다. 1945년부터 1948년까지 미군 점령지 구호원조로부터 한국이 받은 원조 물자는 주로 식료품과 의약품 등 소비재로 구성되었고, 이는 한국의 기근과 질병 예방 및 구호 지원을 위해 사용되었다. 이때 한국으로 들어온 여러 생필품 중 설탕, 밀가루 그리고 면직물은 국민의 삶에 필수적인 품목이었다.

당시 정부는 기업들에 이 원조품들을 가공할 수 있게 불하해주었고, 원료 자체가 거의 무료였기 때문에 이 과정에서 엄청난 이윤이 기업에 돌아갔다. 이른바 '삼백三白산업'이라고 불린 이 사업에 뛰어들기 위해 수많은 기업이 사활을 걸고 치열한 경쟁을 벌였다.

## 현암의 다이너마이트 정신

국내 10대 기업 중 사업 초기 삼백산업에 손대지 않았던 기업은 한국화약이 거의 유일했다. 그렇다면 한국화약의 현암은 왜 손

쉬운 돈벌이를 마다하고 화약사업이라는 어려운 길을 걸어간 것일까? 게다가 현암은 해방 후 거의 유일무이한 미국통이었다. 그렇게 쌓은 미군 내 인맥을 통해 얼마든지 모종의 거래를 할 수도 있었다. 그런데도 하필이면 위험하고 이문도 크지 않은 화약에만 매달려 애를 썼던 그를 두고 사람들은 "화약 귀신이 씐 사람"이라고 수군댔다. 그리 불릴 만도 했다. 현암은 경기도상 시절 일본 럭비부와의 싸움에서 그러했듯 의협심이 남달랐고 정의감에 불타올랐다. 어려서는 물론 기업인의 길에 접어든 후에도 정도의 일이 아니면 인정하지도 않고 받아들이지도 않았다.

이후 한국화약이 성장해 그룹이 되어가는 과정에서도 "그 시절 현암이 삼백산업에 뛰어들었다면 지금보다 훨씬 더 큰 기업으로 성장했을 것"이라며 현암의 선택에 아쉬운 목소리를 내는 이들도 있었지만, 그건 현암의 기질과 철학을 몰라서 하는 소리였다.

'갈잎이 아무리 맛있다고 해도 송충이는 솔잎을 먹어야 하는 법.'

당시 주변에서는 현암에게 시도 때도 없이 삼백산업 참여를 제안했다. 심지어 한국화약 임원들까지 건의를 하곤 했다. 그럴 때마다 현암은 갈잎과 솔잎의 비유를 들며 말허리를 끊곤 했다. 그의 인식 속에는 국가 경제 발전과 산업 근대화에 기여할 수 있는 기간산업만이 자신이 갈 길이라는 확고한 의지가 담겨 있었던 것이다.

화약은 물질의 속성상 정해진 때와 장소에서 목적에 부합되게 터져야 한다. 그러기 위해서는 제조 과정부터 운송, 납품에 이르기까지 정확성과 정직함이 반드시 전제되어야 한다. 그런 점에서 현암의 철학이나 인품은 화약의 속성과 정확하게 일치한다. 현암이 기업의 이익보다 우선했던 사업보국이라는 가치는 '기업 활동으로 국가와 인류 사회에 공헌하고 봉사한다'는 의미였고, 59년 일생 내내 일관되게 유지된 철칙이자 신념이었다.

그 기저에는 아무리 위험하고 힘들어도 옳은 길만을 고집했던 '정도 경영'이 깊숙이 자리하고 있다. 정해진 때와 장소에서 정확히 작동할 때 비로소 그 소임을 다하는 화약처럼, 한 치의 오차도 허용하지 않는 반듯한 정신과 철학을 두고 화약인들은 '다이너마이트 정신'이라 불렀다.

## 절대 권력 앞에서도 'NO'라고 말하다

1963년 11월 하순 무렵, 박정희 최고의장실에서 급히 현암을 호출했다. 방미 일정을 성공리에 마치고 귀국한 박 의장이 난데없이 현암을 찾은 것이다.

'정치적으로 민감한 시기에 왜 나를 찾는 거지?'

엄혹하기 짝이 없던 시절, 군사정권 최고 권력자의 부름은 그 자체만으로도 두려운 일이었다.

다음 날 아침 서둘러 자택을 나선 현암은 퇴계로 참의원 자리에 있던 국가재건최고회의 본부로 갔다. 얼마 전 대장으로 진급한 박정희 의장과 혁명 내각 상공장관인 정래혁 소장이 소접견실로 들어왔다. 서로의 근황을 묻는 가벼운 이야기가 끝나자 박 의장은 현암을 부른 목적을 단도직입적으로 말했다.

"내가 김 사장을 부른 것은 다름이 아니라, 김 사장도 아시겠지만 요즘 우리나라 대기업들이 모두 정부가 추진하는 기간산업에 적극적으로 참여하고 있지 않습니까? 한국화약에서도 뭔가 하나를 맡아주었으면 합니다."

"그렇지 않아도 저희 회사 기획실에서 사업성을 검토하고 있는 것들이 있긴 합니다만….”

“한국화약이 화약과 관련 있는 기업이니 내가 아이디어 하나를 제공할까 하는데.”

“그래 주시면 감사하죠.”

“캐나다에 사는 우리 교포가 특허권을 가지고 있는 볏짚펄프공장을 하나 건설하도록 하시오. 공장 건설에 필요한 외국 자본 유치는 여기 정 장관한테 맡기시고.”

펄프란 주로 목재에서 뽑아내는 셀룰로스로, 아세테이트 같은 인견이나 종이를 만드는 데 쓰는 원료다. 그런데 박정희 의장이 그날 제안한 사업은 그 펄프를 목재가 아닌 볏짚에서 만들어내는 사업에 진출하라는 얘기였다.

박 의장을 만나고 돌아온 현암은 기획실에 볏짚펄프에 관한 사업성을 검토하도록 지시했다. 당시는 정부의 정책이 좋든 싫든 기업의 판단으로 정부의 제안을 거부할 수 있는 시절이 아니었다. 대다수의 기업들이 정부가 추진하는 경제개발사업을 한 가지씩 강제로 떠맡아야 했다. 이런 분위기 속에서 박 의장이 현암에게 직접 지시한 사업은 어떤 의미에서는 특별한 배려일 수도 있었다.

사실 현암에게는 여러모로 부담이 될 수밖에 없는 상황이었다. 그래서 가능한 한 볏짚펄프공장을 빨리 건설해야겠다고 생각했지만, 문제가 있었다. 기획실 직원들이 검토해 본 결과 사업성이 전혀 없고 더욱이 장래성마저도 불투명한 사업이었다.

우리나라는 기후 여건상 동남아와 달리 벼농사를 1년에 한 번밖에 짓지 못한다. 따라서 볏짚의 생산량이 많지 않다. 또한 볏짚의 대부분은 전체 농가의 90%를 차지하는 초가의 지붕갈이에 쓰였고, 겨울에는 월동용 소먹이로 쓰였으며, 나머지는 새끼줄을 꼬거나 가마니를 짜는 데 사용됐다. 그러니 펄프를 만드는 데 쓸 수 있는 볏짚, 즉 원자재를 확보하기가 어려웠다. 게다가 볏짚을 공장까지 운반해 오는 비용이 볏짚 비용보다 비싼 구조였다. 따라서 볏짚펄프공장이 가동되면 오히려 볏짚 가격이 나무보다 더 비싸질 것이 분명했다. 결국 볏짚은 목재의 대체재가 아니었다.

박 의장이 직접 자신을 불러 제안한 사업이니 어떻게든 수용하고 싶었다. 하지만 당장은 손해를 보면서 감내한다 하더라도 계속 손실만 가져올 것이 뻔해 국가적으로도 무익하고 명분이 없는 사업이었다.

'볏짚펄프공장은 사업성이 없을뿐더러, 외자까지 유치해 공장

을 지은 뒤 사업이 실패라도 한다면 보증을 선 정부도 부담이 될 수 있어 국가적으로도 이득이 없다.'

결국 현암은 경제개발 5개년 계획이 발표되고 며칠 뒤 마련된 주요 기업 총수들이 모인 자리에서 자신의 뜻을 직접 밝히기로 했다. 그날 각 기업들은 박 의장 앞에서 맡겨진 기간산업에 대한 브리핑을 할 예정이었다.

회의 당일이 되었다. 군사 정변으로 권력을 잡은 정부였던 터라 접견실에 모인 구성원의 절반이 군인이었다. 즉, 기업인이 군인 앞에서 사업을 설명하는 묘한 광경이 연출됐다. 이른바 혁명 주도 세력에 속하는 33인의 군인이 박 의장을 중심으로 날개를 펼치듯 앉아 있었고, 그 뒤로 정부 관료들이 자리를 잡고 있었다. 관료들 뒤로 대기업 총수들이 도열했으며 브리핑을 할 각 사의 직원들이 잔뜩 긴장한 채 자신들의 순서를 기다리고 있었다. 실로 살얼음판 같은 광경이 펼쳐졌다.

브리핑이 시작되었고 다른 기업들은 차례대로 정부가 강권한 사업을 긍정적으로 검토해 사업에 참여하는 쪽으로 이야기가 흘러갔다. 거의 마지막 순서로 한국화약의 차례가 되었다.

"볏짚펄프사업은 당장 손해를 보더라도 미래에 어느 정도 수익이 보장된다면 할 수 있겠지만 수익성 자체가 아예 없는 것으로 판단됩니다."

한국화약 직원은 떨리는 목소리로 사업 불가의 이유를 조목조목 설명했다. 대다수의 기업 관계자들이 자신에게 맡겨진 사업을 진행하겠다는 긍정적 브리핑을 한 반면, 한국화약만 유일하게 도저히 사업을 할 수 없다는 부정적 의견을 내놓은 것이다.

한국화약의 브리핑이 끝나자 참석자들은 싸늘한 분위기에 압도되었고, 마치 약속이라도 한 듯 관료들의 질타가 숨 가쁘게 이어졌다. 이번에는 현암이 나서서 사업 불가의 이유에 대해 다시 한번 설명했다. 비전 없는 사업은 한국화약이라는 일개 기업의 손해로 끝나지 않고 장기적으로 정부에 짐이 될 수 있음을 거듭 강조했다.

현암까지 나선 브리핑이 모두 끝나자 배석했던 육군참모총장 출신의 송요찬 내각수반이 청천벽력 같은 말을 했다.

"한국화약은 사업을 해나가는 데 정부 지원은 필요 없습니까? 당신들은 앞으로 정부 상대로 사업할 생각은 하지 마세요!"

접견실에서 물러나는 현암은 씁쓸함을 느꼈다. 불호령을 들어서도 경고장을 받아서도 아니었다. 자신의 진정성이 받아들여지지 않는 답답한 상황에 속이 탔을 뿐이었다.

언제나 사업보국을 기업의 최우선 가치로 삼아온 현암이었다. 하지만 사업보국이란 것도 기업이 살아 있어야 실천 가능한 가치였다. 물론 당시 군사정부의 서슬 퍼런 위력이 무서웠다면 사업성 없는 사업이라도 진행할 수는 있었을 것이다. 사업이 지지부진해도 정부가 차관을 책임져 주니 하는 척 시늉만 낼 수도 있었다. 설령 계열사 하나가 잘못된다 하더라도 한국화약 전체가 흔들릴 일도 아니었다.

하지만 현암은 이제 막 시작한 경제개발 5개년 계획을 통해 국가 부흥을 꿈꾸는 정부의 노력에 찬물을 끼얹고 싶지 않았다.

비록 개인은 물론 기업의 생사도 한순간에 달라지던 엄혹한 시절이었지만 당장의 위기만 모면하자고 옳지 않은 일을 택할 순 없었다. 군사정권 시절, 절대 권력 앞에서도 자신의 철학에 위배되는 일에는 당당히 'NO'라고 말할 수 있었던 기업인이 현암이었다.

# 회장님을 꾸짖은 경비원

한번은 현암이 당뇨로 불편해진 몸을 이끌고 부평에 위치한 한국 베어링공장을 불시에 방문한 적이 있었다. 기획실 직원들과 비서들은 현암이 쉬기를 바랐지만 그에겐 사업장을 둘러보는 것이 정신적으로 더 건강해지는 활동이었다. 그날은 마침 일요일이라 근무자도 없었고, 조용히 다녀오겠다는 생각에 비서실장만 대동하고 길을 나섰다.

공장에 도착하자 역시 출입문은 단단히 닫혀 있었고 공장 출입구부터 아무도 보이지 않았다. 누구에게도 연락하지 말라고 말해두었던 터라 당연히 마중하는 이가 없었는데 마침 건물 안쪽에 있던 경비원이 현암을 발견하고 문 앞으로 나왔다.

"회장님 오셨으니 문을 여세요!"

"회장님요? 내가 저분이 회장님인 걸 어찌 압니까? 회장님이라면 회장님이라는 증명서라도 보여주셔야죠."

경비원은 회사 신분증이 없다는 이유로 현암을 공장 안으로 들여보내 주지 않았다. 사실 그 경비원은 입사한 지 얼마 되지도 않았던 데다 현암의 얼굴도 잘 몰랐다. 당황한 비서실장은 안절부

절못했지만 현암은 그저 웃기만 했다. 비서실장이 결국 사장에게 전화를 걸었고 호출을 받은 사장이 부리나케 공장으로 달려오면서 사건은 마무리되었다.

사장은 현암의 앞을 막아선 경비원을 야단쳤지만 현암은 오히려 그 경비원을 크게 칭찬해 주었다. 경비원으로서 책임감을 갖고 정도와 원칙을 지켰으니 오히려 상을 줄 일이라고 말했다. 그날의 공장 불시 방문은 그렇게 경비원의 투철한 직업 정신을 확인하는 것으로 무사히 지나갈 수 있었다.

현암이 절대 권력자 앞에서도 과감히 'NO'라고 말하고, 자신을 홀대한 경비원을 되레 칭찬한 것은 그가 얼마나 일관되게 정도와 원칙을 지켰는지를 알게 해준다.

# 1000만 원을 손해 봐도
# 10원 도둑질은 안 된다

현암이 볏짚펄프사업을 포기한 것은 '국익에 아무런 도움이 되지 않는다'는 판단 때문이었다. 그런데 사업보국의 일념과 충정에서 비롯된 행동 때문에 엉뚱한 쪽으로 불똥이 튀는 일이 벌어졌다.

그간 한국화약은 독점사업의 이점을 악용해 소비자들로부터 값을 비싸게 받아왔기 때문에, 원가 조사를 철저히 실시해 문제가 발생할 경우 별도의 조치를 취할 것임.

감찰원

이튿날 아침, 한국화약 본사에 군사정부 감찰원으로부터 화약 원가계산서를 제출하라는 통고장이 날아왔다. 일반적으로 독점 기업들은 늘 가격 횡포, 수급 파동, 서비스 부재 등의 고질적 폐단을 안고 있었다. 그러니 감찰원의 통고는 통상적인 업무로 간주할 수 있었다. 문제는 하필이면 볏짚펄프사업이 틀어진 다음 날 통고장이 날아왔다는 사실이었다. 누가 봐도 오비이락처럼 여겨질 묘한 시점이었다.

## 털어도 먼지 안 나오는 사람 있다

감찰이든 압수수색이든 한국화약으로서는 거리낄 것이 없었다. 현암의 지시 아래 한국화약은 '적정가격 유지', '무제한 공급', '철저한 서비스'를 영업 방침으로 정해놓고 엄격하게 사업을 관리해 오고 있었기 때문이다. 그만큼 현암의 평소 경영 방침은 확고했다. 간혹 직원들이 실수로 회사에 큰 손해를 입히는 건 용서해 주었지만, 아주 사소한 것이라도 비리만큼은 결코 용납하지 않았다.

"차 과장, 원가계산서에 꼬투리라도 잡힐 건 없는지 확인하게."

"트집을 잡으려면 먼지라도 걸고 넘어가겠지만 저희 원가계산서는 지난번 원가 승인 때 미국이나 일본보다 싸다는 걸 상공부가 공식 확인한 바 있습니다. 우려하실 필요가 전혀 없습니다."

1956년 한국화약이 초안폭약을 생산할 때부터 원가계산 업무를 담당해 온 회계과장은 문제 될 게 없다며 자신만만해했다. 하지만 현암은 여전히 찜찜했다. 권력자의 눈에 거슬리면 얼마든지 이현령비현령이 가능했던 시절이기 때문이었다.

'음… 아무래도 폭리 여부를 가리기 위한 감찰이 아닌 것 같아.'

현암은 어제 보았던 송요찬 내각수반의 일그러진 표정을 다시 떠올렸다. 한국화약은 절차대로 원가계산서를 감찰원에 제출했고, 감찰원은 국내 최초의 공인회계사 사무소인 서울경리사무소에 정밀 조사를 맡겼다. 결과는 당연히 아무런 하자가 없다는 것으로 나왔다.


일일이 정확성을 규명하자면 문제점이 있을 수도 있겠으나 대체적으로는 하자가 없는 원가계산인 것으로 사료됨.

서울경리사무소

회계과장이 자신했던 대로 결과가 나왔지만, 정권의 압박은 더욱 심해졌다. 며칠 후 직접 조사를 실시하겠다며 산업은행 기업분석과 원가계산반 직원 여섯 명이 한국화약으로 들이닥쳤다. 그들은 서울경리사무소보다 더 까다로웠다. 인천화약공장의 제품별 제조 공정과 각종 기계시설에 관한 자료도 제시할 것을 요구했다. 인천화약공장은 크고 작은 건물이 300여 동, 기계류는 5000여 점에 이를 정도로 규모가 컸다. 산업은행 조사팀이 "감가상각비가 제품별로 제대로 반영되지 않았다"라며 자료를 요구한 것이었다.

그러나 산업은행 원가계산반까지 나서 정밀조사를 거쳤지만 별다른 문제점을 찾아내진 못했다. 그러자 이번에는 다시 고려대 경영대학 원가조사반을 동원했고, 그다음에는 연세대 대학원 조사팀을 불렀으며, 마지막으로는 한국생산성본부까지 투입돼 철저한 원가조사를 펼쳤다.

이런 집요한 원가조사가 거듭 진행되자 현암과 한국화약 직원들은 '혁명 정부가 권했던 볏짚펄프사업을 거부했던 것이 빌미가 되었다'고 생각했다. 충분히 그런 의심을 살 만했다. 너무나도 이례적이고 강도 높은 조사가 이루어졌기 때문이었다.

원가조사에서 별다른 문제점을 찾아내지 못하자 이번에는 감찰원이 현암의 자택을 급습해 방문 조사하는 일이 벌어졌다. 감찰원 세무조사팀이 들이닥쳐 조사를 실시했지만 아니러니하게도 현암이 아닌 그들을 당황시키는 일이 벌어졌다.

"이 집 사모님 나오라고 해봐요."

감찰원들은 자신들 앞에 서 있는 강태영 여사를 집안일을 돕는 가정부로 착각했다. 강태영 여사의 차림새가 대기업의 사모님이라고 하기에는 너무 소박해서 그런 오해를 불러일으킨 것이었다. 강 여사가 자신이 현암의 부인임을 밝히자 깜짝 놀란 감찰원들은 "더 뒤져볼 것도 없다"라며 돌아갔다. 평소 청렴을 강조했던 현암을 내조하는 강 여사의 소박함이 빚어낸 한 편의 촌극이었다.

차후에 밝혀진 사실이지만 당시의 강도 높은 조사는 정권 차원의 보복성 감찰은 아니었다. 한국화약이 다이너마이트 국산화에 성공하자 화공약품 수입상들이 큰 타격을 입었고, 그들 중 일부가 꾸민 농간이 빚은 사달이었다.

이유야 어찌 되었든 수차례에 걸친 까다로운 감사에도 한국화약은 살아남았고, 오히려 그 결백함과 청렴함을 입증받기까지 했다. 이는 독점기업이라는 이유만으로 불필요한 오해나 지탄을 받지 않기 위해 평소에도 철저한 경계와 관리를 해온 덕분이었다.

사실 한국화약이 독점적 지위를 유지해 온 배경에는 불가피한 이유가 있었다. 화약사업은 폭발물을 취급해야 한다는 위험 부담이 클 뿐만 아니라 다른 사업에 비해 투자 대비 이윤이 적어 굳이 손을 대려는 기업이 없었다.

그럼에도 독점기업이라는 꼬리표가 달린 한국화약은 늘 의심의 눈초리를 받아야 했다. 주변에서는 억지스러운 음해와 모략이 끊이질 않았고, 작은 꼬투리라도 잡으면 비리를 운운하며 공격하기를 서슴지 않았다.

"잘나갈 때일수록 자중하고 스스로에게 엄격해야 한다."

현암은 기회가 있을 때마다 자신은 물론 전 직원들에게도 자중자애할 것을 강조했다. 현암은 원래 타고난 성품도 그러하지만 어딜 가서도 앞에 나서거나 우쭐댄 적이 없었고, 묵묵히 주어진 책무를 다할 뿐 가급적 눈에 띄지 않으려 했다.

현암 개인의 성향이 그러한 데다 항상 위험이 따르고 기밀을 요하는 화약업종의 특성까지 더해지다 보니 한국화약을 은둔의 기업으로 바라보는 시각도 없지 않았다. 그런 세간의 시선을 모르지 않았기에 현암은 흠집이 될 사소한 부정이라도 개입되지 않

게 조심하고 또 조심했다. 그렇게 다져진 청렴과 정도를 지키는
문화는 창업 이래 줄곧 한국화약을 관통하는 전통이 되었다.


## 회사에서 제일 청렴했던 구매부의 전통

'현암은 상대 출신보다 법대 출신을 선호했다'는 우스갯소리가
전해진다. 상경대학 출신들은 아무래도 장사꾼 기질이 있어서 셈
에 밝지만, 법과대학 출신들은 정의와 공정을 배웠으니 비리로부
터 자유로우리라 생각했다는 것이다. 어쨌거나 현암은 믿을 만한
사원이 들어오면 우선적으로 예외 없이 구매과에 배치했다.

어느 기업이든 구매과는 돈 버는 자리라는 인식이 강했다. 하
지만 한국화약의 구매과는 사정이 달랐다. 사내에서는 '업체로부
터 커피라도 한 잔 얻어 마시면 그날로 해고당한다'는 소문이 돌
정도였다.

한번은 작은 거래처에서 한국화약 구매과에 과일 한 상자를 보
낸 일이 있었다. 무엇이 됐든 거래처로부터 일절 받지 않는 게 일
상이다 보니 구매과장은 그 과일상자도 냉정하게 돌려보냈다. 그

래 놓고는 적잖이 걱정을 했다.

'자칫 선물이 너무 약소해서 돌려보낸 것이라고 오해하면 어쩌지?'

구매과장은 선물을 돌려보낸 즉시 전화를 걸어 "한국화약의 기업 윤리인 청렴을 지키고자 했으니 양해를 부탁한다"라고 설명했다. 하지만 물이 너무 맑아도 고기가 살지 못하는 것처럼, 정성이 깃든 작은 선물까지 거절하는 건 조직을 지나치게 경직되게 만들기도 했다. 또 거래선 실무자들과의 만남을 통해 이런저런 정보를 얻을 수 있는 기회를 놓치는 것도 조직으로서는 비효율적인 측면이 있었다. 이러한 직원들의 하소연을 전해 들은 현암은 이후 명절에 협력업체에서 보내오는 3킬로그램짜리 미원과 설탕 정도는 눈감아 주었다.

현암 자신도 누가 집에 선물 꾸러미를 들고 오면 "집에 뭐 들고 찾아오는 놈들치고 제대로 된 놈 없다"라며 단칼에 돌려보내곤 했다.

회사가 청렴을 강조하려면 직원들이 검은 유혹에 넘어가지 않게 그만한 대우를 해주어야 한다. 한국화약은 당시부터 업계 최고 수준의 대우를 해주었기에 직원들의 청렴도가 높게 유지될 수 있었다.

깨끗한 직장 문화에 대우까지 좋으니 한국화약에 입사하려는 지원자가 쇄도한 것은 당연한 일이었다. 지원자가 얼마나 많았던지 학교 교실로는 입사시험 장소를 감당할 수 없어서 체육관을 빌려 시험을 본 적도 있었고, 작은 동산 같은 야외에서 시험을 치른 때도 있었다. 한국화약의 성장세가 가파르게 우상향 곡선을 그린 1960년대 후반에는 명문대 졸업생들이 줄을 서 지원한 까닭에 입사 경쟁률이 매우 높았다.


## 부당한 거래는 거부한다


현암이 얼마나 철두철미하게 비리를 막고자 노력했는지는 여수와 인천화약공장 건립 과정에서도 확인할 수 있다. 혹여 신축 공사를 한다는 소문이 나면 직원들이 내부 정보를 이용해 주변 부지에 땅 투기를 할 것을 우려해 입단속을 철저히 시켰을 정도였다. 행여 비리에 연루된 직원이 발각되면 가차 없이 해고했다.

당시만 해도 기업들은 공장을 지을 때 실제로 필요한 부지보다

열 배 이상의 토지를 매입하곤 했다. 많은 기업들이 그렇게 부동
산 투기를 통해 자산을 불렸지만, 현암은 그런 비리에 연루된 적
이 단 한 번도 없었고 직원들에게도 같은 수준의 도덕성을 강조
했다.

해방 이후 산업이 서서히 살아나면서 화약에 대한 수요도 급격
히 늘기 시작했다. 당시만 해도 화약 국산화에 성공하지 못했던
터라 당연히 수입 화약에 의존해야 했다. 한국화약은 1950년 상
반기 화약 수급 계획에 맞춰 200톤의 화약이 필요하다고 상공부
에 보고했다. 검토를 마친 상공부가 수급 계획을 재무부로 넘기
고, 재무부가 다시 이를 검토한 다음에 ECA(공적수출신용기관)에
보고하면 자금을 배정받는 구조였다.

그런데 어느 날 수급계획서를 들고 상공부를 다녀온 권혁중이
못마땅한 얼굴로 현암의 사무실에 들어섰다.

"왜 그렇게 땡감 씹은 표정이야?"

"신청량을 100톤으로 줄여 와야 재무부로 넘기겠다고 억지를
부립니다."

"아니, 답답한 사람들이구먼. 화약이 어디 다른 원조 물자들처
럼 빼돌릴 수 있는 것도 아니고, 그렇다고 남으면 썩는 물건도 아

닌데 왜 그러는 거야?"

"바라는 게 있어서 그러는 거예요. 기름을 좀 쳐야 돌아갈 것 같습니다."

"내버려 둬! 화약을 못 들여오면 못 들여왔지, 난 그렇게는 사업 안 해. 나중에 화약 떨어져서 광부들이 곡괭이 자루 둘러메고 올라와야 정신 차릴 사람들이구먼."

그 시절 관청에서는 관행이라는 미명 아래 묵인되는 급행료라는 것이 있었다. 행정업무에 이른바 '기름을 치는' 행위였는데, 한국화약의 직원들은 이런 뒷거래에도 결코 응하지 않았다. 현암은 사내뿐 아니라 외부의 부정에도 엄격했다.

현암이 맨주먹으로 기업을 세우고 키워가던 때는 불의와 편법이 마치 관행처럼 여겨지던 고약한 시절이었다. 그인들 왜 그런 유혹의 달콤함을 몰랐겠는가. 하지만 현암은 비록 먼 길을 돌아가더라도 자신만의 길이 있다고 믿었던 우직한 사람이었다.

# 군살은 인간을
# 게으르게 만든다

기업가 현암의 철학은 크게 두 가지로 요약된다. 먼저 '사업보국 事業保國'은 기업을 운영하는 경영 철학이다. 그리고 두 번째는 자신의 사무실 의자 뒤에 일중一中 김충현의 글씨로 써놓았던 '자강불식自強不息'이다. 스스로 힘쓰고 쉬지 않는다는 뜻으로, 한국화약 직원들과 공유하고자 했던 그의 실천 철학이다.

현암은 경기도상을 거쳐 원산상고를 졸업한 뒤 사촌동생과 한 장의 사진을 찍었다. 그는 인화되어 나온 사진 뒷면에 앞으로 자신이 살아가며 취해야 할 자세에 대해 이렇게 적어놓았다.

'강력한 자가 돼라! 남에게 흔들리지 말고, 말을 많이 하지 말고, 태만하지 말고, 열심히 정진하라!'

그는 그 시절 사진에 적어두었던 각오대로 평생을 살았다. 쉼없이 공부했고 스스로를 단련했다. 그건 그가 영면의 순간을 맞이할 때까지 변하지 않은 삶의 태도였다.

## 직접 녹음해 오디오북을 만든 기업 총수

현암은 부대리에서 북일사립학교를 다니던 시절부터 끝없이 자신을 연마했다. 천안에서 경기도상까지 여섯 시간씩 통학을 할 때에도 그는 손에서 책을 놓지 않았다.

현암은 독서광이었다. 고등학교를 졸업할 때까지 일본어로 교육을 받아왔던 터라 일본 역사소설과 잡지 등을 두루 섭렵했다. 특히 그는 일본 최대 월간지 《문예춘추文藝春秋》를 구독해 꾸준히 읽었고, 일본 근대문학 소설 대부분을 탐독했다. 장르로 따지자면 역사소설을 유독 좋아했는데, 일본 역사소설만 100여 권을 넘게 탐독했고, 다양한 국내 인문 서적들도 읽었다. 신규 사업 분야와 관련된 전문 서적들도 많이 읽어서 담당 사업 임원들조차도 깜짝 놀랄 식견을 보이곤 했다.

그의 독서 편력은 당뇨합병증으로 시력을 잃어가는 상황에서도 멈추지 않았다. 급기야 돋보기를 쓰고도 책을 읽을 수 없게 되자 직원들의 도움을 받아 오디오북을 만들면서까지 책을 가까이 했다.

"당시에 제가 조선일보 이규태 논설위원의 『한국인의 의식구조』 같은 책을 녹음해서 회장님께 드렸던 기억이 납니다. 총 네 권으로 돼 있었던 것 같은데, 회장님께서 책을 듣는 속도가 워낙 빠르다 보니까 제가 주말마다 녹음해 드리느라 정신이 없을 정도였습니다."

현재 북일학원 이사장을 맡고 있는 이경재 고문이 비서실에서 근무할 때를 회상하며 남긴 증언이다. 만약 그 시절 블로그가 있었다면, 현암은 빌 게이츠처럼 독후감을 올리는 기업가로 정평이 났을지도 모른다.

한국화약그룹은 1971년 1월 20일에 《다이나마이트 프레스》라는 사보를 창간했다. 타블로이드 판형의 월간지였는데, 현암은 매호마다 자신이 직접 쓴 칼럼을 기고했다. 200자 원고지 다섯 매

분량의 글로 현암의 칼럼은 항상 주제가 뚜렷하고 문장은 군더더기 없이 깔끔했다.

현암은 평범한 다독가가 아니었다. 많이 읽고 많이 쓰고 많이 생각해야 좋은 글을 쓸 수 있다고 말한 중국 송나라 문장가 구양수처럼, 현암은 다독을 하는 동시에 깊은 사색을 즐겼고 그 결과를 글로 쓰며 자신을 훈련시켰다. 우리는 일상에서 크고 작은 판단을 수없이 내리며 살아간다. 하물며 대기업의 총수라면 중요한 판단과 결정 앞에서 얼마나 노심초사하는 일상을 보냈겠는가. 그렇기에 현암은 끊임없는 독서를 통해 판단과 결정에 필요한 생각의 근육을 키웠던 것이다.

## 배움엔 나이가 없고 모두가 스승이다

해방 직후 현암은 판로를 잃은 조선화약공판 화약고의 화약들을 판매하기 위해 미8군을 찾았다. 당연히 그 시절 현암은 영어를 한마디도 할 줄 몰랐다. 이후 미군들과의 만남이 잦아지자 현암은 영어의 필요성을 절감했다. 그는 미군들과의 교류를 통해 앞으로는 일본이 아닌 미국이 한반도의 운명을 좌우할 것이고, 세계 경제 역시 미국이 선도할 것을 간파했다.

현암은 십수 년간 저녁 시간을 이용해 미8군 소속 장교들을 선생으로 삼아 영어 회화를 익혔다. 미군 장교들에게 '다이너마이트 김'이라 불린 현암이 향후 미국통으로 민간외교관 역할을 충실히 할 수 있었던 것은 이처럼 부단한 노력이 있었기에 가능한 일이었다.

현암은 국제 행사에 참가할 때는 통역을 두었지만, 공식 업무가 끝난 뒤 가진 사적 모임에서는 통역 없이 외국인들과 소통할 만큼 영어 회화에 능했다. 당시 해외 유학을 다녀오지 않은 기업인 중 현암만큼 영어를 잘하는 사람이 없었다고 한다. 일단 필요하다고 판단되면 어떤 수를 써서라도 성취하고 마는 현암의 집요한 열정이 엿보이는 대목이다.

현암은 자신뿐 아니라 직원들에게도 미래를 내다볼 줄 아는 혜안을 길러주려고 노력했다. 쉼 없이 공부하라고 강조했던 것도 그런 이유에서였다. 심지어 향후 중국이 세계 경제에서 큰 역할을 할 것으로 예측했던 현암은 본인부터 중국어 공부에 열중하면서, 틈만 나면 직원들에게 중국어 공부를 소홀히 해서는 안 된다고 당부했다.

자신보다 못한 사람에게 모르는 것을 묻는 것은 부끄러운 일이 아니라는 뜻의 '공자천주孔子穿珠'라는 사자성어처럼, 현암은 배움에 있어 상대를 가리지 않았다. 외국어를 배울 때도 그랬지만 신규 사업에 대한 이해도를 높일 때도 자신에게 가르침을 주는 사람이 누구인지를 따지지 않았다.

현암은 지천명의 나이를 넘어서면서 마음의 수양을 위해 바둑이며 붓글씨를 본격적으로 배우기 시작했다. 무엇이든 한번 시작하면 학문처럼 탐구하며 끈기 있게 배우는 성격이라 바둑은 아마 2단 수준에까지 올랐다.

1970년대에는 종종 들르던 인사동 화랑 주인에게 초정 권창륜 선생을 소개받아 서예에 입문했다. 초정 선생은 당시 대한민국의 국필國筆로 알려진 일중 김충현 선생의 제자였고, 초정 또한 흥선대원군의 사저인 운현궁 현판과 청와대 춘추문 현판의 글씨를 쓴 서예의 대가였다.

현암은 매주 2회 한 시간 반씩 진지하게 서예에 임했다. 처음 두 달간은 '上下大小, 日月火水, 中央四方, 春夏秋冬' 같은 글만 반복해 쓰다가 이후 천자문을 쓰기 시작했다.

그 후 어느 정도 수준에 오르자 현암은 북일고 기숙사로 들어가는 입구 벽면에 그간 배운 솜씨로 '여송지성如松之盛'이라는 글을 써서 걸었다. 학생들이 소나무처럼 푸르고 무성하게 잘 자라길 바란다는 뜻이었다. 북일고의 교훈으로 '애국하는 사람, 적극적인 사람, 합리적인 사람'을 직접 글로 써 새긴 교훈탑을 교정에 세우기도 했다.

1977년에는 자신의 좌우명이기도 한 '자강불식'을 친필로 써 사보에 싣기도 했다. 서예에 재미를 붙인 현암은 공장을 준공할 때 정초석에 글을 쓰기도 했고, 서울프라자호텔 식당에도 사훈을 써서 보냈다. 사무실 뒤 벽면에도 자신이 쓴 글씨를 걸었다.

이리역폭발사고 때 6개월가량 쉰 것을 제외하고는 줄곧 손에서 붓을 놓지 않았던 현암은 천자문을 세 번이나 쓸 만큼 오랫동안 서예에 심취했다. 현암은 서예뿐 아니라 한국사에도 관심이 많아서 저명한 원로 국사학자에게 가르침을 청해볼까 고민할 만큼 배움에 열성이었다.

# 시계처럼 정확했던 사람

현암은 평소 시간 낭비를 극도로 경계했다. 매일 오후 3시 30분이 되면 비가 오나 눈이 오나 산책을 했다는 철학자 칸트처럼, 현암 역시 시계처럼 규칙적인 삶을 살았다. 현암은 화약고가 있던 홍제동에 살다가 신당동을 거쳐 북촌 가회동에 터를 잡아 집을 올린 후부터는 매일 아침 출근 전 이웃이었던 산업은행 김영휘 총재의 집을 방문했다.

현암보다 열 살가량 나이가 많았던 그는 경제와 문화 등 다양한 분야의 지식을 전수해 주는 해박한 멘토였다. 특별한 일이 없으면 현암은 매일 정해진 시간에 김영휘 총재를 방문해 국제 정세부터 경제 현안에 이르기까지 여러 정보를 청해 들으며 하루를 시작했다.

출근 후에도 지식에 대한 탐독은 이어졌다. 9시 30분이면 정확히 출근해 국내에서 발행된 시사지부터 거의 모든 일간지를 두루 살폈고, 일본 신문까지 완독한 후에야 결재서류를 받았다. 건강 관리를 위해 하루도 거르지 않고 운동을 했고, 퇴근 후 집으로 돌아와서는 서예와 바둑에 몰두했다. 외부 약속 시간도 칼같이 지키는 것으로 유명했으며 간혹 업무로 인해 약속에 늦을 경우에도 1, 2분을 넘지 않았다.

이런 일련의 자기관리에서 엿볼 수 있듯이 현암은 그 누구보다 스스로에게 유독 엄격했다. 잠자는 시간과 업무 시간을 제외하고는 늘 무언가를 배우고 익혔다. 차를 타고 이동하는 중에도 결코 잠을 자거나 쉬는 법이 없이 서류를 검토하고 책을 읽었다. 퇴근할 때에도 어디에 있든 정해진 시각이 되면 비서실장에게 전화를 걸어 "나 이제 퇴근해도 돼?"라고 물을 정도였다.

하지만 과유불급이라고 했던가. 화약인으로서 사업보국을 천명으로 여기며 살아온 기업가 현암은 휴식에 소홀했고 그만 건강을 잃고 말았다.

중국 주나라의 문왕이 지었다고 전해지는 『주역周易』에 이런 글귀가 나온다. '천행건 군자이자강불식天行健 君子以自强不息', 즉 '우주의 운행이 그처럼 굳세고 튼튼하니 군자는 그런 우주의 정신을 본받아 스스로 강해지기를 쉬지 않는다'는 뜻이다. 『역경易經』이라고도 불리는 『주역』에는 대략 1만 4000자가 쓰여 있는데 '자강불식'은 「건괘」 편에 나오는 말이다.

현암은 내적으로 끝없이 단단해지기를 바랐던 강인한 사람이었다. 그래서 그의 삶은 멈추지 않는 열정으로 가득했다. '자강불식'이라는 그의 좌우명은 단순한 구호가 아닌 진정한 삶의 모습 그 자체였다.

# "하면 된다"

현암이 살아온 시대는 '하면 된다'는 사고방식이 유효한 시절이 었다. 국가도 기업도 경제 부흥의 시대적 소명을 완수하기 위해 불굴의 도전을 경주했고, '하면 된다'는 구호로 서로를 독려했다. 현암 역시 '하면 된다'는 정신을 누구보다 적극적으로 실천했던 기업인이었다.

당시 한국화약 모든 직원들의 책상 위에도 '하면 된다'라는 글자가 선명히 새겨진 나무 명패가 올려져 있었다. 그도 그럴 것이 현암의 창업 과정은 무에서 유를 창조한 것이어서 '하면 된다'는 식의 추진력 없이는 불가능한 여정이었기 때문이다.

폐허와도 같았던 인천화약공장 시설을 복구하기 위해 꼭 필요했던 설계도면을 수소문 끝에 일본의 대학 자료실에서 찾아낸 것도 '하면 된다'는 그의 추진력이 만들어낸 꿈같은 일이었다. 또 변변한 화약 기술자 하나 없이 어깨너머로 익힌 기술로 아시아에서 두 번째로 다이너마이트를 생산해 낸 것도 '하면 된다'는 정신이 일군 기적이었다.


## "당신은 스스로 적극적인가?"


당시 한국의 산업근대화를 앞당긴 대다수 창업주들이 그러했듯 현암에겐 불가능한 목표란 없었고 오직 될 때까지 한다는 뜨거운 집념만이 있었다. 한국화약의 주력 사업인 화학과 정유에너지사업을 개척하는 과정에서도 현암의 도전 정신은 극명히 드러났다.

PVC공장 건설을 위해 민간기업 최초로 일본 차관을 신청해 일본 미쓰비시의 차관을 받아내고, 정유사업 분야에서도 두 번의 실패에 굴하지 않고 끝까지 도전해 마침내 제3정유공장의 인수요사로 선정된 것 역시 그런 불굴의 정신력이 있었기에 가능한 일이었다. 1%의 희박한 가능성도 희망으로 여기고 도전했던 현암의 의지가 한국화약을 태동시키고 성장시켜 온 원동력이었다.

경기도상 동기로 용인상고 초대 교장을 역임했던 심영구는 현암에 대해 누구보다 잘 아는 막역한 친구였다. 경기도상 재학 당시 서로 1등을 다투던 선의의 라이벌이었던 그는 1955년 개최된 경기상고 전체 동창회 석상에서 "현암에게 명예 졸업장을 주어야 한다"라고 주장했다. 일본 학생들의 불의에 대항해 의협심을 발휘한 죄로 부당하게 퇴학 처분을 당한 현암의 명예회복을 위한 친구의 제안이었다. 그로 인해 현암은 뒤늦게나마 경기도상 졸업장을 받을 수 있었다.

현암과 각별한 우정을 나누었던 심영구는 "어떤 일을 하다 보면 꾀도 나고 어렵기도 해서 유야무야 되거나 용두사미로 끝나기 십상인데, 현암은 목표를 세우면 의욕을 갖고 끝까지 도전했던 사람이었다"라고 회고했다. 실로 현암은 매사에 적극적인 사람이었다. 그런 그가 유독 경계했던 유형의 사람들이 있었다.

'네!'라고 대답하고 실천하지 않거나 대답을 해놓고도 시간을 지체시키는 사람, 누가 시켜야 하고 안 시키면 안 하는 사람, 뒤에서 보고 있으면 하고 안 보면 안 하는 사람, 목전에 이익이 있으면 하고 없으면 안 하는 사람, 성과는 고려하지 않고 하는 척만 하는 사람, 옳은 일인데도 강력히 주장하지 않는 유형의 사람들을 현암은 특히 경계했다. 심영구가 어쩌다 제자들을 현암에게 추천하면 그때마다 현암은 같은 질문을 던지곤 했다.

"그 친구는 적극적인가?"

현암은 결정이 빠르고 한번 결정한 일은 뚝심 있게 끝까지 밀어붙였다. 그렇다고 해서 막무가내식의 "돌격 앞으로!"만 외치는 기업인은 아니었다. 어느 순간에는 누구보다도 유연한 사고의 리더십을 보여주었다. 간혹 현암이 실행하기 어려운 업무를 지시하면 직원들은 검토 끝에 자신 있다거나 확실하다는 보고를 했다.

실제로는 불가능해 보이더라도 '하면 된다'는 정신이 강조되던 시절이라 직원들도 어떻게든 밀어붙여 성공해야 한다는 의식이 강했기 때문이다. 현암은 그런 직원들의 투지를 높이 사면서도 편협된 사고를 경계했다.

"세상에 절대적이라는 건 없어. 하지만 모든 게 변하는 이 불확실한 시대의 변수를 상수로 바꿔가는 것이 기업인으로서 해야 될 일이지."

현암은 변수를 상수로 바꾸는 일이야말로 기업이 오래 생존할 수 있는 유일한 길이라 믿었다. 그리고 그런 지혜가 지금의 한화를 만든 자양분이 되었다.


## 통대의원 선거 전국 1위 당선


현암은 1972년 종로1선거구에서 통일주체국민회의의 통대의원에 출마를 했다. 물론 자발적으로 대의원 선거에 출마한 것은 아니고 정부의 요청에 따른 것이었다.

전국적으로 2000명에서 5000명의 대의원을 뽑는 선거였는데, 이렇게 선출된 대의원들은 민의를 대신해 대통령을 선출하는 간접선거를 치르게 돼 있었다. 당시 종로1선거구에는 30개의 동이 있었다. 예나 지금이나 그가 출마했던 종로구는 '정치 1번지'라는 별칭이 붙은 중요 지역구였다.

특히 대통령이 투표권을 행사하는 상징적 선거구이기도 했던 종로1선거구에는 현암을 포함해 쟁쟁한 기업인 세 명이 차출되었고, 유명 문인인 월탄 박종화 선생 등 총 다섯 명이 출마했다.

정부의 눈치를 보지 않을 수 없는 기업인의 입장이다 보니 출마를 했지만 그렇다고 무성의하게 선거를 치를 수도 없는 노릇이었다. 적극적으로 참여하지 않으면 자칫 정권의 눈 밖에 나 불이익을 받을 수도 있었기 때문이다. 게다가 대기업 총수 간의 맞대결이란 구도가 태생적으로 지는 걸 싫어하는 현암의 기질을 자극했다.

종로1선거구는 최종적으로 네 명이 대의원으로 선출되고 나머지 한 명만 떨어지게 되어 있었다. 당선 확률이 높은 반면 만에 하나 낙선한다면 개인적으로나 기업 차원에서 후유증이 클 것은 자명했다. 후보 등록은 1972년 12월 1일까지였고, 선거는 12월 15일이었다. 보름이라는 짧은 기간 동안 전쟁 같은 선거전을 치러야만 했다. 현암은 형 종철의 국회의원 선거를 익히 경험했던 터라 선거전에 익숙했지만 그렇다고 긴장의 끈을 놓을 수 있는 상황은 아니었다.

정치 1번지에서 치러지는 대기업 총수들 간의 대결에 세간의 관심이 집중되었다. 현암은 김종철 의원 선거캠프에서 일했던 류성우를 불러 진용을 꾸렸다. 기왕 선거에 나섰으니 다섯 명 가운데 4위 안에 드는 것은 목표가 되지 않았다. 내친김에 1등을 하고

지 했다.

현암이 스카우트한 류성우는 한국화약 전 직원에게 종로1선거구 유권자의 모든 인맥을 조사하게 하는 한편, 면밀하게 선거전을 준비했다.

당시만 해도 지금처럼 선거의 공정성이 엄격하게 요구되지 않아서, 생필품 선물 정도는 애교로 봐주기도 했다. 동네 구석구석 골목마다 치약과 칫솔, 비누가 넘쳐났지만 현암은 그런 선거전 문화에는 뛰어들지 않았다. 오죽하면 "현암이 선거를 포기한 게 아니냐"라는 소문까지 돌 정도였다. 현암은 선거에서 반드시 이기고 싶었지만 그렇다고 편법을 동원해 가면서까지 이기고 싶은 생각은 추호도 없었다.

사실인지 아닌지는 알 수 없지만, 다른 후보들은 유권자에게 선물을 전하거나 친목회나 동창회 명단을 확보해 유세에 활용한다는 소문도 들려왔다. 상황이 그렇게 돌아가는데도 현암은 돈 한 푼 쓰지 않았으니 "한국화약은 인색하다"라는 말까지 나올 정도였다. 하지만 현암은 마지막까지 유권자 한 사람 한 사람을 설득하는 정공법으로 선거전을 돌파해 나갔다. 특히 '한국화약은 껌 한 통 값보다 저렴한 가격으로 화약을 공급해 국가 재건사업에 기여했다'는 메시지가 유권자들의 표심을 크게 흔들었다.

마지막 선거 유세 날 후보자들의 대중연설이 있었다. 현암의 차례가 되었을 때 그는 위트 있는 첫마디를 꺼내 청중을 웃게 만들었다.

"다른 분들은 비누다 치약이다 선물도 드린다는데, 전 화약회사를 운영하니 드릴 게 없습니다. 그렇다고 화약을 선물로 드릴 수도 없고…."

치열하기 짝이 없는 선거전에서도 현암 특유의 유머 감각이 어김없이 빛을 발하는 순간이었다.

드디어 결전의 날이 밝았다. 1972년 12월 15일 통대의원 선거가 치러졌고, 자정을 넘기기 전에 결과가 나왔다. 걱정과 달리 현암은 종로1선거구에서 1등을 차지한 것은 물론이고, 전국 최다 득표를 기록하는 기염을 토했다. 금권선거의 이전투구에 뛰어들지 않은 현암의 압승이었다.

한국화약은 선거에 투입된 직원들의 밥값과 차비를 쓴 게 전부였다. 끝까지 정도를 지킨 신념과 치밀한 선거 전략이 맞아떨어진 결과가 아닐 수 없었다. 현암은 전국에서 선출된 통대의원 2359명 가운데 득표수 1위를 차지했다. 새삼 '하면 된다'는 신념을 가진 사람을 이길 수 없다는 진리를 만천하에 확인시켜 준 사진이었다.

# 밥은 은행 대리라도
# 만나서 먹어라

"요즘 저는 우리 회사 간부들을 볼 때면 업무적 흐름에 패기가
없고 무사안일주의의 타성에 젖어 있는 듯한 느낌을 받을 때가
많습니다. 있으나 없으나 마찬가지라면 차라리 없는 게 나아요.
공연히 부장이다 차장이다 해서 높은 위치에 앉아서 밑에서부터
새로 싹트는 치솟음을 조예하고 아래위로 눈치나 보고 옆구리 찔
러야 겨우 움직일 정도의 이런 존재는 우리 회사에는 필요 없다
고 봅니다."

현암은 1978년 그룹사 제2차 부·차장 연수회에서 이와 같이

강도 높은 비판을 했다. 이리역폭발사고를 겪고 난 직후였던 만큼, 중간 간부급들부터 그룹의 위기 극복에 앞장서 주길 바라는 절박한 심경이 느껴지는 발언이었다. 비단 이때만이 아니라 현암은 독점에서 비롯된 기업 체질의 극복을 자신의 가장 큰 과제로 여겼다.


## 독점사업의 무사안일을 경계하라

화약이라는 특수성과 진입 과정의 복잡성 때문에 한국화약은 상당 기간 독점적 지위를 누려왔다. 업종을 떠나 이런 상황이 지속되면 직원들이 나태해지고 방만해질 가능성이 높았다.

현암은 바로 그런 점을 경계해 기회가 있을 때마다 임직원들의 매너리즘 탈피를 거듭해서 강조해 왔다. 독점적 지위로 인해 경쟁을 할 필요가 없게 되면 누구나 안일한 태도를 갖게 되는 것이 인지상정이기 때문이었다.

아무래도 화약 분야에 오래 근무한 직원들일수록 특유의 기업문화에서 벗어나기가 힘들었다. 화약사업에는 융통성이 없었다.

초안폭약을 달라는데 폭발력이 더 좋다고 다이너마이트를 줄 수도 없고, 다이너마이트 100개를 산다고 해서 반토막을 뒤으로 얹어 줄 수도 없는 노릇이다. 10개를 팔고도 9개를 팔았다고 신고도 할 수 없는 게 화약사업이다.

현암은 독주 체제에 익숙해진 직원들에게 경쟁적 환경을 만들어 주기 위해 베어링이나 건설, 무역회사, 금융회사 등 계열사들이 새롭게 생겨날 때마다 순환 근무를 할 수 있도록 했다. 그런 특단의 조치에도 불구하고 직원들의 경직된 자세는 쉽게 고쳐지지 않았다.

화약 직원들을 한국베어링 쪽으로 발령냈더니 기존의 방식대로만 근무를 했다. 한국베어링도 경쟁 업체가 많지 않아 비슷한 근무 환경이긴 했지만, 수입 업체들이 많아 100% 독점 식이지는 않았다. 그럼에도 융통성이라곤 없이 순진한 방식으로만 영업을 하는 바람에 베어링 사업 초기 어려움이 적지 않았다.

한국화약 임직원들의 내부 결속력은 타의 추종을 불허할 정도였으나, 바꿔 말하면 경직된 문화처럼 보인 측면도 없지 않았다. 특히 경쟁력이 필요한 업종과 상황에서는 결정적 단점으로 작용했다.

하루는 사장단 전체회의에서 안건회의가 끝난 후 현암이 답답한 심정을 토로했다.

"매번 편하게 회사 식구들끼리만 밥 먹지 말고, 밖에 나가 은행 대리라도 만나서 식사를 하세요!"

현암은 사업이 다각화될수록 한국화약 특유의 보수적 기업 문화를 타파하고자 애를 썼다. 화약사업으로 시작된 안정 지향적이고 신중한 문화가 변화와 혁신의 시대엔 오히려 위기를 자초할 수도 있음을 항상 경계했던 것이다.

흐르지 않고 고인 물은 썩기 마련이다. 나태해지고 방만해진 자세나 실종된 경쟁의식은 물이 고여 있다는 말과 다르지 않았다. 현암이 붓글씨 공부를 하면서 특별히 좋아했던 사자성어가 있는데 그중 하나가 '천류불식川流不息'이다. 강물처럼 쉼 없이 흘러가라는 뜻으로, 당시 현암은 직원들을 보며 멈추지 말고 끝없이 흘러가기를 주문했던 것이다.

# 구전으로 전한 『불모지대』의 경영 철학

독서광이었던 현암이 유독 애착을 보인 책이 있다. 그는 틈날 때마다 다섯 권이나 되는 일본 역사소설 『불모지대不毛地帶』를 읽고 또 읽었다. 현암이 이 소설에 매료된 것은 주인공 세지마 류조瀨島龍三 때문이었다.

정치적·역사적 평가를 떠나 세지마 류조는 중소기업 이토추伊藤忠에 말단 사원으로 입사해 일개 섬유수출업체였던 회사를 일본을 대표하는 종합무역상사로 키워 회장직에까지 오른 입지전적 인물이었다. 당시 현암뿐만 아니라 일본을 모델로 패스트 팔로어가 되어야 했던 한국의 많은 기업인들이 이 책에 열광했다.

현암은 생각이 날 때마다 가까이 있던 비서실장에게 일본의 한 업체가 종합무역상사로 성장해 가는 과정을 다이내믹하고 실감 나게 그린 이 소설의 내용을 들려주곤 했다. 주인공이 역경을 딛고 석유 개발에 뛰어들거나 기업 확장을 위해 외자를 도입하는 등 소설 속 이야기에서 발견한 교훈을 전하고 싶은 마음에서였다.

현암은 끝없는 공부로 자아를 성찰하고 타자를 통찰하는 매서운 눈을 기른 소설 속 주인공의 태도와 철학을 흠모했고 그를 자신의 롤모델로 삼았다.

현암은 소설 『불모지대』를 통해 얻은 교훈과 인사이트를 경영에 접목하는 한편 직원들에게도 부지런히 전파했다. 당시만 해도 회사 내에 체계적인 사내 교육 시스템이 갖춰지지 않았고, 『불모지대』 번역본도 나오기 전이라 최측근인 비서실장에게 틈나는 대로 이야기를 전달했고, 나중에는 경영관리실장까지 불러서 함께 듣게 했다.

임직원들이 일본어를 알면 책을 선물해 주며 읽어보라 권했겠지만 그런 상황이 아니었던지라 현암은 일일이 내용을 구술해 직원들에게 전파했다. 이런 식으로라도 현암은 자신의 뜻이 임직원에게 전파되어 한국화약이 보다 역동적인 기업으로 도약하기를 바랐다.

# 사람 경영이
# 기업 경영이다

현암은 사업 초창기부터 '기업과 조직은 구성원들을 위해 존재하는 것'이라는 뚜렷한 철학을 갖고 있었다. 이는 직원들에게 목표를 공유하고 그들의 성장을 도모해 궁극적으로는 조직의 성과로 이어지게 만드는 일종의 서번트servant 리더십이기도 하다.

현암은 인재를 대할 때 특히 믿음과 신뢰를 중시했다. 평소 인연을 소중히 여기는 마음가짐이 사람을 불러 모은다고 믿었고, 누군가를 한번 믿으면 끝까지 굳게 믿었다.

대개의 기업이 그렇듯 한국화약도 창업 초창기에는 지인이나 고향 사람들의 추천을 받아 가족처럼 믿고 맡길 수 있는 사람을 중심으로 채용이 이루어졌다. 그러다 보니 회사에 경기도상이나 천안 출신 직원들이 많았다. 하지만 화약사업이 안정화되고 신규 사업을 다각화한 1960년대에는 그러한 채용에서 벗어나 본격적인 인재 발굴에 나서기 시작했다. 특히 1963년부터는 보다 엄격하고 공정한 공채 제도를 도입해 처음으로 여덟 명을 채용했다.

## 신입사원 인사카드를 외우다

현암이 아낀 대표적인 인재로는 동향 출신의 창업 공신 권혁중, 1956년 서울대 박원희 교수의 추천으로 들어온 신현기, 1961년 친한 벗 심영구의 추천으로 입사한 오재덕 등이 있다. 이들은 현암의 측근으로 일하며 오랫동안 그룹의 기틀을 다지고 사업 확장을 이끌었다. 초창기 공채 출신인 1기 허주욱이나 2기 박원배, 이진우도 훗날 부회장까지 승진하며 그룹 발전에 크게 기여했다.

1960년대에 한국화약이 업계 최고 수준의 보수를 보장하고 미래 전망도 좋다는 평이 자자해지자 공채에 몰려드는 인원도 갈수

록 늘어났다. 그때만 해도 일반 대기업들은 아직 자리를 잡기 전
이라 젊은이들이 선호하는 최고의 직장은 안정적인 국영기업이
나 은행이었지만, 한국화약은 이들 기업 못지않게 높은 인기를
얻었다.

특히 당시 한국화약 공채에는 서울대 졸업생 중에서도 톱 클래
스 인재들만 지원하곤 했는데, 10명 채용에 서울대 출신만 50여
명이 지원한 적도 있고, 어느 해에는 서울대 상대 졸업생 200여
명 중 50여 명이 동시에 지원했다는 전설 같은 얘기도 전해진다.
현암은 이런 인재들을 회사의 가장 소중한 자산으로 여기고 각별
히 아꼈다.

그 시절 현암은 회사에 출근해서 잠깐이라도 틈이 나면 인사카
드를 들고 직원들의 인적사항을 숙지했다. 우연히 복도에서 마주
치기라도 하면 얼른 이름을 기억해 내 불러주곤 했다. 그룹 총수
가 일반 사원들에 대해 일일이 알아둘 필요는 없었지만 현암은
가능한 한 모든 직원들의 신상을 자세히 파악하려고 애썼다.

1968년에 현암은 기획실에 직원들의 인사고과 규정을 만들라
고 주문했다. 현암은 성격이 급한 편으로, 아침에 자재과에 지프
차 구매를 지시하고선 불과 두 시간 후에 "지프차 왔냐?"라고 물

있다는 유명한 일화가 있을 정도였다. 그런 그의 성격을 잘 알기에 기획실은 부리나케 인사고과를 5단계 시스템으로 만든 뒤 직원들의 특징과 근무 성과 등을 점수화해 보고했다.

놀라운 것은 인사고과 규정이 만들어지기도 전에 현암의 머릿속에 이미 직원들의 기본 정보가 담겨 있었다는 점이다. 틈틈이 인사카드를 들여다보며 직원의 이름, 얼굴 특징, 인적사항 등을 거의 외우다시피 하고 있었기에 가능한 일이었다.

'회장님이 설마 나를 아실까?'

그렇게 생각하고 있던 신입 직원들은 복도에서 마주친 현암이 자신의 이름을 부르는 순간 아연실색하곤 했다. 단지 이름 정도가 아니라 말단 직원들의 신상 정보까지 낱낱이 꿰고 있었으니, 누가 현암을 진심으로 믿고 따르지 않을 수 있었겠는가.


## 북일고 교정에 능수버들이 없는 이유


현암은 충청도 출신이지만 생전에 농담 반 진담 반으로 자신은 "충청도 출신을 별로 좋아하지 않는다"라고 주변에 말하곤 했다.

창업 당시부터 회사에 고향인 천안 출신 직원들이 많았지만 충청도 사람 특유의 느릿느릿한 행동을 좋아하지는 않았다. 그는 출신 지역을 떠나 고분고분한 사람보다는 차라리 주관이 뚜렷하다 못해 좀 뻣뻣한 스타일의 사람들을 더 좋아했다.

현암은 젊은 생각을 적극적으로 수용했고, 듣기에 거북할 수 있는 충언에도 귀를 기울였다. 하지만 서열과 위계질서가 분명한 회사 조직에서 그룹 총수에게 "안 됩니다"라고 당당히 말할 수 있는 사람은 흔치 않았다. 그 흔치 않은 사람 중 한 명이 대부장 방춘학이었다.

방춘학은 목수였다. 주로 한옥 등을 짓는 대목이었는데, 사옥을 짓는 일과 사내 내부 인테리어 등을 담당했다. 그는 브레이크 없이 돌진하는 현암에게 거의 유일하게 제동을 걸 수 있는 사람이었다.

한 가지 사안을 두고 벌이는 현암과 방춘학의 줄다리기는 늘 흥미로웠다. 현암이 무언가를 지시하면 직원들 대부분은 따라가는 편이었지만 방춘학은 성공 가능성이나 개선 가능성이 희박해 보이는 일에 대해서는 분명하게 "안 됩니다"라고 선을 그었다.

현암이 그래도 이런저런 이유를 들어 다시 하라고 지시를 해도 방춘학은 "회장님과 회사에 손해가 날 짓인데 왜 하느냐"라며 끝까지 자신의 고집을 꺾지 않았다.

그렇게 두 사람의 마찰이 시작되면 늘 지리한 다툼이 이어졌다. 현암이 끝없이 지시를 내려도 방춘학은 꼬박꼬박 불가한 이유를 대며 소신을 굽히지 않았다. 성미가 급한 현암으로선 매번 속이 부글부글 끓어올랐지만, 총수 앞에서도 고집을 꺾지 않는 그의 대쪽 같은 절개가 마냥 싫지만은 않았던 모양이다. 대개는 현암이 그에게 지는 쪽으로 일이 해결되었다.

방춘학은 정도만을 고수하는 우직한 사람이었다. 남의 돈 귀한 줄 아는 사람이었고, 융통성은 없지만 매우 정직한 사람이었다. 그런 그의 인격을 잘 알기에 현암은 그에게 전국 공사 현장을 점검하는 임무를 주어 내려보내기도 했다.

현암의 지시를 받은 그는 꼼꼼하게 둘러보고 올라와 문제점을 있는 그대로 보고했고, 곧바로 그에 대한 검토가 이루어져 현장에 반영되곤 했다. 현암은 누구보다 분명하고 확실한 사람이었기에 주변 사람이나 직원들도 솔직하고 당당하기를 바랐다. 현암에게서 깊은 신뢰를 받았던 방춘학은 훗날 현암이 영면한 공주 보리 선영에 정성을 다해 재실을 지어 올리는 등 마지막까지도 오랜 인연을 이어갔다.

　이처럼 현암은 말을 잘 듣는 사람보다, 심지어 상대가 자신의 상사일지라도 할 말은 하는 소신 있고 강단 있는 사람을 더 중용했다.

　현암의 이런 기질을 알 수 있는 재미있는 일화가 있다. 천안북일고가 개교할 무렵 학교 시찰을 나왔던 현암은 학교 조경수가 능수버들인 것을 보고는 당장 다른 나무로 교체하라고 지시했다. 능수버들은 천안의 시목市木이었지만, 바람이 부는 대로 가지가 이리저리 흔들리는 모습이 마치 줏대 없는 사람처럼 보인다는 이유에서였다.

　"저렇게 주변 바람에 맥없이 흔들려서는 절대로 큰일을 할 수가 없다네. 당장 교체하게!"

　결국 능수버들을 걷어낸 자리에 벚나무가 들어섰다. 오늘날 매년 4월이면 북일고 교정을 온통 하얗게 수놓는 벚나무의 유래에도 이처럼 현암의 인재 철학이 담겨 있다.

# 회장님의 넥타이 선물

1960년대에 해외여행은 감히 상상조차 하기 어려운 일이었다. 업무를 위한 해외 출장 역시 간단치가 않아서 극히 일부 기업인에게만 허락되었다. 당시 현암은 화학 분야로의 사세 확장을 위해 해외 출장을 자주 다녔다. 그리고 복잡한 여권 수속 절차를 밟는 일은 말단 사원이었던 이종갑의 업무였다.

당시 현암은 해외 출장을 다녀오는 길에 직원들의 선물도 꼭 챙겨 오곤 했다. 그런데 한번은 해외 출장에서 돌아온 뒤 본사에 근무하는 직원들에게 선물을 나눠주었는데, 정작 자신의 여권 업무를 담당했던 이종갑에게 줄 선물이 남아 있지 않았다.

이때 현암은 자신이 매던 넥타이를 그에게 선물했다.

"자네한테도 주려고 넥타이를 몇 개 사 왔는데, 간부들에게 주다 보니 빈손이네. 대신 내가 매던 넥타이니 이거라도 받게."

훗날 이종갑 이사는 "그때 넥타이를 건네주시던 회장님의 인자하신 표정을 지금도 잊지 못해요. 잘 모르는 사람들은 현암 회장님을 그저 무뚝뚝하고 무섭다고만 기억할지 모르지만 속정이 깊고 인정이 넘쳐 흐르던 분이셨어요"라고 회고했다.

그는 한번 믿음이 서면 전적으로 모든 일을 맡겼고, 정을 듬뿍 주었다. 그런 모습 때문에 직원들도 현암을 향해 무한대의 신뢰를 보낼 수 있었던 것이다.

안전

# 안전에
# 99퍼센트는 없다

한국화약은 그 사업의 특성상 안전에 대한 기준이 매우 엄격했다. 공장도 드넓은 야산이나 해안가처럼 도심에서 떨어져 있고 사람의 발길이 닿지 않는 외진 곳에 지어야 했다. 건물을 지을 때에도 30~50센티미터 두께의 방폭벽을 구축하고, 화약제조공실 둘레에는 토제를 쌓아 혹시 모를 폭발사고와 인접 작업장의 연쇄폭발을 대비해야 했다.

인천화약공장은 이와 같은 흙둑으로 둘러싸인 80여 개의 작업실이 드문드문 간격을 벌린 채 넓게 펼쳐져 있다. 화약제조공실

불꽃 | 나의 철학   261

은 유사시 폭발사고로 인한 비산물 피해를 최소화하기 위해 목조 건축물로 지어졌다. 바닥은 고무판이나 납판으로 이루어졌고, 지붕도 거의 슬레이트로 돼 있었다.

지금이야 물론 과학적이고 체계적인 안전 관리가 이루어지고 있지만, 창립 초창기 한국화약은 군대식 안전 관리 체계로 운영되었다. 단 한순간이라도 긴장의 끈을 풀거나 마음이 느슨해지면 사고가 날 가능성이 높았기 때문이다. 평소에도 작업자 간에 거수경례를 하고 구호를 외치게 하는 식으로 군기를 바짝 잡았는데, 여성 근로자들 또한 예외로 두지 않았다. 오죽하면 남자 근로자들은 인천화약공장에 입사하고 재입대하는 기분이 들었다는 말을 하기도 했다.


**우리의 하루는 안전으로 시작해 안전으로 끝난다**


공장에 출근할 때도 정문에서부터 철저한 검사가 이루어졌다. 행여 주머니에서 성냥이나 라이터가 나오면 거의 퇴사를 해야 하는 분위기였다. 전날 저녁에 마신 술이 덜 깬 채로 출근했다가 적

발되면 시말서 작성 정도는 각오해야 했다. 공장 안에서는 1분간 80보 이상 걷지 못하게 보행 속도를 엄격하게 제한하기도 했다.

매일 아침 생산부서에서는 업무 시작 5분 전 안전교육을 실시했다. 그 교육에서는 지난밤 꿈자리가 좋지 않다거나 기분이 좋지 않은 사람을 체크하기도 했는데, 그런 사람은 작업장에 곧장 투입시키지 않았다. 미신을 믿어서가 아니라 작업자의 심리적·정신적 상태까지 안전 관리의 대상으로 여겼기 때문이다. 그리고 생산부 소속 인력들은 각자 나름의 금기사항이나 징크스 등을 가급적 피하는 것을 철칙으로 삼았다.

화약제조실은 입구부터 작업실까지 모두 정결하게 관리되어 있었다. 바닥에서 광이 날 정도로 청결 상태를 유지한 이유는 아주 사소한 문제로도 얼마든지 폭발사고가 발생할 가능성이 있기 때문이었다.

화약제조실로 들어서기 전 근로자들은 바닥이 고무로 되어 있는 신발로 갈아 신어야 했다. 사람의 몸에서 흐르는 정전기로도 폭발사고가 일어날 수 있기에 취한 조치였다.

퇴근할 때도 검색은 철저하게 이루어졌다. 혹시라도 폭약 같은 위험 물질이 외부로 반출되는 것을 막기 위함이었는데 "나갈 때는 먼지까지도 모두 털고 나가라"라는 말이 나올 정도였다. 그만큼 화약산업은 일반적인 산업과 달리 안전으로 시작해 안전으로 끝나는 특수성을 가진 분야였고, 안전에 관한 한 한국화약은 철두철미한 관리로 유명했다.

현암은 인천화약공장 안에 그의 세례명을 따 '성디노 채플'을 짓기도 했다. 늘 위험한 작업 환경에 노출돼 있는 임직원들의 안전을 기원하며 미사를 드리기 위해서였다. 1960년대에는 직원들이 공장 내 빈 사무실 공간 같은 곳에서 미사를 보기 시작했으나 1970년대 들어서 자그마한 성당을 지었고, 보은으로 공장을 이전하기 전인 2006년 5월까지 현암의 세례명을 딴 이 작은 성당은 직원들의 정신적 안식처가 되어주었다.

# 돈은 잃어도
# 신용은 잃지 마라

한국화약이 초안폭약과 다이너마이트를 국산화하기 전까지 우리나라는 화약 제조에 필요한 원료 대부분을 일본에서 수입해 썼다. 이 무렵 대한민국은 원조 수입의 전성기라 부를 만큼 많은 물자를 수입에 의존했고, 실제로 1950년대 말까지 수출 비율은 5%를 채 넘기지 못했다. 당연히 정부로서는 무역수지 불균형을 바로잡기 위해 수입 억제책을 쓸 수밖에 없었다. 일정 정도의 수출 실적을 달성해야만 수입할 수 있는 권한을 인정해 주는 정책을 펼친 것이다.

정부가 이 같은 '수출입 링크제'를 통해 수출 활성화를 꾀하던 시기, 한국화약은 화약을 수출할 상황이 여의치 않자 오징어와 성게 등 수산물 수출을 통해 새로운 활로를 열어가기로 결정하고 무역 업무를 도맡을 태평물산주식회사를 설립했다. 법인 출범 후 태평물산은 주 업무인 화약 원료와 베어링 수입에 주력하는 한편, 그룹의 수출입 기능을 담당하는 무역 창구가 되었다.

## 내 돈만큼 남의 돈도 귀한 줄 알아라

당시 한국화약은 일본의 오카니시 쇼지라는 화약회사로부터 원료를 수입해 썼는데, 원료를 들여오려면 수출입 링크제에 따라 그에 상응하는 수출 실적을 마련해야 했다. 별다른 수출 품목이 없었던 한국화약은 태평물산을 통해 수산물이나 광물을 수출해 필요한 품목의 수입권을 확보했다. 당시 이러한 수입권은 무역상사들끼리 급한 편의를 돕는 차원에서 서로 간에 사고파는 일도도 가능했다.

한번은 한국화약에서 현암의 여권 업무를 담당했던 이종갑이 태평물산의 수출입 과장을 맡고 있을 때 극동정유에 이 수입권을 팔았다가 문제가 발생했다. 상공부와의 업무 과정에서 착오가 생기는 바람에 극동정유가 수입하고자 한 품목이 마감되어 피해를 보게 된 것이었다. 주요 품목별로 쿼터제가 적용되다 보니 인기 품목들은 금세 마감되곤 했다.

"외근을 나갔다가 돌아오니 난리가 났더군요. 극동정유 장 사장님이 현암 회장님께 전화를 했던 모양이에요. 나중에 자초지종을 파악해 보니까 결국 극동정유 측의 실수로 생긴 일이었지만, 이쨌든 그때 현암 회장님께서 저를 불러 따끔하게 하신 말씀이 평생 제 삶의 신조가 되었습니다."


"내 돈이 아까우면 남의 돈도 아까운 줄 알아야 한다."


사업과 돈을 대하는 현암의 확고한 철학이 녹아 있는 한마디였다. 그리고 이는 사소한 부주의로 다른 사람에게 피해를 입히지 말라는 의미이기도 했다. 기업을 운영하다 보면 아무리 주의를 기울인다 해도 횡령과 같은 크고 작은 회계 사고가 벌어지기 마련이다. 하지만 현암이 이끄는 한국화약에서는 그룹 전체를 보아도 이렇다 할 사고가 벌어지지 않았다.

한번은 자금담당 직원의 실수로 직원들의 월급이 하루 늦게 지급된 적이 있었다. 월급날을 단 한 번도 어긴 적 없던 한국화약에서 일어난 최초의 사고였다.

직원들의 생계를 그 무엇보다 소중히 여겼던 현암이기에, 실수한 자금담당 직원이 눈물을 쏙 뺄 만큼 크게 꾸짖었다. 현암은 사업을 할 때 상도의에 어긋나지 않아야 하며, 사소한 약속이라도 반드시 지키는 것을 기본으로 여겼다. 그리고 이런 철칙은 오늘날의 한화 정신인 신용과 의리의 뿌리가 되었다.


## 신의를 저버린 상술에 전쟁을 선포하다

한국베어링은 기간산업이었기에 처음부터 최소 10년은 적자를 감수하고 인수한 사업이었다. 한국베어링이 만성 적자에 시달린 이유는 의외로 단순했다. 시설 확장으로 인한 자금 부담도 있었지만, 근본적으로는 국내 베어링 시장을 장악하고 있던 특정 대리점들이 농간을 부렸기 때문이었다.

당시 대형 대리점 중 한 곳이 막대한 자금력을 바탕으로 한국 베어링 제품을 독점적으로 공급해 왔는데, 인기 있는 베어링은 선금을 주고 매점하고 인기 없는 베어링은 의도적으로 사 가지 않아 재고가 쌓이게 한 다음 정상가에서 30%씩 깎아 6개월짜리 어음을 주는 식으로 갖은 횡포를 부렸다.

현암은 같은 업계의 파트너로서 이와 같은 농간을 막아야 한다고 생각했다. 이에 당시 영업담당 이사에게 시중에 베어링이 고갈될 때까지 공장에서 생산된 베어링을 일절 출하하지 말라고 지시했다.

"국내 베어링 메이커는 우리뿐입니다. 앞으로 이런 대리점한테는 베어링 팔아달라고 사정하지 마세요. 그리고 이번 기회에 악질적인 대리점은 아예 거래를 끊어버려요!"

신의를 저버리고 매점매석으로 시장을 교란하는 대리점과는 일절 거래하지 못하게 한 초강수의 대응이었다. 현암의 대쪽 같은 대응으로 이내 시장질서가 바뀌었다. 베어링 출하를 중지하자 각 지방 대리점들이 현찰을 들고 직접 부평공장으로 몰려들었다. 이후 한국베어링은 정상적인 성장을 이어갈 수 있었다.

# 무희(無喜)라고 불리다

현암은 지나친 꾸밈을 싫어했다. 외부 활동이 많으면 가끔 신고 있던 양말에 구멍이 나기도 했는데, 현암은 이마저도 대수롭지 않게 여기며 구멍 난 양말을 그냥 신고 다녔다.

그는 "어차피 구두 신으면 보이지도 않는다"라며 구멍 난 양말을 웃어 넘길 정도로 소탈하고 가식 없는 사람이었다. 명절에 어쩌다 한복이라도 입게 되면 "난 양반 노릇 못 해! 에잇, 벗어야지"하며 한나절도 버티지 못했다. 겉만 번지르르한 형식보다는 늘 실속을 추구하는 현암이었다.

어린 시절 워낙 가난하게 자란 탓에 검소한 생활이 몸에 밴 것도 있겠지만, 후에 그룹의 총수가 되어서도 현암은 늘 검소함을 지키며 평생의 생활 덕목으로 여겼다. 이면지가 아닌 멀쩡한 종이에 전화번호라도 적으면 야단을 쳤고, 비누 한 장도 아껴 쓰려고 물기가 없는 마른 데에 올려두곤 했다.


## 신문지 귀퉁이가 늘 찢어져 있던 이유


하루는 직원이 결재서류를 들고 현암의 집무실에 들어갔다. 그런데 현암은 결재할 내용은 살피지 않고 서류만 앞뒤로 넘기며 들여다보았다. 결재를 받으러 들어간 직원은 무엇이 잘못되었는지 도무지 알아채지 못했다. 잠시 후에야 현암이 이면지를 사용하지 않은 결재서류를 유심히 살펴보았다는 걸 알게 되었다.

현암은 한국화약을 방문하는 손님들을 절대 빈손으로 돌려보내지 않았다. 얼마라도 차비에 보태 쓰라고 거마비를 챙겨 주었다. 물론 현암이 직접 봉투를 준 건 아니었다. 자신이 읽고 있던 신문지의 귀퉁이를 손톱 크기만큼 잘라서 거기에 숫자를 적어 비서실장에게 건네주면 비서실장이 그 숫자를 보고 판단해 봉투에 차비를 넣어 주곤 했다. 모두가 어렵게 살던 시절이었다. 그러다 보니 오고 가는 여비라도 챙겨 주면 손님들은 그 마음을 참으로 고맙게 여겼다.

이렇듯 현암은 회사에 방문한 손님들의 여비는 챙겨 주면서도 정작 본인은 신문 귀퉁이를 찢어 활용하며 메모지 한 장도 허투루 쓰지 않았다.

또 현암은 어려서부터 겨울 내의나 코트, 모자 같은 것을 잘 착용하지 않고 손목시계도 차지 않는 오래된 습관을 갖고 있었다. 이런 현암에게 주위의 친지나 직원들은 '무희無喜'라는 별칭을 붙여주었다. 무희란 말 그대로 '무소유의 기쁨'이란 뜻이고, 현암의 이름 '종희鍾喜'에 빗댄 것이기도 했다.

현암은 아무리 돈을 많이 벌어도 종이 한 장, 비누 한 장 낭비하는 법이 없었다. 대한민국의 10대 그룹도 이처럼 작은 것부터 아끼는 투철한 절약 정신으로부터 시작되었는지 모른다.

# 오른손이 하는 일을
# 왼손이 모르게 하라

1970년 9월 중순, 중부지방에 때늦은 집중호우가 쏟아졌다. 이 호
우로 인해 천안군 네 개의 면이 극심한 수해를 입었다. 소식을 들
은 현암은 비서실 직원을 천안군으로 파견해 거액의 재해복구비
를 지원했다. 단 '재해복구비 지원자의 이름을 밝히지 않는다'는
조건을 달았다.

1974년 가을에는 서울프라자호텔 공사로 인한 본사 사옥 철거
를 앞두고 죽마고우인 송태식이 현암을 찾아왔다.

"이보게 현암, 마을에 경로당을 지을 생각인데 아무래도 자네

의 도움이 필요하네. 자네 같은 내로라하는 기업인을 배출한 우리 마을의 경로당을 옹색하게 지을 수도 없는 노릇이라 내 입장이…."

고향 부대리의 이장이기도 했던 송태식은 모자란 건축비를 현암에게 부탁했다. 당시까지도 부대리는 가난한 형편을 면치 못하고 있었다. 주민들이 수년간 기금을 모았지만 경로당을 짓기에는 턱없이 부족했다. 주변 마을들에는 경로당이나 마을회관이 속속 들어서고 있었지만 부대리는 그렇지 못했다. 사정을 들은 현암은 고향을 대표해 자신을 찾은 친구의 청을 흔쾌히 들어주었다. 물론 이때도 역시 '동네 사람들에게는 비밀로 해야 한다'는 조건을 달았다.

## 현암이 평생 고수한 기부의 원칙 3가지

1954년 현암은 화약공장을 짓기 위해 천안 신부동 일대의 땅을 매입하기로 결심했다. 다만 계획이 바뀌어 인천화약공장을 불하받게 되자 이 땅은 한동안 농지로 남아 있었다. 현암은 여기서 매년 소출로 나온 쌀 600가마니를 한국화약이 아닌 천안의 빈민들에게 나누어 주었다. 하지만 양곡을 받은 사람들은 끝까지 쌀의 정확한 출처를 알지 못했다. 그저 정부에서 주는 구호미인 줄로만 알았다. 현암이 이 역시 비밀에 부쳤기 때문이었다.

현암의 본격적인 육영사업은 1975년 천안북일학원 설립 이후의 일이지만, 장학사업은 그보다 앞선 1960년 형 종철이 천안고등학교 재단의 이사장으로 취임할 무렵부터 시작되었다. 당시 형 종철의 호를 따 '백암장학회'를 설립하고 일찍부터 많은 학생들에게 장학금을 지급했으나, 실은 현암의 장학회였던 셈이다.

장학사업을 하면서도 현암은 선행이 알려지기를 원하지 않았다. 하지만 세상에 비밀은 없는 법이어서, 가끔 한국화약 비서실로 장학금을 받은 학생들의 편지가 날아들곤 했다.


가정 형편이 넉넉지 못해 저에겐 학업이 사치처럼 느껴지곤 했습니다. 학업을 이어갈 길이 막막해 포기할까 고민하고 있을 때, 장학금 덕에 무사히 대학에 진학할 수 있어 고마웠습니다. 열심히 학문에 정진해 훗날 이 은혜를 갚는 사람이 되겠습니다.

현암의 자선은 사회사업과 장학사업 등 다양한 방식으로 여러 분야에 전개되었다. 당시 우리 사회는 초고속 산업화로 강제 발전의 신화를 써나가고 있었으나, 양지가 많아지는 만큼 음지의 고통역시 더욱 깊어지고 있었다. 산업화 현장에서 일분일초를 다투며 치열한 전투를 치르고 있었지만 그늘진 곳에서 어렵게 살아가는 이웃들과 마주할 때면 기업인이 아닌 인간 김종희로서 안타까움을 느꼈다.

이는 현암의 타고난 인간적인 성품이기도 했고, 평소 아래의 성경 구절을 즐겨 암송했던 성공회 신자로서 세상을 대하는 태도이기도 했다.

사람에게 보이려고 그들 앞에서 너희 의를 행하지 않도록 주의하라. 그리하지 아니하면 하늘에 계신 아버지께 상을 받지 못하느니라. 그러므로 구제할 때에 외식하는 자가 사람에게서 영광을 받으려고 회당과 거리에서 하는 것같이 너희 앞에 나팔을 불지 말라. 진실로 너희에게 이르노니 그들은 자기 상을 이미 받았느니라. 너는 구제할 때에 오른손이 하는 것을 왼손이 모르게하여 네 구제함을 은밀하게 하라. 은밀한 중에 보시는 너의 아버지께서 갚으시리라.

현암은 정작 본인은 궁색해 보일 정도로 검소한 생활을 했지만
어렵거나 힘든 상황에 직면한 사람들을 도울 때는 큰돈을 쾌척했
다. 다만 남을 도울 때에도 그 나름의 철칙은 있었다.

첫째, 이왕 도와주기로 결정했을 때는 생색을 내지 않는다. 둘
째, 기부 사실이 외부에 알려지지 않도록 한다. 그리고 현암이 평
생 가장 철저하게 지킨 기부의 원칙은 이 세 번째였다. '도움을
청하는 지인이 오면 70~80% 정도만 도움을 준 뒤 나머지는 자력
으로 해결할 여지를 둔다. 그리하여 스스로 일어설 수 있도록 한
다.' 물론 고향 마을에 들어설 경로당 건설이나 성당 공사처럼 공
공의 이익을 위하는 일에는 최대한 도움을 아끼지 않았다.

# 3부

·

## 빛 | 나의 삶

현암은 한국 경제사에 '기간산업을 통해 대기업을 일군 기업가'로 뚜렷한 족적을 남겼다. 다만 인간 김종희를 제대로 이해하기 위해서는 기업인으로서가 아닌 그의 다양한 삶의 면모를 들여다볼 필요가 있다.

그는 기업 경영뿐만 아니라 육영가, 민간외교관, 문화·예술·스포츠 후원가로도 뜻깊은 활동을 이어갔다. 이러한 활동을 살펴봄으로써 우리는 냉철하고 치열했던 기업인이 아닌 인간 김종희의 솔직하고 진솔한 내면에 다가설 수 있다.

그는 집안의 가장이자 한 여자의 남편이었고 세 자녀를 둔 평범한 아버지이기도 했다. 말수도 적고 속마음을 잘 표현하지도 못했지만, 가족을 사랑하는 마음은 여느 가장과 다르지 않았다. 일과를 마치고 집에 돌아가면 밖에서 겪은 힘든 일을 내색하지 않았고, 그를 괴롭혔던 지병도 돌보지 않은 채 일에만 몰두했던 그 시절 전형적인 가장의 모습 그대로였다.

인간 김종희의 인생 전반을 지배한 경험은 어린 시절 고향에서 맺은 북일사립학교와의 인연이었다. 이 시기 현암은 종교적 가르침과 신학문을 접하면서 자신만의 뚜렷한 가치관을 형성해 나갔다. 북일사립학교에서의 추억은 현암에게 '세상에 갚아야 할 빚'이었고, '평생 놓지 못한 꿈'이었다.

그런 간절함 때문에 그는 건강이 악화된 뒤로도 줄곧 북일고의 교정을 찾았고, 육영사업에 몰두했다.

현암은 천성적으로 진실되고 가식 없는 사람이었다. 사람을 만날 때 항상 믿음으로 대했고 계산적으로 재고 따지지도 않았다. 그 덕분에 현암을 만난 많은 사람들은 그를 인간적으로 신뢰했고, 국가나 인종, 성별을 막론하고 수많은 사람과 깊은 인연을 맺을 수 있었다. 현암이 일본과 미국, 그리스와의 민간외교 분야에서도 국익에 기여할 수 있었던 것은 전적으로 그의 인간적인 매력 덕분이었다.

# 인간미가 넘쳤던 사람,
# 김종희

대중에게 정보가 잘 공개되지 않는 화약산업의 특성 때문에 한국화약그룹과 창업자 현암에 대한 인지도는 다른 대기업이나 창업자들에 비해 낮은 편이다. 현암에 대한 일반의 인식 또한 '척박한 환경 속에서 한국의 화약산업을 개척한 냉철한 기업인'이라는 추상적인 이미지에 갇혀 있다.

물론 현암이 업무를 처리할 때만큼은 매우 엄격했던 게 사실이다. 하지만 곁에서 그를 오랜 시간 지켜본 이들은 현암의 속 깊은 정에 매료되곤 했다.

# 프로 바둑기사도 인정한 비상한 기억력

회암의 운전기사부터 회사 중역들 대부분은 이구동성으로 '현암의 비상한 기억력'에 관한 일화를 증언한다.

현암은 유난히 수에 밝고 기억력이 뛰어났다. 한번 보고받은 숫자는 잘 잊지 않아서, 그의 앞에서 확실하지 않은 숫자를 보고할 때는 신중을 기해야 했다. 몇 년 전 업무차 한 번 만났던 사람도 "아, 그 김 아무개"라며 이름까지 정확하게 기억해 내곤 했다.

그러다 보니 보고를 하고 결재를 받아야 하는 직원들은 늘 긴장하지 않을 수 없었다. 자칫 숫자가 틀리거나 서류의 미비점이 발견되면 어김없이 불호령이 떨어졌다.

"김 부장, 전월 매출액의 합산이 내 계산과 다른데 그 이유가 무엇인가?"

대화가 이렇게 흘러가면 직원들의 등에서는 식은땀이 줄줄 흘렀다. 가뜩이나 성격마저 급한 현암이 아니던가. 그가 업무에 이처럼 철두철미했던 데에는 분명한 이유가 있었다. 최고경영자인 자신의 판단 하나에 수많은 직원과 그 가족의 생계가 달려 있으니 매사에 더욱 신중하고 냉철할 수밖에 없었던 것이다.

현재 대한민국 최고령 프로기사인 고재희 사범도 현암의 남다른 기억력에 놀란 사람 중 한 명이다. 현암은 1975년부터 얼마 동안 고재희 사범에게 바둑을 배웠다. 일주일에 세 번, 저녁 식사 후 1시간 반에서 2시간 반씩 레슨이 진행됐는데, 고 프로는 현암의 뛰어난 기억력을 지금까지도 기억하고 있다.

"회장님, 어떤 사람이 이런 대국을 두었는데 바둑의 세기가 어떻습니까?"

"어? 이거 지난번에 내가 둔 바둑 같은데요….'

고재희 프로가 두 달 전 자신과 현암이 둔 대국의 기보를 보여주자 현암은 이를 정확하게 기억해 냈다. 대개 복기는 2~3급 정도가 돼야 가능한데, 현암은 입문 초기부터 이미 복기가 가능한 수준이었다. 프로기사도 몇 개월 전 기보는 기억하지 못하는 것이 일반적이지만, 현암은 이처럼 특출한 기억력을 바둑에서도 발휘했다. 당시 고 프로는 "만약 프로에 입문하셨다면 조치훈 기사 이상이 되셨겠습니다"라며 혀를 찼을 정도였다.

## 손을 잡으면 정이 '뚝뚝' 흐르던 사람

현암은 그 누구보다 정감 있고 따뜻한 사람이었다. 한국화약이 사업 다각화를 통해 그룹으로 성장하기 전, 직원 수가 그리 많지 않았을 때에는 꼭 한자리에 모여 식사하기를 즐겼다. 그리고 때가 되면 북한산성 같은 곳으로 야유회도 함께 다니곤 했는데, 야유회 준비물 목록에 '김치를 챙길 것'이라고 메모해 전달할 정도로 직원들을 세심히 살피는 성격이었다.

지금이야 상상하기 어렵겠지만 매년 정초가 되면 직원들이 세배를 하러 현암의 자택을 방문해 가족처럼 어울리기도 했다.

"조 과장도 새해 복 많이 받아. 그리고 이건 말야. 조 과장이 제일 먼저 세배 와서 주는 선물이야. 내년에도 꼭 1등 해."

현암은 해마다 이벤트 삼아 가장 먼저 세배를 온 직원에게 술 한 병을 보너스로 선물하며 무척 즐거워했다.

한번은 딸만 넷이던 직원이 한국화약에 입사하고 나서 그토록 원하던 아들을 낳자 "이 사람아, 진작 우리 회사에 들어왔어야지. 이름도 내가 지어줄까?" 하며 금일봉을 전하기도 했다.

현암은 전형적인 외유내강형 인물이었다. 비즈니스에 관해서는 대범하고 대담했지만, 사석에서는 주변 사람들과 흉허물 없이 잔정을 나눴다. 자원도 기술도 변변치 않던 시절, 우리나라가 한강의 기적을 이룰 수 있었던 것은 같은 뜻을 가진 사람들의 끈끈한 연대의 힘 덕분이었다.

현암은 특유의 카리스마와 인간적인 매력으로 어느 자리에서건 위트가 넘쳤고 좌중을 사로잡았다.

"오늘 처음 봤지만 오늘부터 친해지면 되지 않겠습니까? 이제 친해질 일만 남았네요, 하하."

과묵한 성격에 말수도 적은 편이었지만 반드시 나서야 할 자리에서는 어색한 분위기를 부드럽게 만들 줄 알았고, 단숨에 상대방의 신뢰를 이끌어내는 묘한 재능이 있었다.

게다가 현암을 만난 사람들은 "일단 그의 손을 잡으면 쉽게 놓을 수가 없었다"라고 말했다. 뭐라 꼬집어 말할 순 없지만 그의 손에서는 사람의 정이 '뚝뚝' 흘렀다고 한다.

비서실장으로 현암을 마지막까지 보좌했던 성하현 부회장은 당시 재계에서 활동하던 현암의 모습을 이렇게 기억했다.

"재계 총수들끼리 만나는 자리에서도 현암 회장님이 분위기를 주도하는 경우가 많았습니다. 회사 규모로 보나 연세로 보나 이병 회장이나 정주영 회장 같은 분들이 계시긴 했지만, 다들 재계 분위기를 끌고 갈 수 있는 분으로는 현암 회장님을 인정했고 정부 측에서도 그렇게 여기고 있었습니다."

그러나 정작 현암은 전경련의 공식 행사나 기업인들의 모임에 나가는 것을 크게 즐기지 않았다. 업무 외적인 일로 회사를 자주 비우는 것을 경계했던 것이다. 하지만 좌중을 이끌고 분위기를 만들 줄 아는 현암에게 재계의 이런저런 요청이 쇄도했고, 그럴 때마다 현암은 기대에 부응했다. 그는 술자리에서도 늘 상대를 배려하기 위해 스스로를 먼저 낮추었다. 술을 좋아한 편이었지만 아무리 많이 마셔도 흐트러진 모습을 남에게 보이지 않았다.

현암의 식성도 그의 성격과 유사했다. 호불호가 뚜렷했던 그는 심심한 음식보다는 감칠맛 나고 칼칼한 음식을 선호했다. 여러 반찬과 함께 먹는 음식보다는 곰탕, 설렁탕, 육개장 같은 탕 종류에 김치와 깍두기를 반찬 삼아 간소하게 먹는 식사를 즐겼다. 대개 냉면이나 호박국, 아욱국, 시금치국 같은 국 한 가지에 열무김치와 취나물, 고사리나물 같은 찬이 딸린 소박한 한식을 좋아했다.

검출한 식단을 즐겼던 현암은 외부 약속이 따로 없을 때에는 사무실에서 식사를 해결하곤 했다. 특이한 점이 있다면, 어떤 음식에 한번 빠지면 싫증이 날 때까지 며칠이건 같은 메뉴를 먹었다는 것이다. 당뇨병이 깊어진 뒤로는 식단도 신경 썼는데, 순두부가 별다른 자극 없이 기력을 보충하는 데 도움이 된다는 말을 듣곤 순두부 한 양동이를 주문해 내내 그것만 먹기도 했다. 또 한번은 미꾸라지를 갈지 않고 통째로 넣어 끓인 마산식 추어탕을 열흘 내내 먹기도 했다.

"실장님, 오늘도 추어탕이랍니다."

"음… 아직 며칠은 더 먹어야 하지 않을까?"

당시 회장님과 사내 식사를 해야 했던 비서실 직원들로선 아주 고역이었다는 웃지 못할 이야기도 전해온다.


## "여보, 당신은 내게 성모마리아나 마찬가지요"


현암의 평생 조력자였던 강태영 여사는 평택 객사리에서 태어나 수원여고를 졸업했다. 두 사람은 성공회 교회에서 만난 양가 어른의 소개로 맞선을 보았는데, 당시 현암은 "색시가 마음에 들면

저녁을 얻어먹고, 마음에 들지 않으면 먹지 않고 오겠다"라고 말하곤 강 여사의 집으로 향했다. 그리고 그날 현암은 저녁을 거하게 얻어먹고 밤늦게 서울로 올라왔고, 1946년 광복 직후 두 사람은 서로 일생의 동반자가 될 것을 다짐하며 백년가약을 맺었다.

현암은 첫눈에 강 여사의 됨됨이를 알아보았고, 그런 그녀에 대한 현암의 애정은 남달랐던 것으로 유명하다. 강 여사는 소위 잘나가는 기업인의 아내라고 해서 '체'하거나 '척'하는 법이 없었다. 늘 묵묵히 남편을 내조하며 자녀 교육에만 전념한 현모양처였다.

1960~1970년대에 현암은 미국 등 각국의 유력 인사들과 교류하며 가회동 자택에 자주 외국인들을 초대했다. 그때마다 얼마나 정성스럽게 식사를 대접했던지 미국 재계나 외교가에도 소문이 날 정도였다. 1971년 미국 레어드 국방부장관이 방한했을 때에도 함께 온 바바라 여사를 자택에 초대했는데, 강 여사가 베푼 한국의 정에 고마워했던 일화가 신문에 소개되기도 했다.

평소 현모양처의 전형을 보여준 강태영 여사였지만 북일고 건립이나 이리역폭발사고처럼 중요한 순간에는 누구보다 강단 있는 태도로 현암에게 조언을 아끼지 않았다. 앞서 얘기한 것처럼 북일고의 자리로 천안 신부동 부지를 추천한 이도 강 여사였다. 특히 이리역폭발사고로 현암과 한국화약이 최대의 위기에 봉착했을 때에는 강 여사의 조언이 더욱 빛을 발했다.

"너무 고민하지 마세요. 우리가 할 수 있는 선에서 최대로 해주면 사람들의 마음이 조금이나마 치유되지 않겠어요?"

흔들리던 현암의 마음에 가장 큰 위안과 용기를 준 한마디였을 것이다. 그랬기에 현암은 오로지 가정과 남편을 위해 애써온 강태영 여사에게 각별한 애정을 쏟았다.

"여보, 당신 같은 사람은 세상에 둘도 없소. 나에게 당신은 성모마리아나 마찬가지요."

현암은 종종 오르간을 직접 연주했는데, 강태영 여사의 애창곡인 '얼굴'이란 가요를 불러주면서 마음을 전하곤 했다.

강 여사에 대한 현암의 신뢰와 애정은 병석에서 장녀 영혜에게 남긴 마지막 말에도 드러난다.

"영혜야, 아내란 남편이 곤경에 처했을 때 용기와 힘을 줄 수 있어야 한다. 엄마 같은 사람이 없다. 엄마만큼만 하면 된다."

아내에 대한 고마움과 절절한 마음을 내비친 현암만큼이나 아내 강태영 여사 또한 생전에 자녀들에게 "아버님은 의리 있고 정의감 넘치는 분이시다. 아버님을 닮아야 한다"라고 교육했다 하니. 그야말로 두 사람은 하늘이 내린 천생연분이었다.

평소 "환갑만 지나면 호강시켜 주겠다"라고 다짐했던 남편과 사별한 뒤 강태영 여사는 남은 생 동안 자신의 생일상을 받지 않았다. 그토록 연모하던 남편을 떠나보낸 뒤 받는 잔칫상이 영 내키지 않았던 것이다. 대신 강 여사는 강화도 길상면에 성디도 성전을 봉헌하는 등 자선과 봉사로 여생을 보냈다. 그리고 2016년 향년 90세가 되던 해에 그리움으로 홀로 보낸 35년의 세월을 뒤로하고 현암의 곁을 찾아갔다.

## 딸이 선물한 묵주를 평생 간직한 아버지

현암은 유독 아이들을 좋아했다. 거리를 걷다가도 아이들이 모여 놀고 있으면 그냥 지나치지를 못했다. 괜스레 한번 툭 건들고는 "엄마, 코 닦아" 하며 장난스럽게 한마디씩 건네곤 했다. 현암은 2남 1녀의 자녀들에게도 한없이 자애로운 아버지로 기억되었다.

세상을 너무 일찍 뜨는 바람에 생전에 큰딸 영혜의 혼사만 치렀던 현암은 첫째 손자를 보고 나서는 사무실에 사진까지 갖다 놓고 입버릇처럼 이런 말을 하곤 했다.

"우리 영혜가 아이는 참 잘 낳았어. 너는 낳기만 해. 키우는 건 내가 키울 테니까."

집에서도 자녀들을 엄하게 훈육한 쪽은 오히려 강태영 여사였고, 현암은 늘 자식들의 편에 서는 인자한 아버지였다. 강 이사가 "아들이 요즘 집에도 늦게 들어오고 애를 먹이니 혼 좀 내시라" 하고 시키면 늘 같은 대답으로 자식을 두둔했다.

"내버려 둬요. 사내 녀석들이 술도 먹고 담배도 좀 피우면서 크는 거지, 뭐. 어차피 제자리로 돌아오게 돼 있어요."

현암은 아이들이 놀다가 발바닥에 고름이 차면 직접 입으로 고름을 빨아내 주었고, 어디가 가렵다고 하면 긁어주고, 약 바른다고 하면 자신의 침을 톡톡 발라주던 자상한 아버지였다.

아버지의 그런 모습을 보고 자란 장녀 영혜는 현암을 '무조건적으로 좋은 아버지, 무조건적으로 사랑해 주신 아버지'라고 표현했을 정도다.

"한번은 생신 선물로 묵주를 사 드렸더니 너무 좋아하셨어요. 그걸 항상 호주머니에 넣어 다니시다가 남들에게 자랑하시던 모습이 기억나요."

차남 호연이 기억하는 아버지의 모습도 다르지 않았다.

"공군에서 복무할 때 일주일에 한 번은 꼭 편지를 보내셨습니다. 학교에 들어가기 전에는 출근하시면서 매일 100원짜리 동전을 주셨는데 저금통을 아예 아버님 방 앞에 두고 잠들었어요."

현암은 바쁜 스케줄 가운데서도 회사의 업무 결재가 모두 끝나고 나면 비서실에 한 시간 정도 시간을 비워달라고 한 뒤 미국에서 홀로 유학 중이던 장남 승연에게 편지를 쓰곤 했는데 이를 큰 행복으로 여겼다. 이 편지에는 한국화약그룹의 운영에 대한 당부도 있었지만, 대부분 타지에서 고생하는 아들의 건강을 걱정하는 부모의 마음이 담겨 있었다.

그리고 현암은 회사에서 퇴근을 하면 꼭 어머니에게 문안 인사를 하고 잠든 아이들을 살핀 후에야 방으로 들어갔다. 가끔 신문이나 책을 보다가 자식들이 공부할 수 있을 법한 내용의 이야기를 발견하면 어김없이 그 부분을 스크랩해 퇴근 후 건네주곤 했다.

그런 현암도 장남 승연을 교육할 때만큼은 유독 냉정하고 혹독하게 대했다. 한국화약과 창업둥이인 장남에 대한 애정은 남달랐지만, 그만큼 더 강하게 이끌었다. 경기고 2학년 때 미국으로 유학을 보냈을 때에도 대학 입학 전까지 군사학교와 같은 엄격한 곳에서 공부를 시켰을 정도였다.

미네소타주 미니애폴리스에서도 한참을 더 들어가야 하는 시골의 기숙학교였는데, 깜깜한 밤이면 주변에 불빛 하나 안 보일 만큼 외진 곳에 있었다. 학생들은 군복 같은 교복을 입었고, 늘 깨끗하게 광이 나는 구두를 신고 학업에 임해야 했다. 이후 승연은 1974년 멘로대학 경영학과를 졸업하고 다시 시카고의 루스벨트대학에 진학해 정치학 석사 과정을 이수했다.

현암은 승연이 방학 때마다 귀국을 하면 공장들을 둘러보게 했고, 기업인으로서의 경험담과 함께 앞으로 감당해 가야 할 막중한 책임감에 대해서도 조언을 아끼지 않았다.

"너는 어리지만 회장이다. 회장으로서 생각하고, 회장으로서 처신하고, 회장으로서 베풀고, 회장으로서 책임을 묻고, 회장으로서 모든 것을 판단해라."

마치 독수리가 새끼를 벼랑으로 떠밀어 스스로 비상하게 하듯 현암은 후계자 교육에서만은 매섭게 장남을 대했다.

이리역폭발사고가 나고 장남을 귀국시킨 이후부터는 더욱 엄직한 경영 수업을 이어갔다. 본인의 마음에 들지 않으면 큰소리로 야단을 치는 일도 많았다.

"제가 1975년 2월에 비서실장이 되었으니 5년 남짓 현암 회장님을 모셨고, 이리역폭발사고 이후 귀국하신 현 회장님까지 모셨죠. 저는 두 분이 함께하신 3년여의 시간이 한화그룹에 굉장한 의미를 가진다고 생각합니다."

신하현 당시 비서실장은 "김승연 회장에게 현암은 아버지이자 훌륭한 스승이었다"라고 말했다. 이후 김승연 회장은 29세의 이른 나이에도 세간의 기대를 뛰어넘어 한화그룹의 '제2의 창업 시대'를 성공적으로 열어갔다.

## 성공회 신자 '디도'로서의 삶

성공회는 영국에서 기원한 전통적 개신교다. 우리나라에서는 다소 낯설지만 그리스도교 중에서 가톨릭, 정교회에 이어 세 번째로 교세가 큰 교단이다. 현암은 성공회 모태 신앙자로 어릴 적 자신에게 큰 영향을 끼친 영국인 신부 세실 쿠퍼로부터 '디도'라는 세례명을 받았다.

본래 디도는 가난한 자를 위해 평생을 바친 인물로, 최초의 유럽 문명 발상지인 크레타섬을 복음 정신으로 개혁했던 교주다. 아내 강태영 여사는 '아가타', 장남 승연도 '프란시스'라는 세례명을 갖고 있는 현암의 일가는 우리나라의 대표적인 성공회 신도 가족이기도 하다.

세실 쿠퍼는 부대리 마을 성당에 부임한 뒤 아이들을 위해 성당을 개조한 두 칸짜리 북일사립학교를 세워 운영했다. 현암은 이곳에서 2년간 서양식 신학문을 접했다. 세실 신부는 '구세실'이라는 한국 이름도 짓고 국내 성공회 재건을 위해 힘썼지만, 한국전쟁 때 북한군에 납북되어 3년간 고초를 겪기도 했다. 현암은 그런 세실 신부로부터 신념과 용기 그리고 봉사 정신을 배웠다.

어려서부터 자연스럽게 종교적 영향을 받아온 현암은 이후에도 늘 올바르고 정의로운 삶에 대해 천착했고, 세상에 선한 영향력을 행사하기 위한 노력을 게을리하지 않았다.

이런 현암이 제일 먼저 지은 성당은 천안 원성동의 성당이었다. 1963년에 공사를 시작해 1964년에 완공한 이 성당은 현암의 부모님 이름으로 거액의 건축비를 희사해 2000평의 대지 위에 세워졌다. 1968년에 할아버님이 돌아가셨을 때에도 현암은 그 이듬해 추모의 뜻을 담아 성바오로 유치원을 설립했고, 1979년에는 예배당을 증축해 건물 2층에 유치원을 열었다. 그 외에도 부대동 성당 수리 공사나 수녀원에도 많은 도움을 주었다. 1976년에는 영국 성공회로부터 '평신도로서 공헌한 바가 크고 다른 신도들의 모범이 되었다'는 내용의 감사장을 받기도 했다.

신앙심이 두터웠던 현암은 성당의 부탁을 대부분 거절하지 않았다. 다만 명분 없는 지원 요청에는 응하지 않았다. 현암은 미국과 영국에 출장을 다니면서 성공회의 위상에 대한 시각도 많이 달라진 것으로 보인다.

"외국의 성공회는 활발한 선교 활동으로 교세를 키우고 있는 것 같던데, 우리는 60~70년 전 부대리에 지은 성당조차도 아직 변한 게 없어."

성공회에 대한 애정이 각별했던 만큼 낙후된 한국 성공회에 대한 걱정도 컸다. 현암은 이리역폭발사고 이후 추모사업의 일환으로 성당을 건립하려고 했다. 결국 무산되긴 했지만 실제로 현암 자신이 직접 부지를 물색하고 다녔고, 부대리에 지을 생각도 했다. 그렇게 이리역폭발사고는 현암의 영혼과 육신을 괴롭힌 사건이었다.

　1974년 대전교구장에 임명된 배두환 주교는 당뇨병이 발병한 현암에게 "온 천하를 얻고도 자기 목숨을 잃으면 무엇이 유익하리오"라는 성경 구절을 드렸다. 현암 역시 "그래, 나도 건강을 생각해야지"라며 이 구절을 즐겨 암송했다고 한다.

　그런가 하면 배 주교는 현암이 해외 출장을 갈 때면 성물을 주머니에 넣어 드리기도 했다. 그러면 귀국한 현암은 "덕분에 먼 길에 편안했습니다"라고 인사를 했다.

　배두환 주교는 1960년 12월 성탄절을 맞아 한국화약 인천공장에서 첫 미사를 올린 인물이다. 1972년부터 제2대 담임을 맡아 성디도 채플을 운영하면서 현암이 세상을 떠나기 전까지 오랫동안 신앙적인 교류를 이어갔다.

# 백년대계를 세웠던
# 육영사업가

기업가 현암이 한국 경제사에서 독보적인 입지를 갖는 이유는 그
가 화약과 같은 기간산업을 중심으로 그룹을 키워왔기 때문이다.
화약·석유화학·기계 등의 기간산업이란 한 국가의 토대가 되는
산업을 의미한다. 따라서 이들 산업은 일정 부분 공익성을 띤다.

즉, 현암은 기업 활동을 통해 공익을 실현하고자 했다. 나아가
일제 강점기에 태어나 뚜렷한 국가관과 민족관을 키웠던 그는 국
가와 사회에 공헌할 수 있는 보다 적극적인 공익사업을 고민했
다. 그리고 그가 내린 결론은 육영사업을 통한 기업 이윤의 사회

환원이었다.

그가 육영사업 진출에 적극성을 보인 것은 어린 시절의 경험과
무관하지 않다. 그가 명문고를 졸업하고 대기업을 일굴 수 있었
던 가장 큰 이유는 궁핍한 환경에서도 받을 수 있었던 교육의 혜
택 덕분이었다.

현암은 자신의 성공 이유를 정확히 알고 있었다. 사업이 성공
가도를 달리고 내로라하는 기업인의 명단에 자신의 이름이 오를
때마다 현암은 부대리 북일사립학교에서의 어릴 적 추억을 떠올
리곤 했다. 심지어 그는 북일사립학교에서 받은 교육의 혜택을
마음의 빚으로 여기기도 했다.

'북일사립학교가 가난한 나에게 성장의 자양분이 되어줬으니,
이제 여력이 생긴 내가 다른 아이들을 위해 행동해야 할 때 아닌
가!'

현암은 부존자원이 부족한 우리나라가 부강해지려면 인적자원
을 키우는 수밖에 없다고 판단했다. 그는 유능한 인재들을 길러
국가 부흥의 기둥이 되게 하면 우리도 언젠가는 일본이나 미국을
능가하는 부강한 국가를 건설할 수 있다고 생각했다.

# 북일사립학교의 빛을 북일고의 빛으로

현암은 향후 우리의 미래 세대가 지금의 세대보다 더 나아야 하고, 그래야만 그들이 전 세계와 대등하게 경쟁할 수 있다고 생각했다. 그리고 그것은 오직 교육으로만 가능하다고 믿었다. 그런 가치관을 지녔던 현암의 큰 뜻과 포부는 천안북일고등학교의 설립으로 실현되었다.

훗날 개교식에 참석한 남덕우 부총리는 축사를 통해 "천안북일고의 개교는 천안의 발전뿐 아니라 우리나라의 발전을 위해서도 매우 뜻깊은 일"이라고 평가했다.

천안북일고의 개교가 국가 발전에 도움이 되는 일이라는 말은 관용적인 표현 같지만, 당시 시기적으로 '교육을 통한 사회 공헌'이 반드시 필요했던 사업이었음을 강조한 것이기도 했다.

현암이 육영사업을 시작하자 지인들은 "육영사업을 할 거면 대학부터 시작하는 편이 더 수월할 것"이라고 조언했지만, 현암은 고개를 가로저었다. 그는 "아이들이 아직 여물지 않은 고교 시절부터 곧고 바르게 가르쳐야 나라의 동량으로 자랄 수 있다"라며 대학 대신 고등학교 설립을 택했다.

이런 일화는 육영사업에 대한 현암의 순수성을 여실히 보여준다. 그렇지 않고서야 어떻게 해마다 100억 원씩 지원을 해야 하는 고등학교를 세웠겠는가.

현암은 북일고의 교정에 설 때마다 만감이 교차하는 기분을 느꼈다. 어린 시절의 추억과 자신이 꿈꾸던 육영사업의 현장이 하나로 겹쳐지는 감동을 느꼈기 때문이다. 또한 북일고는 사업에 지친 그의 영혼을 위로해 주는 정신적 안식처이기도 했다.

개교 이후 현암의 북일고 방문은 해를 거듭할수록 잦아졌다. 회사 업무의 비중이 2할이라면 육영사업의 비중은 8할이라고 할 만큼 북일고에 쏟는 애착이 컸다.

북일고에 대한 현암의 애정이 어찌나 컸던지, 해외 출장을 갈 때면 아무리 바빠도 선생님들의 선물로 볼펜 한 자루씩은 꼭 챙겨 오곤 했다. 또 지방 사업장을 방문하는 출장길에도 웬만해서는 북일고에 들르는가 하면, 주말에 온양 별장으로 쉬러 갈 때에도 그냥 지나치질 못해 한때는 거의 매주 학교를 찾을 정도였다.

현암은 말년에 당뇨병 증세가 급속히 악화되면서 시력이 나빠졌고 모든 일상이 불편해졌다. 손에서 놓지 않던 책을 읽을 수 없게 되자 책을 테이프에 녹음해 듣는 것으로 독서를 대신했고, 급기아 보고서 결재란을 벗어난 곳에 사인을 하기도 했다. 몸이 불편해진 탓에 혹여 사고가 날까 봐 회사 계단에는 노란색 테이프를 붙여놓기도 했다. 말단 직원들까지 얼굴을 알아봤던 그는 아는 사람들과 눈이 마주쳐도 알아보지 못하고 지나치는 바람에 '사람이 변했다'는 오해를 받기도 했다.

그렇게 병색이 짙어가는 와중에도 현암은 북일고 입학식이나 졸업식 때가 되면 꼬박꼬박 참석하길 주저하지 않았다. 현암의 시력이 크게 나빠진 것을 다른 사람들이 눈치채지 못하도록 단상까지 부축해 안내하는 것도 쉬운 일이 아니었다. 북일고 사무국장이었던 하성우는 현암과 밀착해 마치 서로 대화를 나누는 듯 보조를 맞춰 가면서 최대한 자연스럽게 이끌어야 했다.

영문을 모르는 사람들은 현암 옆에서 나란히 걷는 그를 건방지다고 여겼을지 모르지만, 실상은 그런 눈물겨운 사정이 있었던 것이다. 현암은 주변의 도움 없인 몇 걸음 내딛는 것조차 힘겨워했지만, 이렇듯 생의 마지막까지 북일고를 향한 애정을 거두지 않았다.

# '북일사관학교'의 전설

현암이 말년까지 애지중지했던 북일고는 무엇보다 엄격한 학풍과 교칙으로 유명했다. 이는 이사장인 현암의 철학과 의지가 자연스럽게 반영된 결과였다. 1976년 개교 후부터는 곧장 스파르타식 교육이 시작되었다. 북일고 학생들은 다른 학교 학생들보다 한 시간 일찍 등교했고, 한 시간 늦게 하교했다. 교내외를 막론하고 '책 읽고 다니기' 운동을 펼쳤고, '노트 잘 쓰기'를 철저히 실천했다.

또한 생활에서도 규칙적이고 절도 있는 행동을 하도록 학생들을 엄격하게 훈육했다. 권혁조 초대 교장은 교복 바지 옆 주머니를 없애도록 지시해 추운 겨울에도 학생들이 주머니에 손을 넣고 다닐 수 없도록 했다. 바지 뒷주머니에는 반드시 손수건을 넣어 다니도록 했으며, 윗옷 주머니에는 학생수첩과 단어장을 꽂아두도록 해 언제든지 쉽게 꺼내볼 수 있도록 했다. 책가방은 반드시 반듯하게 들도록 했고, 의자에 앉을 때에도 항상 허리를 꼿꼿이 펴고 앉도록 훈련시켰다.

인사법도 독특했다. 지금이야 바뀌었지만, 교내 운동 경기를 할 때에는 서로 간에 "안녕하세요" 하며 고개를 숙이는 대신, 군대식으로 "북! 일!"이라고 구호를 외치며 거수경례를 했다. 이 경례는 교무실이나 상담실을 출입할 때도 지켜져야 했다.

여름에는 대천 해수욕장에 마련된 하계수련장에서 일종의 정신교육인 '임해수련'도 받았는데, 이 또한 북일고만의 전통이었다. 1900년까지는 봄 소풍 대신 현충사 행군대회를 열었다. 말 그대로 학교 교정에서 아산 현충사까지 16킬로미터를 단체 행군하는 행사였다. 이후 경로에 교통량이 많아지면서 위험이 따르자 흑성산 산악 행군대회로 대체되기도 했다. 이 또한 산을 넘어 독립기념관까지 10킬로미터를 걷는 행사였는데, 학생들의 심신단련을 중시하는 북일고만의 군대식 교육법이었다.

이런 북일고의 전통 때문에 천안 시민들 사이에서는 '공부벌레 학교', '북일사관학교'라는 말이 유행할 정도였다. 엄격한 규율 속에서 교육을 받은 북일고 학생들에 대한 외부의 평가는 호평 일색이었다. 북일고 출신이라 하면 예의 바르고 인사성 밝고 바른 품성을 지닌 학생들이라는 인식이 생겨났다.

북일고 현 이사장인 이경재 고문은 당시의 상황을 이렇게 회고했다.

"절제하고 인내하는 학풍 속에서 교육을 받은 덕분인지 졸업생 중에는 실제로 사관학교에 진학해 군인의 길을 걷는 이들도 꽤 있었습니다. 특히 육사를 나와 장성이 된 북일인들이 입학식 때 모교로 초청되기도 했는데, 현암의 동상 앞에서 경례를 한 뒤 참배를 했습니다. 그런 모습을 지켜보면서 저는 생전에 군인을 좋아하셨던 현암 회장님께서 이 모습을 보시면 얼마나 감격해하실까 그런 감상에 젖곤 했죠. 워낙 사업보국 신념이 강하셨던 분이라 본인이 세운 학교에서 나라를 지키는 군 장성들을 배출한 사실을 아시면 무척 자랑스러워하실 겁니다."

현재 북일고에서는 입학식 한 달 후인 매년 4월 중순마다 교정에 가득 심어놓은 벚꽃이 절정에 달하고 그에 맞춰 벚꽃축제가 열린다. 이때만큼은 일반 시민들에게도 학교 일부가 개방되는데, 학교축제가 아니라 거의 천안시의 축제라 할 만큼 엄청난 인파가 몰려든다. 저녁이 되면 한화그룹에서 화려한 불꽃축제도 열어주었는데, 이 지역 일대 교통이 마비가 될 지경에 이르자 현재는 더 이상 진행하지 않고 있다.

여담이지만 벚꽃이 만개하는 봄이 오면 여기저기에서 울려 퍼지는 노래, "봄바람 휘날리며 흩날리는 벚꽃 잎이…"로 시작되는 「벚꽃 엔딩」이란 가요도 북일고의 벚꽃축제를 보고 영감을 얻어 만든 곡으로 전해진다. 북일고는 이처럼 특유의 교풍과 낭만이 어우러진 배움터로 현재까지도 명문의 전통을 이어가고 있다.


## 북일고 야구단 창단의 비화


천안북일고는 단기간에 전국적으로 명성을 떨친 명문사학으로 급성장했다. 이와 함께 또 한 가지 유명세를 탄 것이 야구부였다. 프로 스포츠가 없던 시절, 고교 야구의 인기는 가히 국민 스포츠라고 해도 과언이 아닐 만큼 대단했다. 천안북일고 야구부의 선전은 애교심은 물론 애향심으로까지 이어져 지역 사회에 큰 활력소가 되었다.

야구단의 창단 스토리는 1976년 3월 6일 천안북일고의 개교 기념식장으로 거슬러 올라간다. 이날 개교식에서는 초청 VIP 인사들의 축사가 이어졌는데, 특히 스틸웰 주한 유엔군 사령관의 인사말이 압권이었다. 헬기를 타고 기념식에 참석한 그는 난데없이 야구 글러브와 배트를 들고 연단에 올랐다.

그러고는 "다이너마이트 김! 개교를 축하합니다"라는 한마디
만 남긴 채 야구 글러브와 배트를 번쩍 들어 보였다.

> "이 학교 학생들은 공부도 잘해야 하지만 운동도 잘해야 됩니
> 다. 운동부도 만들어서 학생들 전체가 응원도 함께하는 기상이
> 생기면 좋겠어요. 명문고가 되려면 그런 단합이 필요하죠. 이 학
> 교에서 야구부를 만들면 내가 본국으로 돌아가서도 적극적으로
> 지원하겠습니다."

현암에게 이날 스틸웰 대장의 혁신적 축사는 깊은 인상을 남겼
다. 기념식을 끝내고 이어진 축하연에서도 화제는 야구부 창단으
로 모아졌다. 현암은 야구가 개인 종목과 달리 학생들을 일치단
결시키는 팀 운동으로서 의미와 가치가 있다고 판단했다. 게다가
당시 고교 야구의 전국적 열기는 대단해서 국민 스포츠의 꽃으로
불리기도 했다.

그날 이후 북일고의 야구단 창단은 일사천리로 추진되었다. 북
일고 사무국장은 춘천중학교, 포항중학교와 같은 당대 전국의 야

두 명문중학교를 찾아다니며 김진욱, 이상군 같은 선수들을 스카우트하고 김영덕 감독을 모셔왔다. 과감하고 적극적인 투자를 이어가 당시 국내 고교팀으로는 유일하게 국제 규모의 잔디 전용구장을 갖추었고, 그 결과 북일고 야구단은 창단 직후부터 전국대회 4강에 진출하는 파란을 일으켰다.

또 한 가지 북일고 야구단 창단에 영향을 끼친 숨은 이야기가 있다. 1970년대 현암이 경인에너지의 사업 파트너인 유니온오일사의 초청으로 미국을 방문했을 때의 일이다. 일정 중 하나로 다저스 스타디움에서 LA다저스 팀의 경기를 관람했는데, 전광판에 '다이너마이트 김을 환영한다(Welcome! Dynamite kim!)'라는 깜짝 메시지가 떴다. 물론 유니온오일사가 현암을 귀빈 대접하기 위해 사전에 준비한 이벤트였다. 이날 감격했던 현암의 추억이 훗날 북일고 야구단을 창단하는 데에도 긍정적 영향을 끼쳤을 터였다.

현암은 북일고 경기가 열리는 날이면 격무 중에도 매번 경기 결과를 확인할 정도로 큰 관심을 보였다. 북일고가 중요한 경기에서 이긴 날에는 "평소 같으면 결재받기 힘든 껄끄러운 보고도 쉽게 통과되곤 했다"라는 이야기도 전해진다.

그런 그가 직접 북일고 야구단을 응원하러 경기장에 나간 건

1980년 봉황대기 결승전에 북일고가 진출했을 때였다. 당시 서울운동장에서 열린 배재고와의 결승전은 팽팽한 투수전으로 숨가쁘게 전개됐는데, 현암은 초조하게 경기를 지켜보다 중 1회초에 2점을 내 2 대 0으로 경기를 이기자 책상을 세게 내려치며 "충청도도 이번에 우승했다!"라며 마치 어린아이처럼 즐거워했다고 한다.

불과 창단 3년 만에 이룬 2관왕(봉황대기, 화랑대기)은 고교 야구 역사상 전대미문의 성과였다. 당시 천안역 앞에서 환영식과 시가행진을 했을 정도로 지역민들의 환대 또한 대단했다. 현암은 북일고의 우승으로 야구 불모지인 천안에서도 초등학교와 중학교에 야구 붐을 일으킨 것을 자랑스러워했다.

현암은 이후 실업 야구단 창단까지도 고려했으나 이리역폭발 사고의 여파로 꿈을 이루지 못했고, 훗날 김승연 회장이 부친의 뜻을 이어 프로야구 제7구단인 빙그레이글스(현 한화이글스)를 창단했다.

# 03

# 진심을 다한
# 민간외교관

현암은 이윤만 추구하는 기업가가 아니었다. 사업을 다각화하거나 사세를 확장할 때에도 그의 첫 번째 기준은 사업보국이었다. 이러한 그의 사업보국 철학은 국제 비즈니스에서도 어김없이 발휘됐다. 외국의 업체들과 합작을 하거나 인연을 맺을 때면 그는 자신을 '한국을 대표하는 민간외교관'이라고 강하게 인식했다.

누가 시킨 것은 아니었지만 현암은 스스로에게 부여한 이 역할에 매우 충실했다. 사업 초기 미군정청 시절에는 한국 산업의 빠른 복구와 발전을 위해 화약 단가를 낮추는 협상을 벌여 이를 관철시켰고, 외국 기업들과의 제휴에서도 단순히 계약 성사에만 매달리지 않고 한국에 대한 긍정적 이미지와 한국이 미래의 동반자라는 인식을 심어주는 데 주력했다.

## 일본 재계에서 더 유명한 현암

현암은 외교도 결국 당사자 간의 신뢰 형성으로부터 시작된다고 믿었다. 꾸밈없이 솔직했던 현암은 외국인들과의 교제에서도 자신의 장점을 십분 발휘했다. 그들도 이해타산적이지 않고 진심을 앞세운 현암의 태도에 호감을 표했다.

그렇다고 현암이 특정 정치인이나 관료들과 가까워지려고 애쓴 적은 없었다. 자연스러운 계기가 생겼을 때 자신의 매력을 발산했고, 오히려 상대측에서 먼저 호감을 표하며 다가오는 경우가 많았다. 그만큼 현암은 타고난 친화력의 소유자였고, 그 바탕에는 가식 없는 진솔함이 있었다. 그러다 보니 현암은 미국의 유력 인사들이나 일본의 정재계 인사들과도 두터운 친분 관계를 쌓은 대표적 기업인으로 정평이 났다.

한번은 한일관계가 악화 일로를 걷고 있을 때 한 일본영사가 "아무리 정보를 파악하려 해도 도무지 찾을 수 없다"라며 현암을 찾아온 일이 있었다. 그만큼 현암의 정보력과 영향력은 상당했다. 실제로 현암의 위상은 한국에서보다 오히려 일본에서 더 높게 평가될 정도였다.

현암은 한국전쟁 이전부터 인연을 맺은 하세가와 회장과도 각별한 사이였다. 미쓰비시화성, 아시아석유, 공동석유 등에서 최고경영자를 지낸 그는 일본에서 태어났지만 출생 직후 한국으로 건너와 37년을 살았던 특이한 이력의 소유자였다. 현암과는 특히 친형제처럼 지냈는데, 현암이 일본에 출장을 갈 때면 만사를 제쳐두고 현암의 일을 봐줬을 정도였다. 1981년 현암이 타계한 후에도 지갑에 현암의 사진을 넣어 다니며 추모의 뜻을 기렸고, 매년 개인 시간을 내어 한국에 방문해 현암의 묘소를 참배했다.

일본유지의 마쓰무로 또한 과거 조선화약공판에서의 인연으로 국내에서 화약산업을 본격화하고 생산 시설을 복구해 나가는 과정에 많은 도움을 주었다.

그렇게 현암에 대한 일본 재계의 평판이 좋다 보니 1970년대 서울프라자호텔의 운영 지원 요청 건으로 일본 프린스호텔 사장을 찾았을 때에도 현암은 단 10분 만에 협조를 얻어낼 수 있었다. 당초 협상이 결렬될 것이라 예상했던 일본 프린스호텔 관계자들이 깜짝 놀랄 만큼 초스피드로 지원 승낙을 받았던 것이다.

## 친형제처럼 지낸 리처드 워커 미국대사

현암은 일본 재계 못지않게 미국 인사들과의 관계에서도 타의 추종을 불허할 만큼 상당한 친화력을 발휘했다. 일찍부터 거시적 안목과 뛰어난 국제 감각을 지녔던 현암은 한미친선협회의 이사로 활동하는 등 미국 내 정재계 주요 인사들과도 폭넓은 인맥을 구축했다. 그 대표적인 인물이 리처드 워커 전 주한 미국대사와 헨리 키신저 전 미국 국무장관이었다.

특히 최장수 주한 미국대사를 지낸 리처드 워커는 생전에 현암과 형제처럼 지냈던 것으로 유명하다. 제2차 세계대전 중 더글러스 맥아더 장군의 통역을 담당하며 도쿄에서 근무했던 워커는 1950년 6월 발발한 한국전쟁을 계기로 한국과 오랜 인연을 맺었다. 그는 1981년 한국에 처음 부임해 5년 4개월 동안 근무하며 한국 현대사의 질곡의 세월을 함께한 산증인이었다.

그는 근대화가 시작되던 1970년대 초반 한국에 건너와 십수 년간 정재계 인사들과 두터운 친분을 쌓았는데, 특히 현암과는 1922년생 동갑내기로 각별한 우정을 나눴다. 워커도 현암의 열정과 화끈한 성격을 빗대 늘 '다이너마이트 김'이라고 불렀다.

워커는 "한국이 이룬 근대화의 기적에 관해 토론할 때마다 나는 현암을 떠올린다"라고 말했을 정도로 평소 현암에 대한 각별한 애정을 표했다.

"다이너마이트 김은 19세기 미국 경제를 일으킨 카네기, 록펠러, JP모건 등에 버금가는 인물입니다. 그는 언제나 활력이 넘쳤고, 자제력과 통솔력이 뛰어났습니다."

그리고 『한국의 추억』이라는 저서에서 현암의 카리스마를 다음과 같이 술회했다.

이봐요, 당신 몸에는 전기라도 흐르는 것 같군요. 우리가 문 쪽으로 등을 돌리고 앉아 있는 사이 당신이 들어오면 우리는 직감

적으로 들어오는 사람이 당신이라는 것을 알 수 있단 말이에요.

워커에 의하면 "현암은 기업의 사회적 책임에 대해서도 깊은 통찰을 갖고 있었다"라고 한다. 그리고 "업무로 만난 사람이더라도 어려운 일이 있으면 언제나 자신의 일처럼 도와주는 사람이었다"라고 회고했다.

현암과 워커의 깊은 인연은 대를 이어 계속됐다. 석유화학 경기가 움츠러들었던 때에 김승연 회장에게 미국 다우케미칼이 투자한 한양화학과 다우케미칼코리아를 인수하라고 제안했던 이도 워커였다. 김승연 회장 또한 1982년 서울프라자호텔에서 부친의 막역한 친구였던 워커의 환갑잔치를 성대하게 열어주었다.

사실 워커의 환갑잔치를 열어주겠다고 약속한 이는 현암이었다. 하지만 현암이 이른 나이에 세상을 떠난 바람에 아들인 김승연 회장이 대신 약속을 지킨 것이었다. 그리고 김승연 회장은 지난 2002년 워커를 다시 초청해 팔순잔치를 열어주었고, 이듬해 워커는 세상을 떠났다. 이처럼 대를 이어온 미국과의 우호관계는 부시 전 대통령에 이어, 트럼프 전 대통령의 취임식 때에는 김승연 회장이 국내 그룹 총수 중 유일하게 초청받는 남다른 신뢰의 기반이 되기도 했다.

위 서는 현암의 1주기 추모식에서 다음과 같은 말로 오랜 동료
이자 친구였던 현암을 가슴 깊이 추모했다.

작고하신 위대한 거목 현암 회장은 미국의 가장 건실한 친구였
으며 저 또한 그분과 친교를 맺는 영광을 가졌습니다. 최근 몇
년 동안 세계의 주요 신생 국가들은 나라를 바로 세우기 위한
근대화 운동을 펼쳐오고 있습니다. 이 근대화 작업을 대한민국
보다 더 모범적으로 한 나라는 이 세상에 없습니다. 나라가 힘
을 갖고 번영하기 위해서는 어느 나라나 지도자가 있어야 하는
법입니다. 정치 분야의 지도자뿐만 아니라 비정치 분야의 '설계
자'들이 많아야 합니다. 미국에서는 카네기, 멜런, 밴더빌트, 포
드, 록펠러 같은 분들을 그 예로 들 수 있습니다. 이분들은 신생
국가인 미국이 세계적인 강국으로 발전하는 데 중추적인 역할
을 담당했습니다.

제2차 세계대전 이후 한국에도 선견지명과 장래에 대한 확고한
신념을 가지고 노력을 아끼지 않은 탁월한 기업가이자 민간 지
도자들이 있었습니다. 이런 분들이 있었기 때문에 수천만의 한

국인들이 오늘과 같이 더욱 윤택하고 만족스럽고 편안한 생활을 할 수 있게 된 것입니다.

故 현암 회장은 근대 한국이 창의성을 발휘하는 데에 기여한 거목 중 한 사람이었습니다.

'한 세대가 나무를 심으면 그다음 세대가 나무 그늘의 혜택을 받는다'라는 뜻의 동양 옛말이 있습니다. 우리는 모두 현암 회장이 만들어준 넓은 그늘의 혜택을 받고 있습니다. 그분은 거목이었고 그 그늘은 무한합니다.

미국의 가장 친한 친구였던 현암 회장은 자신의 창조적인 생애를 통하여 우리가 경축하고 있는 100년 한미 우호관계의 핵심이 되는 기본 가치관을 솔선수범하신 분입니다. 그 가치관이란 가족과 친구를 보살펴주고, 그들이 교육받고 발전할 수 있는 기회를 마련하고, 개인이나 국가 간의 관계에 있어서 호혜의 원칙을 신봉하며, 광의의 자유를 위해 노력하는 것입니다.

우리는 우리가 가장 아끼는 친구 '다이너마이트 김'이 너무 일찍 타계한 것을 오랫동안 진심으로 애도해 왔습니다. 그러나 우리는 슬퍼하고만 있어서는 안 됩니다. 우리가 한국의 여러 지방을 여행하면서 사람들이 행복한 표정으로 좋은 옷을 입고 있고 어린이들이 즐겁게 뛰놀고 있는 것을 볼 때 그리고 경제 발전의 혜택이 온 국민에게 골고루 나누어짐을 볼 때 우리는 기뻐해야 합니다. 왜냐하면 이러한 번영과 풍요가 가능했던 것은 현암 회장과 같은 위대한 인물들이 있었기 때문입니다. 그분은 그의 가족, 친지 그리고 모든 한국 사람들이 행복하게 살고 있기를 바라고 계실 것입니다. 그분이 이 땅에 태어나 우리와 나라를 위해 많은 것을 공헌했기 때문에 우리의 삶이 이렇게 풍요로워진 것입니다.

## 미8군 골프장 프리패스

현암은 사업상 미군과도 오랜 시간에 걸쳐 특별한 관계를 맺었다. 화약과 방산사업을 하면서 자연스럽게 미8군 사령관이나 유엔군 사령관 등과 인연을 맺다 보니 자연스럽게 현암은 미국통이 되었다. 5·16 군사정변 이후 박정희 의장이 미국을 방문했을 때에도 당시 유엔군 사령관이었던 맥그루더 장군이 '다이너마이트 김'의 안부를 먼저 물었을 정도였다.

현암이 당시 미군이나 외교관들을 가회동 자택으로 초대해 교류하던 일명 '다이너마이트 파티'는 그야말로 민간외교를 실현한 대표적인 사교의 장이었다. 그 인연은 꾸준히 이어져 미8군 사령관이나 주요 보직의 인물들이 한국에 부임해 오면 항상 현암부터 찾는 일이 벌어졌다.

또한 한국에서 근무를 마치고 귀국을 앞둔 미국인들은 후임자에게 한국에서 꼭 만나야 할 인물로 현암을 추천했다. 현암은 미군들과의 관계에 늘 진심을 다했지만 반대로 특별한 것을 요구하거나 바라지는 않았다. 그러다 보니 미군들도 현암을 업무상 파트너가 아닌 한 인간으로서 신뢰했다. 그렇게 쌓인 시간은 서로 간의 군건한 신의로 이어졌다.

현암은 당뇨를 관리하기 위해 여러 가지 운동을 꾸준히 했다. 보통 중요한 업무를 마치고 난 오후 서너 시가 되면 용산에 있던 미8군 골프장을 찾아 한두 시간씩 라운딩을 했다.

미군 골프장은 출입 절차가 까다로운 곳이었지만 현암은 늘 프리패스였다. 당시 미8군 사령관은 골프장 책임자에게 '언제든 현암이 오면 내가 온 것처럼 똑같이 예우하라'는 친필 메시지까지 내려 보냈을 정도였으니, 현암에 대한 미군의 특급 예우가 어느

정□였는지 짐작이 가능하다.

그□뿐만이 아니었다. 당시 미8군 부대 내의 골프장을 무시로 드
나들 수 있었던 현암은 클럽하우스의 로커도 미8군 사령관 바
로 옆□자리를 이용했다. 그렇게 자주 라운딩을 하다 보니 종종 홀
인원에 성공하기도 했는데, 특히 일곱 번째 홀에서 자주 기록했
다. 그□자 미8군은 7번 홀을 아예 '다이너마이트 홀'이라고 이
름을 지어 부를 정도였다. 현암이 애용하던 주한 미군 골프장은
1992년 □울시가 인수해 지금은 국립중앙박물관과 용산가족공
원으로 이용되고 있다.


## '엿가위' 선물 외교


□제적 교류□ 잦았던 현암은 외국의 지인들에게 선물을 주어야
한 □회가 많□다. 특히 주한대사나 미8군 사령관, 유엔군 사령관,
외□의 합작회사 임원들에게 선물을 많이 했는데, 그럴 때면 '한
국을 제대로 알릴 수 있는 선물이 무엇일까?'를 늘 고민했다.

'한국의 정서가 녹아 있는 것이되 너무 지나치지 않은 그런 선

물이어야 하는데… 어떤 것이 좋을까?'

현암은 선물할 골동품 하나를 고르더라도 심혈을 기울였다. 직원들에게 시키지 않고 직접 고를 정도로 정성을 쏟았다. 인사동에 '동산방'이라는 골동품상과 주로 거래해 가끔은 그 집 사장을 직접 불러 선물을 고르기도 했다. 그때마다 동산방 사장은 여러 골동품들을 들고 왔는데, 그렇다고 해서 고가의 물건만 들고 온 것은 아니었다. 나무로 깎은 장승이라든가 하회탈, 도장이나 문진 같은 것들을 가져와 추천했고 그중에서 현암은 마음에 드는 걸 골라 정성껏 선물했다.

그런 정성이 느껴졌는지 외국인들은 현암의 선물을 무척 좋아했다. 현암이 준 선물은 아무리 한국의 거리를 돌아다녀도 구할 수 없었던 물건인 경우가 많았기 때문이다.

현암은 주말이면 온양에 있는 작은 별장에 내려가 쉬다 올라오곤 했다. 온양온천에서 온천욕도 하며 건강도 관리하고, 간 김에 북일고도 한 번씩 둘러보며 학교도 점검했다.

어느 날 강태영 여사와 비서와 함께 온양에 내려가던 길에 현암은 길가에서 엿판을 어깨에 메고 엿을 파는 엿장수를 보더니 급히 차를 세우게 했다. 당시만 해도 온양은 워낙 시골이어서 장

터기리에 엿장수가 많았고, 엿가위를 놀리며 엿을 파는 풍경이 흔하게 펼쳐졌다. 현암은 대뜸 엿장수에게 이렇게 물었다.

"엿장수 양반, 그 엿하고 엿가위 모두 얼마면 살 수 있습니까?"

엿장수는 의아해했지만 비싼 값을 쳐준다고 하니 엿과 엿가위를 모두 흔쾌히 현암에게 팔았다. 현암은 상경하는 길에 내내 엿가위를 찰칵찰칵 놀리며 즐거워했다. 향수를 불러일으키는 소리였다. 함께 있던 강 여사와 비서는 현암이 그렇게 스트레스를 푸는 것이거니 하고 생각했다.

그러나 현암의 생각은 다른 데 있었다. 서울에 올라와서는 엿가위를 철물점에 맡겨 여러 벌을 제작하게 했다. 현암은 그 엿가위를 미국대사 등 외국 지인들을 만날 때마다 포장해 선물로 주었다. 엿가위는 한국에만 있는 특별한 물건이자, 한국 근현대 유산이기도 했으니 한국의 정서를 전하기에도 안성맞춤인 선물이었다.

현암의 엿가위를 받은 외국인들의 반응은 기대 이상이었다. 엿가위의 내력을 들은 외국인들은 현암의 기발함과 위트에 탄복했다. 선물을 하나 하더라도 그렇게 한국의 정을 듬뿍 담았기에 국적을 불문하고 많은 사람들이 현암에게 마음의 문을 활짝 열었다.

# 반세기를 이어온 그리스 명예총영사

1960년대만 해도 한국의 국제적 지위는 높지 않아서 정부는 우방과의 유대 강화와 외교력 향상에 집중했다. 특히 산업이 부흥하면서 경제 외교가 점점 더 중요해지던 때라 해당국과의 경제 교역에서 역할이 기대되는 기업인들이 각국의 명예영사직을 수행했다. 명예영사로 임명되려면 대사의 추천을 통해 임명국 대통령의 임명장을 받고, 이를 주재국 외무부에 제출해 다시 인가를 받아야 했다.

그 가운데 그리스는 한국전쟁 참전 16개국 중 하나인 중요한 혈맹 국가였다. 1967년 당시 그리스 외무부 장학생으로 현지 아테네대학에서 유학을 하던 김창식이 현암을 명예총영사로 추천했고, 그리스에 대해 좋은 인상을 갖고 있던 현암이 이를 수락하면서 그리스 명예총영사로 임명되었다.

그리스 정부 측에서도 일본의 명예총영사로 임명된 재벌 총수는 연로한 데 비해, 현암은 40대 중반의 젊고 에너지 넘치는 기업인이라 무척 반가워했다. 이후 현암은 김창식을 한국화약에 입사시켜 사무실을 내주고 영사 업무만 전담할 수 있도록 지원했다.

명예영사는 직업 외교관은 아니지만 해당국의 이익을 대변하는 영사 활동을 수행했다. 특히 그리스는 해양 국가이기 때문에 한국에 입항하는 그리스 선원들을 보호하고 감독해야 했는데, 1970년대 초에는 그리스 배들이 수백 척씩 한국에 들어오면서 크고 작은 말썽이 끊이지 않았다. 그 외에 여권 발급이나 호적 업무, 국제결혼, 이혼소송 등 다양한 사고 수습과 중재 업무도 병행했다.

늘 자신의 역할에 충실했던 현암은 그리스 명예총영사직 또한 최선을 다해 수행했다. 당시만 해도 주한 그리스대사관이 개설되기 전이라, 우리 외무부 직원들은 "명예총영사가 너무 업무를 잘 해주니까 그리스가 대사관을 설치 안 하는 게 아니냐?"라는 우스갯소리를 할 정도였다.

한국을 다녀간 대사들이나 유명 인사들은 자신이 불편하지 않도록 신경 쓰고 배려해 주는 현암에게 무척 고마워했고 여기저기에 칭찬을 했다. 특히 성공회 신자였던 현암은 그리스 정교회가 성공회와도 가깝다 보니 여러 도움을 주었다.

현암을 보좌해 그리스 명예총영사 업무를 도왔던 김창식은 당시를 이렇게 회고했다.

"현암 회장님은 무슨 일이든 배우겠다는 의지가 강하고 계수에 밝았어요. 모르는 것을 배우는 데 창피하다는 생각을 안 하셨죠. 미군 장성들과 교제를 많이 하셨는데 영어 공부를 열심히 하셔서 말년에는 통역 없이 영어로 대화가 가능한 수준이었어요. 당시에 유학을 하지 않고 현암 회장님만큼 영어를 잘하는 사람은 없었어요."

현암은 그리스 정부로부터 최고 명예훈장인 금성십자훈장을 수훈했다. 그리스 금성십자훈장은 명예총영사에게 수여되는 가장 높은 등급의 훈장이었다. 원래 훈장을 잘 주지 않는 것으로 유명했던 그리스 정부였지만, 양국 간 우호 증진에 기여해 온 현암의 노고와 업적을 인정하지 않을 수 없었던 것이다.

현암과 그리스의 특별한 인연은 김승연 회장이 그리스 명예총영사직을 승계함으로써 지금껏 이어져오고 있다. 1991년 개설된 그리스대사관은 현재도 한화 본사 빌딩에 입주해 있다. 그렇게 그리스는 반세기가 넘도록 한화와 오랜 인연을 이어오고 있다.

# 04

# 문화·예술·체육
# 후원가

스포츠는 늘 공정해야 하고 정도를 벗어나서는 안 된다. 어떤 스포츠든 정상에 오르기 위해서는 정직한 노력으로 자신을 끝없이 갈고닦아야 하는 것이다. 학창 시절부터 정의감에 불타올랐고 사업에서도 정도만을 고집했던 현암의 철학 그 기저에는 이처럼 공정한 규칙에 의해 정정당당하게 승부를 겨루는 '스포츠 정신'이 자리하고 있었는지도 모른다.

현암은 젊은 시절부터 유도를 배울 만큼 스포츠를 즐겼고 야구와 축구, 복싱도 좋아했다. 나이가 들고부터는 재미보다 건강 관리 차원에서 운동을 꾸준히 했는데, 특히 골프를 오랫동안 했다.

1968년 한 언론은 기사를 통해 주요 기업인들의 골프 실력을 보도했는데, 현암의 골프 핸디는 13 정도로 밝혀져 있다. 당시 정주영 회장이 핸디 11, 이병철 회장이 현암과 같은 핸디 13이었다.

현암은 특히 말을 좋아해 승마에도 일가견이 있었고, 집무실 벽에 커다란 말 그림을 걸어놓기도 했다. 한국화약 본사가 회현동에 있던 시절에는 출근 전 아침마다 말을 탔는데 비가 오면 비옷을 입고 탈 만큼 승마를 즐겼다.

그 시절 현암과 종종 말을 함께 탔던 사람이 민중당 최연소 원내총무이자 이후 제14대 대통령을 역임한 김영삼이었다. 당시 현암이 타고 다니던 말은 수송동 경찰기마대에서 관리했는데, 서울 시내에 차량이 점점 늘어나고 자가용이 보편화되면서 현암의 승마 횟수도 자연스럽게 줄어들었다.


## 정정당당한 스포츠 정신을 후원하다


이처럼 본인 스스로 스포츠 애호가였고 또 건전한 스포츠 정신을 존경했던 현암은 한국 체육계의 진흥에도 남다른 정성을 쏟았다. 특히 1970년대부터는 국내 아마추어 스포츠 발전을 위해 투자를 아끼지 않았다. 1977년에는 대한체육회의 제안을 받아들여 아마추어 복싱팀을 창설했고, 1980년에는 국내 아마추어 복싱팀을 위해 최초로 황학동에 전용 체육관을 마련하기도 했다. 현암은 이 공간을 기반으로 침체에 빠진 한국 복싱의 발전을 위해 본격적인 선수 양성에 앞장섰다.

1970~1980년대에 복싱은 대표적인 헝그리 스포츠 종목이었다. 가난하고 어려운 환경에 처한 이들이 인생 역전을 꿈꾸며 복싱의 세계에 뛰어들었다. 그렇게 맨주먹 하나로 가난을 극복하려 했던 복서들을 바라보며 현암은 늘 안타까움을 느꼈다. 그 자신이 지독한 가난을 경험해 봤기에 그들의 꿈을 지원해 주는 일을 큰 보람으로 여겼다.

그렇게 인연을 맺은 복싱인들이 가끔 현암을 방문하기도 했는데, 그때마다 현암은 금일봉을 챙겨 주며 따뜻하게 격려해 주었다. 현암의 아낌없는 지원과 선수들의 노력이 더해져 한국화약그룹 복싱팀은 각종 대회에서 훌륭한 성적을 거두었고, 한국 아마추어 복싱의 진흥에 크게 기여했다.

1970년대에 현암은 대한사격연맹 부회장을 맡기도 했다. 사격 종목은 과거 군사정권을 겪으며 국방 체육의 하나로 육성되었다. 스포츠이기는 하지만 그 시절에는 사격 실력을 전투력의 상징으로 여겼다. 1972년에 열린 뮌헨올림픽에서 북한 선수가 세계 신기록을 기록하며 금메달을 따자 국내에서도 '사격 종목의 육성과 지원을 더욱 확대해야 한다'는 여론이 거세졌다.

대한사격연맹 부회장이었던 현암은 자신의 임기 동안 한국 사격의 수준을 한 단계 끌어올렸고, 오늘날 한국이 사격 강국으로 도약하는 데 기여했다. 1964년 도쿄올림픽 때에는 한국 승마 선수들이 올림픽에 참가할 수 있도록 외국에서 말을 구해 와 도운 적도 있었다. 현암은 초창기 한국 골프의 발전에도 큰 영향을 끼쳤다. 얼마 되지 않던 프로 선수들을 후원했고, 캐디 양성에도 공을 들였다.

한국 스포츠 발전을 위한 현암의 적극적인 투자와 후원은 현 김승연 회장 대에 이르러 꽃을 피웠다. 현암이 관심을 기울인 사격과 승마, 복싱, 골프와 같은 비인기 종목에 지원을 이어감으로써 세계 무대에서 한국 선수들의 눈부신 성과를 이끌어냈다.

# 가난한 화가의 숨은 조력자

현암은 매번 사보에 기고를 하면서 직접 글을 썼고, 중요한 자리에서 연설할 기회가 있을 때에도 본인의 원고를 직접 정리했다. 강태영 여사가 현암을 두고 "평소 꽃이나 음악에 대한 감성도 풍부하고 풍경을 바라보는 관찰력 또한 뛰어났다"라고 말한 것을 보면 현암은 문장력뿐 아니라 문학적·예술적 소양도 남달랐던 것으로 보인다.

예나 지금이나 예술가는 일가를 이루기 전까지는 가난을 인내해야 하는 직업이다. 현암은 강태영 여사와도 뜻이 맞아서 화가는 물론 문인들에게까지 두루 지원을 아끼지 않았다. 특히 그림을 좋아해 많은 화가들과 교류했는데, 가회동 시절 이웃이었던 산업은행 김영휘 총재를 통해 남정 박노수와 운창 임직순 화백과도 교분을 쌓았다.

현암은 화가들의 어려운 형편을 도울 겸 종종 그림을 사주기도 했다. 유명한 화가들의 그림보다는 뛰어난 실력에 비해 주목받지 못하는 화가들, 생활고 때문에 자신의 예술 세계를 제대로 펼치지 못하는 화가들을 주로 도왔다.

구상화가들이 창립한 목우회 소속의 장리석 화백도 당시 현암과 깊은 인연을 맺은 화가 중 한 명이었다. 그는 일본 다마가와제국미술학교 출신으로 북한에서 활동해 오다가 1·4후퇴 때 월남해 제주도에 본부가 있던 해군 정훈실 화가로 일해 왔다. 평소 말을 좋아했던 현암이 그가 그린 「조랑말」이라는 50호짜리 그림 한 점을 사게 되면서 인연이 맺어졌다.

이후 1958년, 형 김종철이 제4대 국회의원 선거에 출마할 당시에는 현암이 우리나라 선거운동 사상 처음 시도했던 홍보용 초상화 입간판 제작을 장 화백에게 의뢰하기도 했다. 50개의 초상화 입간판은 유권자들 사이에서 큰 화제가 되었고, 형 종철은 무사히 국회의원에 당선되었다. 현암이 장 화백에게 그림 제작을 의뢰한 것은 형의 선거를 돕기 위한 것도 있었지만, 한편으로는 가난한 화가를 도우려는 의도도 있었던 것이다. 장 화백은 그해 제7회 국전에서 「그늘의 노인」이라는 작품으로 영예의 대통령상을 수상하고 이후 국전 초대작가상까지 받으며 우리나라 구상화의 태두로서 화단을 이끌었다.

# 강태영 여사의 '아단문고'

현○○뿐만 아니라 그의 아내 강태영 여사도 예술 분야에 남다른 관심○○ 후원을 쏟았다. 강 여사는 우리 문학과 예술인에 대한 애정이 유달리 깊었다. 요리를 주문해 자신이 존경하던 문인들 집에 보○는가 하면, 소설가 김동리 선생이 뇌졸중으로 쓰러졌을 때에는 선생의 안위를 진심으로 걱정해 위로하기도 했다.

문인○의 애정 어린 후원자였던 강 여사 자신도 1992년 계간 『시조문학』의 추천 절차를 거쳐 정식으로 등단한 시인이었다. 동료 문인○과 함께 시조시집 『춘소』를 발간하고 문학 동인을 만들어 문단 활동을 할 만큼 시조에 조예가 깊었다.

2005년 강태영 여사는 한국의 고서적과 근현대 문학 자료를 수집하는 한편, 학계의 연구 지원을 위해 자신의 아호 아단雅丹을 딴 '아단문고'를 설립, 한국학 연구에 크게 기여했다. 아단문고에는 국보 3점, 보물 28점 등 총 8만 9000여 점의 서책류가 소장되어 있는 것으로 알려져 있다.

특히 아단문고가 소장하고 있는 국보 제202호 「대방광불화엄경」은 화엄경 목판본 중에서 가장 오래된 것으로, 고려 초기 목판

인쇄 및 화엄경 판본 연구에 중요한 자료로 평가받고 있다.

또한 아단문고에는 근현대 시기에 출간된 희귀 단행본이 다수 보관되어 있다. 특히 한국 최초의 신소설로 평가받는 이인직의 『혈의 누』, 김동인의 『감자』, 한용운의 『님의 침묵』, 나운규의 『아리랑』, 박목월·조지훈·박두진의 『청록집』 등 근현대 주요 문학 작품의 간행 당시 단행본이 포함되어 있다.

1980년대 후반에는 이어령 씨와 함께 문인들의 친필 원고부터 각종 소장품, 희귀 단행본 등 문학과 관련된 모든 물품을 전시하는 문학박물관 건립을 야심 차게 검토했으나 아쉽게 추진되진 못했다.

강태영 여사는 지난 2001년 현암 타계 20주기를 맞아 추모의 정을 담은 『장천의 문을 열고』라는 시조집을 발간하기도 했다. 이 시집에는 현암에 대한 애틋한 그리움과 절절함이 담긴 몇 편의 추모시가 게재돼 있다. 여기, 창졸간에 현암을 떠나보내고 쓸쓸하고 허전했을 강태영 여사의 슬픔이 묻어나는 시 몇 편을 옮겨 본다.


〈스무 해가 지납니다〉

꽃은 피고 지고 스무 해가 지납니다

산천도 바람도 그날의 그 정인데

홀로 석양을 밟고 그 음성을 듣습니다

한길로만 닦아 오신 당신의 동산에는
심으신 나무들이 푸르고 무성한데
혼자서 바라보기가 이리 눈물겹습니다

하만 리 하늘 저편 어디쯤 계시온지
다시 만날 그날에는 만단회포 풀으리라
바르고 높으신 모습 어느 날에 뵈오리까

〈상정 相庭〉

창 너머 바라보니
눈 내린 깊은 겨울
잎 지운 나무들은
학처럼 외로 서서
먼 하늘 올려다보고
그리움의 나래 편다
백화 만발했던

너와 나의 지난날

추억은 물어 무엇해
고요히 덮어두자
올 기약 하나 없어도
기다려지는 소식이여

다음은 1985년 여천공장 복합수지공장 준공식에 참석해 아들 김승연 회장의 사업적 성공을 함께하고, 한편으로는 현암의 빈자리를 그리워하며 지은 시다.

⟨여수에서⟩
더는 갈 수 없기에
이 바닷가 멈추는 발길
숨결처럼 고운
한 필 비단 나부끼듯
해종일 잔잔한 나울
이 끝없는 노래여

아이는 이 기슭에

장 지어 애쓰지만

득히 바다를 보는

고독은 저 수평선


날의 돛배는 가고

아오지 않는구나


끼룩끼룩 물새가 울어

은 물보라로 깨고


석양이 등을 밀어

돌아가는 나의 여숙<sup>旅宿</sup>

슬픔은

지워야 하리

아! 저기 불꽃이 탄다

## 에필로그

# 그의 하늘은
# 여전히 빛나고 있다

한화는 오늘날 우리 국민들에게 '불꽃축제' 하면 떠오르는 확고부동한 국가 대표 기업이다. 매년 가을밤 서울 한강변은 한화가 주최하는 화려한 불꽃놀이로 장관을 이룬다. 2000년에 처음으로 개최된 이후 대외 요인으로 인해 몇 차례 건너뛴 적도 있었지만, 서울세계불꽃축제는 여전히 해마다 100만 명의 시민이 운집하며 명실공히 국가적 규모의 행사로 자리매김했다.

　불꽃놀이는 과학 기술로 만들어지지만, 한편으로는 화약이 연소하면서 내는 빛과 연기, 소리가 한데 어우러진 한 편의 종합예

술이기도 하다. 밤하늘을 화려하게 수놓는 불꽃은 보는 이들로 하여금 동심에 젖게 하고, 마법처럼 사람의 마음을 움직이기도 한다. 화약은 본질적으로 위협적인 속성을 갖고 있지만, 이렇듯 감동적이고 환상적인 감성의 매개체로 탄생하기도 하니 참으로 아이러니한 물질이 아닐 수 없다.

현암은 불꽃이 일상에 지친 국민들에게 잠시나마 기쁨을 주고 삶에 위로가 될 수 있다는 사실만으로도 큰 보람을 느꼈다. 이 역시 사업보국을 실천하는 길이었고, 그가 사업을 펼쳐온 명분이기도 했다. 현암은 그렇게 밤하늘의 불꽃을 바라보는 사람들의 행복한 얼굴에서도 사업의 참 의의를 찾던 기업인이었다. 지난 세기 현암이 남긴 불꽃이라는 유산은 시대를 초월한 이 순간에도 밤하늘을 밝히며 감동을 전하고 있다.

일생에 걸쳐 현암이 남긴 사업적 유산과 철학은 불꽃놀이만큼 빛나는 것이었다. 적자를 각오하면서도 기계공업에 뛰어들었던 용기, 실패에 굴복하지 않고 화약과 에너지사업을 끝까지 이루었던 신념, 평생의 꿈이었던 육영사업의 뜻을 펼치고 민간외교관으로서 맹활약했던 봉사 정신에 이르기까지 그는 운명에 굴하지 않았고 오직 자신만의 길을 개척했다. 기업가로서 보낸 29년의 여

정 자체가 우리 현대 경제사에 유의미한 기록이었고 빛나는 이정
표였다. 현암의 59년 삶 전체가 지금을 살아가는 우리에게 강한
울림의 메시지를 던지고 있다.

현암의 탄생 100주년을 맞은 2022년은 한화그룹의 창업 70주
년이기도 하다. 오늘날 한화는 현암이 개척한 그 숭고한 사명의
길을 따라 더 큰 번영의 미래로 진격하고 있다. 스물아홉의 나이
부터 그룹을 이끈 김승연 회장은 지난 40여 년간 창업 시대를 뛰
어넘는 성공 가도를 질주해 왔다. 70년 전 기간산업이 현암의 심
장을 뛰게 만든 화두였던 것처럼, 이제 인류의 삶을 진화시킬 미
래 산업은 한화그룹의 가장 중요한 화두가 되었다.

지난날 현암이 쏘아 올린 작은 불꽃이 국가와 사회에 큰 희망
의 빛으로 닿았기에 앞으로 한화가 변화시켜 나갈 미래의 세상
또한 기대가 된다.

빛이 된 불꽃, 현암.

그의 하늘은 여전히 빛나고 있다.

# 현암 김종희 회장의
# 경영이념과 기업가 정신

박영렬 교수(연세대학교 경영대학)

오늘날 우리나라는 G7 정상회의에도 2년 연속 초대받는 위치에 올라 있다. 비록 참관국의 지위긴 하나, 세계 최정상 국가들과 나란히 선다는 것은 우리나라가 그 정도의 자격과 위상을 갖추었다고 인정받았다는 뜻일 테다. 우리의 경제력은 이미 세계 선진국 반열에 올라섰다. 지난 2021년 국내총생산은 2년 연속 세계 10위에 자리했고 무역 규모는 최초로 1조 2000억 달러를 기록하면서 우리나라는 전 세계 8위의 무역 대국으로 껑충 뛰어올랐다.

지난 1950년대까지만 해도 국가 운영 비용의 100%를 원조받는 세계 최빈국이었던 우리나라가 그로부터 반세기가 지난 지금은 당당히 세계 10대 경제 강국으로 도약한 것이다. 이 사실은 그 누구도 부인할 수 없다. 2018년엔 세계 7번째로 30-50클럽(1인당 국민총소득 3만 달러 이상, 인구 5000만 명 이상)에 진입하기도 했다. 유엔무역개발회의(UNCTAD)도 2021년에 한국의 지위를 선진국으로 격상시켜 그 위상을 공식적으로 인정한 바 있다. 세계의 기나긴 역사 속에서도 우리나라와 같은 극적인 성공 스토리는 감히 찾아볼 수 없다. 세계인들이 경탄해 마지않는 이 반전의 역사는 '한강의 기적'이라 불리며 오늘날 개도국들에게 희망을 주는 하나의 '신화'로 남아 있다.

우리 대한민국의 오늘이 결코 손쉽게 얻어진 결과는 아니다. 일제강점기를 겪는 동안 우리 경제는 자주성을 잃은 채 혼란에 빠져 정체되었고, 이어 한국전쟁까지 발발하면서 그나마 남아 있던 산업 인프라마저 초토화되어 국가 경제는 파탄이 난 지경에 이르렀다.

이러한 절체절명의 상황에서 후진 농업국이었던 이 땅에 다시 생산 기반을 세우고 공업화의 기치를 드높여 국가 부흥의 희망을 품게 한 이들은 다름 아닌 1세대 기업인들이었다.

현암 김종희 또한 그 시대를 누구보다 빛냈던 숨은 주역이다.

그는 십대 시절을 일제 식민 지배하에 보내야 했고, 이십대에 들어서서는 동족상잔의 비극을 온몸으로 겪어야 했다. 그렇게 세상의 모진 풍상을 겪으면서도 뜻을 세운다는 이립而立, 즉 서른 살에 한국화약의 창업을 이루는 불굴의 의지를 발휘한 것이다.

현암의 행적이 오늘날 다시금 재조명되고 새롭게 평가되어야 하는 이유는 그가 이룬 사업의 성과 이전에 그가 사업에 임할 때 가졌던 남다른 사명감과 철학에 있다. 1981년 59세의 나이로 타계하기까지 그가 보여준 진정한 '사업보국'의 실천은 오늘날 우리 대한민국 산업사도 귀감으로 삼아야 할 것이다.


## 1) 김종희 회장의 경영이념 '사업보국'

한국의 경제 신화를 이루었던 1세대 창업주들을 돌아보면 제각기 그들만의 독특한 아이덴티티가 있다. 이병철은 오래전부터 삼성 특유의 '제일주의'를 외쳤고 정주영은 불굴의 '도전 정신'을 부르짖었다.

현암 김종희는 유독 '정도 경영'을 강조한 기업인이었다. 그는 실제로 사업을 시작할 때면 늘 '이 사업이 국가 사회에 어떤 의미를 갖는가'부터 고민했다.

'내가 선택한 이 길이 바르고 옳은 길인가?'

이 질문에 스스로가 떳떳하게 답할 수 없다면 제아무리 많은 돈을 벌 수 있는 사업이라 해도 눈길을 주지 않았다. 설사 처음에는 돈을 많이 못 벌고, 시작은 조금 어렵더라도 '누군가는 꼭 해야 하는 사업'이라는 명분이 있다면 현암은 과감하게 도전했다. 이는 그에게 매 순간 결단을 내리는 중요한 기준이었다. 그래서 현암이 추구했던 사업들은 대개 힘든 국가 기간산업에 집중되어 있다. 그는 늘 기업보다는 국가를 앞세우는 투철한 상인으로서 묵묵히 애국을 실천한 기업가였다.

일제강점기로부터 해방을 맞은 한국은 정치적 혼란 속에 표류하고 있었고 1950년 한국전쟁이 발발하며 그 어려움이 가중되었다. 1960년대 역시 4·19 혁명과 5·16 군사정변 등의 정치적 격변과 함께 경제적으로도 어려운 상황이었다. 박정희 정부는 근대화와 민족중흥의 기치를 내걸고 경제개발 5개년 계획(1962~1981)을 수립해 시행했다. 경제개발 5개년 계획의 목표는 자립경제의 기

반□ 구축과 산업 구조의 근대화였고, 이를 실현하고자 수출 증대
와 □회간접자본의 확충을 위해 중공업을 육성했다. 정부의 산업
정□은 중공업 육성에 필요한 자원 개발 촉진, 공장 건설 부지 마
련 □리고 생산 물자를 수송하기 위한 도로 건설에 역점을 두었
다. □쟁으로 폐허가 된 도로를 다시 건설하고, 항만 등 인프라를
조□하기 위해서는 화약이 최우선적으로 필요한 상황이었다.

이□ 현암이 해방 후 다들 뛰어들었던 삼백산업(제분·제당·면
방직□업)을 물리치고 국가 재건을 위해 위험한 화약사업에 투신
한 명□이 되었다. 현암은 자립경제 기반 구축과 산업 구조 근대
화에 □요한 화약을 원활하게 공급하기 위해 선제적으로 대처해
나갔□. 전량을 수입에 의존하던 초안폭약, 도화선, 연화, 뇌관 등
을 차□로 국산화하는 데 성공해 국산 화약 시대를 열고 국가 경
제 성□의 기반을 마련했다. 화약의 국산화 덕분에 정부는 해마
다 화□ 수입에 할애하던 귀중한 외화를 절감할 수 있었다. 화약
장사는 □ 이익이 나지 않으니 남들처럼 이익이 많은 생필품 판
매업을 □라는 제안을 받기도 했지만, 기간산업을 통해 국가 재
건에 이□ 식하겠다는 현암의 일념은 한 번도 흔들림이 없었다.

1960년□ 제1·2차 경제개발 5개년 계획의 추진으로 자립경제

기반을 구축한 한국 경제는 고도 성장을 위해 도약하기 시작했다. 1970년대 개발정책의 핵심은 수출 주도 성장 정책과 중화학공업 육성 정책이었으며, 그에 따라 한국 정부는 철강, 기계, 전자, 조선, 석유화학, 비철금속 등 6개 분야를 중화학공업 육성 업종으로 지정해 집중 지원하고 있었다. 현암은 정부의 정책 방향에 순응하여 1950년대에는 화약의 수입 대체를 성공시켰고, 이후 1960년대부터는 기계공업, 석유화학 및 에너지 기간산업에 진출해 한국 경제 성장에 동참했다.

10년 적자를 감수해야 한다는 분석에도 불구하고 운영난을 겪던 신한베어링공업을 인수한 것도 공업입국의 미래를 위한 용단이었다. 또한 당시 석유화학시대의 미래를 내다보고 한발 앞서 화학산업에 전력하여 PVC공장을 일군 비전, 이후 섬유사업으로까지 사업을 확장하며 마침내 그룹의 기틀을 다진 것은 기업가로서 현암의 능력을 입증한 것이기도 하다.

현암은 석유화학산업에 과감하게 투자해 향후 한국화약을 종합석유화학 기업으로 도약시키겠다는 강력한 의지를 갖고 있었다. 석유화학산업의 폭발적인 수요를 예견하고 이를 준비해 석유화학산업을 화약산업 못지않은 주축 사업으로 만들겠다는 계획이었다. 또한 급속한 산업화로 국내 에너지 소비량이 증가하면서 주요 에너지원이 석탄에서 석유 중심으로 바뀌던 시절, 정유공장의 신규 가동에 이어 화력발전소를 완공함으로써 국내 에너지 공급 확대에 기여하며 현암은 민간기업이 주도한 에너지산업의 신화를 이룩했다.

이 외에도 현암은 금융업, 건설업, 무역업과 같은 산업이 한국의 지속적인 경제 발전을 견인할 것으로 내다보며 이러한 새로운 산업에 진출하려 시도하기도 했다. 미래 성장에 대한 지식과 혜안, 글로벌 감각과 네트워크 그리고 강한 추진력까지 가지고 있던 그는 제조업에서 이뤄낸 경험과 성과를 바탕으로 '사업보국'의 기치 아래 서비스업으로의 성장을 이루어냈다. 특히 기간산업은 아니었지만 서울프라자호텔을 설립해 국가의 관광사업을 지원하며 내일유업을 인수해 농민의 민생 안정을 돕는 등 유연한 기업관을 보여주기도 했다.

현암이 창업 후 29년간 '사업보국'의 이념으로 다각화를 이룬 사업들은 오늘날 한화그룹의 주요 사업 구조인 방산, 에너지, 금융, 서비스업 등의 근간을 이루는 뿌리가 되었다. 한화그룹은 한화화약의 사업을 폭발적인 성장으로 계승하며 창립 70주년을 맞이하는 2022년, 자산 규모로 재계 7위 그룹에 안착했고 항공우주, 친환경에너지 등 새로운 비즈니스 패러다임을 선도하며 인류의 지속 가능한 발전과 번영에 이바지하고 있다.


## 2) 김종희 회장의 기업가 정신

앞서 기술하였듯이, 현암은 평생 동안 '사업보국'이란 이념을 중요한 사업의 의사결정과 가치 판단의 근거로 삼아온 기업가였다. 그 이면에는 올바르고 새로운 길을 믿음으로 함께 열어가고자 한 '정도와 도전', '창의와 혁신', '신의와 책임'의 기업가 정신이 바탕을 이룬다.

### (1) 정도와 도전

현암은 한국 경제 재건과 발전을 위해 삼백산업의 유혹을 뿌리치고 오로지 '사업보국'의 이념으로 국가 기간산업에 매진했다. 무에서 유를 창조하는 투철한 개척 정신으로 한국화약을 창업·발전시키며 일평생 멸사봉공의 정신을 실천했다.

특히 그의 경영 철학의 중심에는 '화약은 진실하다. 화약은 정확한 시간, 정확한 장소에서 폭발하지 않으면 안 된다. 따라서 화약을 만드는 사람은 경영자를 중심으로 관리자, 기술자, 기능원 모두 화약처럼 진실되고 정직해야만 한다. 나아가 화약사업의 리더들은 인간성 중심의 리더십을 갖추어야 한다'는 생각이 자리하고 있다. 본래 기업이란 이윤을 내기 위해 존재하지만 그는 떼돈이 벌린다 해도 공익에 반하는 일이면 거들떠보지 않았고, 설령 공익에 반하지 않는다 하더라도 그것이 소비성이거나 사치성 사업일 경우에는 손댈 생각을 하지 않았다. 이러한 정도 경영은 다소 융통성이 부족하다는 평가를 받을 때도 있지만 정직하고 청렴한 한국화약만의 전통을 세우는 토대가 되었다.

무엇보다도 한국 경제 재건과 발전을 위해 우리나라 화약산업의 새로운 길을 개척했던 현암의 선구자적 역할은 높이 평가받아 마땅하다. 천신만고 끝에 일본에서 인천화약공장의 기본 설계도를 찾아내 단 한 유일의 화약공장을 복구하고 마침내 화약 국산화의 꿈을 실현해 내기까지, 당시로서는 1%의 확률에 가까운 기적에도 같은 일이었다. 이 일련의 과정들을 한 치의 물러섬도 없이 돌파할 수 있었던 것은 '하면 된다'는 평소의 신념이 작용한 것이기도 하다. 초기 정부 또한 조선유지 인천화약공장을 복구하려는 시도를 했지만 자금과 기술 부족이라는 난관에 봉착해 좌절했다. 그런데 현암은 동일한 조건하에서도 불굴의 도전 정신으로 원래 계획보다 빨리 인천화약공장을 복구하는 데 성공했다. 결국 그 신념과 용기는 다이너마이트 개발로 이어졌고, 현암은 마침내 화약의 국산화를 실현하는 대역사를 만들어냈다.

### (2) 창의와 혁신

현암은 '사업보국'의 이념으로 설정한 목표라면 이를 이루기 위해 항상 최선을 다하는 자강불식의 정신을 발휘했다. 현암이 '다이너마이트 김'이라고 불리는 이유는 물론 화약에 열정을 가지고 다이너마이트 국산화에 성공했기 때문이다. 그러나 더 넓게 생각해 보면, '다이너마이트 김'은 화약에 대한 열정뿐만 아니라 모든 일에 지칠 줄 모르는 에너지를 가리키는 말이었다. 그리고 그 에너지의 중심에는 창의와 혁신 정신이 자리 잡고 있었다.

그는 기업이 지속되려면 성장해야 하고, 그러기 위해선 끊임없이 창의적 아이디어를 창출하고 기술을 개발해 경영 혁신을 지속해야 한다고 생각했다. 석유화학이라는 말 자체가 생소하던 시질 과감히 미래 사업 선점에 뛰어들고자 정부에 먼저 사업 제안을 했던 것도 당시로서는 파격적이었고 혁신적인 행보였다. 또한 정유사업 진출을 꾀하던 중 연이은 실패 속에서도 화력발전사업이라는 묘안을 내 마침내 제3정유공장 사업자로 선정된 것도 차별화된 전략의 성공이었다. 이러한 노력들은 결국 국가적인 절대 과제였던 공업화의 기초를 세우는 기반이 되었다.

현암은 창의와 혁신을 기반으로 미래 전략을 기획하는 최고의 전략가였다. 새로운 사업을 위해 기업을 인수하기도 하고, 직접 설립하기도 하며 또 협력을 통한 합작을 하는 등 다양한 전략을 구사해 어려운 고비들을 지혜롭게 헤쳐나갔다. 비단 성장 전략에만 밝을 뿐 아니라 일을 성사시키기 위한 협상에도 능한 전략가였다. 해방 후 쌓인 화약 재고를 처리하기 위해 작정하고 미군 사령부를 찾아가 다이너마이트 판매를 교섭하기도 했고, 군사정권 시절 최고 권력자 앞에서 자신이 이 사업을 해야 하는 이유와 하지 못하는 이유를 말하며 설득하기도 했다.

이러한 창의와 혁신의 시도들은 화약으로부터 맺은 결실을 다양한 사업에 접목시켜 나가는 과정이었다. 그리고 마침내 현암이 뿌린 이 씨앗들은 훗날 국가에 기여하는 새로운 성장 기회의 밑

거름이 되었다.


### (3) 신의와 책임

현암은 해방 이후 그의 나이 이십대에 조선화약공판의 지배인과 관리인으로 선정되면서 일찍이 경영 능력을 인정받았다. 특히 그는 직원들과의 관계에서 아무리 사소한 일이라도 목숨처럼 중히 약속을 지켰고 자신의 책임을 다하고자 노력했다. 해방 직후 조선화약공판이 무주공산無主空山과도 같은 혼란에 빠져 있을 때 시골집에서 쌀을 받아다가 직원들에게 나눠 주어 동요를 막는가 하면, 추후 한국화약 창업 초기 시절, 어떤 어려운 상황에서도 직원들의 급여가 밀리는 상황만은 막았다. 해방 이후에는 민간이 필요로 하는 화약을 차질 없이 적기에 공급했고, 혼란한 가격폭등 시기에도 다이너마이트 공급 가격을 적정선으로 유지했다. 그는 서로 간에 작은 약속이 깨지면 결국 큰 사업은 이어질 수 없다고 믿었다. 이런 신의는 현재에도 한화그룹의 중요한 정신으로 이어지고 있다. 현암이 리처드 워커 전 주한 미국대사의 환갑잔치를 열어주겠다는 약속을 못 지키고 일찍 타계하자 김승연 회장이 대를 이어 그 약속을 지키기도 했다.

1977년 이리역폭발사고는 한국화약그룹의 명운을 가르는 일생일대의 위기였다. 이 과정에서 현암이 보여준 책임감과 진정성은 자칫 몰락의 길로 접어들 수도 있었던 한국화약의 운명을 다시금 제자리로 되돌려놓는 결정적인 계기가 되었다. 현암은 사고 원인에 대한 명확한 규명과 잘잘못을 따지기에 앞서 인간으로서의 미안함과 죄책감을 솔직히 표현했다. 그리고 자신이 할 수 있는 최대한으로 기꺼이 책임지는 모습을 보여줌으로써 재기를 도모할 수 있었던 것이다. 정부와 피해를 입은 지역 당사자들도 결국 모든 것을 내려놓고자 하는 현암의 책임 의식과 태도를 인정하고 높이 평가했다. 현암은 이처럼 늘 신의를 바탕으로 이해관계자들과 소통하고 협력하며 책임을 회피하지 않는 모습을 보여주었다.

현암 김종희가 세상에 태어난 지 어느덧 한 세기가 지났다. 기업인으로서 뜨겁게 불태웠던 세월을 뒤로하고 피안의 세계로 떠난 지도 어언 40여 년이 흘렀다. 그사이 대한민국 경제는 눈부신 성장을 이루었다. 오늘날 우리가 하나씩 맺어가는 성과들은 엄밀히 따지면 지난날 1세대 기업인들이 쌓아 올린 번영의 토대 위에 이루어진 것이다. 그들은 역사의 뒤안길로 사라졌지만 그들이 남긴 기업가 정신과 사업적 유산은 이 순간에도 여전히 기업 경영의 금과옥조로 빛을 발하고 있다.

현재 세계는 제4차 산업혁명 시대의 도래과 함께 미국과 중국 간 갈등이 야기한 자국 패권주의 그리고 코로나19 팬데믹의 확산으로 제2차 세계대전 이후 한 번도 겪어보지 못한 복합적인 위기를 겪고 있다. 우리나라 또한 지난 세기 1세대 기업인들의 주도로 고도의 성장을 거쳐온 이래, 치열한 글로벌 경쟁과 갈등 속에서도 한 단계 더 높은 미래로 성장해야 하는 시점에 와 있다. 이 순간의 복합 위기로부터 비롯된 대변혁 시대를 준비하고 극복하기 위해서는 1세대 기업인들의 열정과 헌신을 다시 한번 되새겨볼 필요가 있다. 특히 올해 탄생 100주년을 맞아 그동안 잘 알려져 있지 않았던 대한민국 산업 근대화의 주역, 현암 김종희 회장의 불꽃같은 삶 또한 재조명되길 기대해 본다.

그가 남긴 진정한 '사업보국' 정신은 시대를 넘어 오늘날에도 여전히 새로운 세상을 여는 길이 될 것이다.

사진으로 보는 현암의 발자취

•

1922~1981

대한민국 화약계의 개척자이자
여전히 살아 숨 쉬는 불꽃

## 火藥正道
## 화약정도

자고로 화약은 정해진 때와
정해진 장소에서 터져야 하는 법입니다.
그렇지 않으면 그건 화약이 아니에요.

현암 김종희

**인천화약공장 앞에서 직원들과 찍은 단체 사진**

인천화약공장은 광복 이후 한반도 남쪽에 남아 있던 유일한 화약공장이었다. 1953년 현암은 망가진 인천화약공장을 복구해 1955년 12월 감격의 화입식을 끝내고 시험생산에 돌입했다. 대지 40만여 평, 건물 5000여 평 규모의 인천화약공장은 비록 시설은 노후했지만 현암에게는 웅지를 펼 수 있는 날개를 달아주었고, 이후 국산 화약을 대중화하는 데 중요한 기반 시설로 기능했다.

## 조선화약공판 식구들과 함께한 현암

1942년 1월 현암은 서울 남대문 인근에 있던 조선화약공판주식회사에 입사했다.

조선화약공판은 한반도 곳곳에 산재해 있던 화약제조회사 네 곳과 판매사 두 곳을

통합한 회사로 본사에 근무하는 50여 명의 관리직 중 조선인은 다섯 명뿐이었다.

그해 현암은 조선화약공판 구매부에 입사해 화약인으로서의 삶을 시작했다.

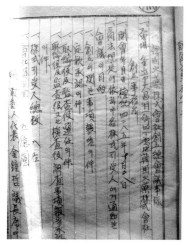

## 한국화약 창립총회 의사록

1952년 10월 부산에서 자본금 5억 원으로 출범한 한국화약은 현암을 비롯해 김종철, 유삼렬, 김덕성, 민영만, 홍용기, 권혁중 등 7인의 발기인으로 발족했다. 이때 현암은 첫째, 적정가격 유지, 둘째, 무제한 공급, 셋째, 철저한 서비스 등의 영업 방침을 내걸고 한국화약의 생성기를 시작했다.

**1950년대 인천화약공장 공실**

**1960년대 인천화약공장 전경**

**한국화약이 생산한 대한민국 최초 국산 다이너마이트**

현암은 초안폭약 국내 생산의 여세를 몰아 다이너마이트 생산에도 전력을 쏟았다.
1958년 6월 인천화약공장 초화공실에서 작업반원 네 명의 생사를 건 초화작업이
시작되었고, 마침내 한국화약은 해방 13년 만에 우리 땅에서 다이너마이트를 생산
하는 데 성공했다. 이로써 한국은 일본에 이어 아시아에서 두 번째로 다이너마이트
를 생산할 수 있는 국가가 되었다.

### 이승만 대통령의 한국화약 방문

일찍이 이승만 대통령은 "우리나라에도 화약공장이 있는데 왜 화약을 만들어내지 못하느냐, 아직도 일본이 만든 화약을 쓰고 있다면 부끄러운 일이 아닌가?"라며 화약의 국산화에 깊은 관심을 두었고, 인천화약공장을 시찰하는 등 화약산업을 국가 기간산업의 주요 근간으로 보았다.

**윤보선 대통령의 한국화약 방문**

**인천화약공장을 시찰하는 현암**

불타는 사명감으로 국가 발전의 토대를 일군
불멸의 거인

---

# 事業報國
# 사업보국

---

한국화약의 경인에너지발전소와 정유공장 준공은
대한민국 공업화를 30년 앞당긴 위대한 사건입니다.
1972년 율도발전소 준공식에서 대통령 박정희

## 신한베어링공업을 시찰하는 현암

한국화약은 1964년 1월 군수용 베어링 생산업체 신한베어링공업을 인수하며 기계
공업에 진출했다. 당시 한국화약 기획실에서는 "적어도 10년간 손실을 각오해야 한
다"라고 평가할 만큼 신한베어링공업은 심각한 적자 상태였다. 하지만 현암은 베어
링산업이 폐허가 된 조국을 재건하는 데 필수 사업이라는 판단하에 과감히 인수를
결정했다.

**박정희 대통령과 함께 한국화성공업 진해공장을 시찰하는 현암**

한국화성공업의 진해공장은 석유화학 공법으로 건설한 국내 최대 PVC 생산기지였다. 공장은 당초 물류에 적합한 지역이라 제2정유공장 후보지로 손꼽혔던 진해시 장천동 일대 7만 6000평 부지에 들어섰으며, 기공식은 현암은 물론 박정희 대통령까지 참석하며 성대하게 치러졌다.

**박정희 대통령에게 경인에너지 공사 현장에서
프레젠테이션을 하는 현암**

당시 경인에너지는 국내 최초의 민자발전사로 주목받는 한편, 제3정유공장의
가동으로 국가 경제 측면에도 크게 기여했다. 1970년대 초 연평균 10%의 경
제 성장과 제조업이 주도하는 산업 구조의 고도화 속에서 적기에 에너지를 공
급해 산업계의 숨통을 트이게 했으며, 기존 정유회사들과의 경쟁 체제를 가속
화해 석유류 제품의 다양화와 품질 개선을 촉진하는 기폭제가 되었다.

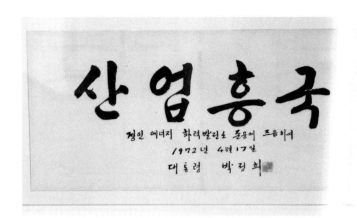

경인에너지 준공식에 방문한 박정희 대통령의 친필 휘호

미국 유니온오일사와 경인에너지 합작투자 계약을 체결하는 현암

**태평양건설의 사우디 현장을 시찰하는 현암**

현암은 서울프라자호텔 건축을 구상하는 단계에서 건설업 진출을 본격적으로 도
모했다. 이에 1973년 동원공업 인수 후 사명을 태평양건설(현 한화건설)로 변경하고
1976년 해외건설업 면허를 취득함으로써 중동 건설 경쟁에 뛰어들었다. 중동 건설
시장에서 현암이 거둔 첫 결실은 1976년 사우디아라비아에서 수주한 2200만 달
러 규모의 아파트 및 빌딩 건설 공사였고, 같은 해 태평양건설은 인수 당시 533위
였던 도급 순위를 단 1년 만에 27위까지 끌어올리며 승승장구했다.

## 서울프라자호텔 기공식에 참석한 현암

기간산업 외에는 관심을 두지 않았던 현암은 호텔사업에도 소극적인 반응을 보였으나 외화 획득을 위한 관광사업에 적극 협조해 달라는 정부의 요청에 고집을 꺾고 세계 어디에 내놓아도 손색이 없는 일류 호텔의 건설을 다짐하게 되었다. 그렇게 1976년 10월 1일, 착공 34개월 만에 개관된 서울프라자호텔은 서울의 심장부이자 교통의 중심인 서울시청 광장을 가로지르며 오늘날까지도 대한민국의 관광산업에 중추적 역할을 담당하고 있다.

서울프라자호텔 개관 당시 전경

학생들이 '소나무처럼 푸르고 무성하게 잘 자라길'
바랐던 순수한 육영가

---

# 如松之盛
# 여송지성

---

잘 먹고 잘살려고 사업을 시작한 게 아닙니다.
돈을 버는 것은 의미 있는 일에 쓰기 위함이지,
돈 자체가 인생의 목적이 되어서는 안 됩니다.

현암 김종희

## 북일고 개교식에 참석한 현암

현암은 유능한 인재들을 길러내 국가 부흥의 기둥이 되게 하면 우리도 언젠가는 일본이나 미국을 능가하는 부강한 국가를 건설할 수 있다는 확고한 신념으로 고향 땅에 북일고를 설립했다. 1975년 5월 문교부로부터 재단과 학교설립에 관한 인가를 받고 8월에 첫 삽을 뜬 지 3개월 만인 그해 10월, 마침내 1700평 규모의 4층짜리 학교 건물과 기숙사를 완공했다. 1976년 3월 6일에 거행된 북일고 개교식에는 각계의 VIP 인사 400여 명이 참석해 성황을 이루었고 전국 교육계에서도 초미의 관심을 보였다.

**북일고 개교 당시 전경**

**북일고 기숙사에 걸린 현암의 친필 현판**

현암은 북일고 기숙사인 여송학사 입구에 '여송지성(如松之盛)'을 직접 쓴 현판을 내
걸었고, 교정의 큰 바위에도 직접 교훈을 써 자신의 뜻을 알렸다.

**봉황대기 우승 후 북일고 선수들을 축하해 주고 있는 현암**

현암은 북일고 야구 경기가 열리는 날이면 격무 중에도 매번 경기 결과를
직접 확인할 정도로 관심과 애정을 쏟았다. 불과 창단 3년 만에 이룬 2관
왕(봉황대기·화랑대기)은 고교야구 역사상 전대미문의 성과였다. 당시 천안
역 앞에서 환영식과 시가행진을 했을 정도로 지역민들의 환대 또한 대단
했다.

## 해외 회의에 참석한 현암과 하세가와 회장

현암은 화약사업 초창기 시절부터 알게 된 아시아석유의 하세가와 회장과 친형제 못지않은 각별한 인연을 유지했다. 한국에서 어린 시절을 보낸 하세가와 회장은 현암이 일본으로 출장을 갈 때면 만사를 제쳐두고 현암의 일을 봐주었다. 현암이 세상을 떠난 후로도 하세가와 회장은 오랫동안 현암의 사진을 지갑에 넣고 다니며 추모했다.

**해외 출장길에서 외국인 관계자에게 선물을 건네는 현암**

현암은 외국의 업체들과 합작을 하거나 인연을 맺으면 자신을 '한국을 대표하는 민
간외교관'이라고 강하게 인식했다. 외국 기업들과의 제휴에서도 단순히 성사에만
매달리지 않고, 한국에 대한 긍정적인 이미지와 한국이 미래의 동반자라는 인식을
심어주는 데 주력했다. 또한 직접 철물점에 주문하여 만든 엿가위를 외국인 관계자
들에게 선물하는 등 위트 있는 선물로 인연을 돈독히 다졌다.

## 골프장에서도 민간외교에 힘쓴 현암

젊은 시절 유도를 배울 만큼 운동을 좋아했던 현암은 나이가 들고부터는 건강 관리

차원에서 운동을 꾸준히 했다. 현암이 자주 찾았던 미8군 골프장은 출입 절차가 매

우 까다로운 곳이었지만, 당시 미8군 사령관은 골프장 책임자에게 현암을 본인과

같이 예우하라는 지침을 내릴 정도로 신뢰가 깊었다. 1968년 한 언론기사 보도에

의하면 현암의 골프 핸디는 13 정도로 나와 있다.

## 그리스 명예총영사 시절의 현암

1967년 현암은 그리스 명예총영사직을 맡아 한국과 그리스 간의 경제 및 문화 교류에 남다른 정성을 기울였다. 그 당시에는 주한 그리스대사관이 개설되기 전이었는데 우리 외무부 직원들은 "명예총영사가 너무 업무를 잘해 주니까 그리스가 대사관을 설치 안 하는 게 아니냐"라는 우스갯소리를 할 정도였다. 이런 현암의 노력을 높이 평가한 그리스 정부는 최고 명예훈장인 금성십자훈장을 수훈했고, 현암과 그리스의 특별한 인연은 김승연 회장이 그리스 명예총영사직을 승계함으로써 지금까지 이어져 오고 있다.

사업보국의 꿈을 이루기 위해
잠시도 쉬지 않고 자신을 단련했던 강인한 사람

---

# 自强不息
# 자강불식

---

강력한 자가 돼라! 남에게 흔들리지 말고,

말을 많이 하지 말고, 태만하지 말고,

열심히 정진하라!

학창 시절 찍은 사진 뒷면의 글귀

## 천안면 부대리 북일사립학교 전경

현암에게 직접 세례를 준 영국 출신 성공회 신부 세실 쿠퍼
가 세운 북일사립학교는 가난한 부대리 아이들이 서구식 신
학문을 배울 수 있는 크나큰 기회이자 자랑거리였다. 30평
짜리 성당 부지 빈터에 흙벽돌을 쌓아 세운 교실 두 칸에서
현암은 2년을 보내며 자신의 꿈을 무럭무럭 키워갔다.

**경기도립상업학교 재학 시절의 현암**

**학창 시절 찍은 사진에도 자강불식의 각오를 다진 현암**

## 야유회에서 직원들과 줄다리기를 하는 현암

현암은 공적인 업무에서만큼은 누구보다 냉철하고 엄격했지만, 그의 곁에서 오랜 시간 가까이 한 사람들은 현암의 속 깊은 정에 매료되었다고 회고한다. 한국화약 초창기 시절 전 직원 수가 많지 않을 때에는 꼭 한자리에 모여 식사하기를 즐겼고, 북한산성 같은 곳으로 야유회도 함께 다니곤 했다. 야유회 준비물 목록에 '김치를 챙길 것'이라고 메모해 전달할 정도로 직원들을 세심히 살폈다.

一、積極的으로
일하자

一、合理的으로
일하자

一、國家社會에
寄與하자

### 1976년 한국화약 사훈

한국화약은 초기 사훈인 '신념·용기·봉사'의 이념을 보다 구체화하여 1976년 '적극
적으로 일하자·합리적으로 일하자·국가사회에 기여하자'로 사훈을 변경했다. 본 사
훈은 현암의 친필로, 평소 현암은 서예, 바둑, 오르간 같은 취미를 통해 화약인으로
서 평생 운명처럼 느껴야 할 마음의 긴장을 완화하려고 노력했다.

### 자택에서 아내 강태영 여사와 함께한 모습

현암은 첫눈에 강 여사의 됨됨이를 알아보았고, 그런 그녀에 대한 현암의 애정은

남달랐던 것으로 유명하다. 평소 현모양처의 전형을 보여준 강태영 여사였지만 이

리역폭발사고처럼 중요한 순간에는 그 누구보다 강단 있는 태도로 현암에게 조언

을 아끼지 않은 든든한 조력자이기도 했다.

## 독실한 성공회 신자였던 현암

현암은 어릴 적 세실 신부에게 배운 '가진 것을 나누고 베풀되, 오른손이 하는 일을
왼손이 모르게 하라'는 삶의 태도를 평생 견지하고 실천했다. 어려서부터 자연스럽
게 종교의 영향을 받아온 현암은 이후 자신의 생활과 사업에서 늘 올바르고 정의
로운 삶에 대해 천착했고, 세상에 선한 영향력을 행사하기 위한 노력을 게을리하지
않았다. 현암은 성공회 후원과 어려운 이웃을 돕는 일에도 항상 마음을 썼다.

## 소탈하고 검소한 성품의 소유자

현암은 스스로에게 지나칠 정도로 엄격하고 검소했다. 양말에 구멍이 나도 "구두
신으면 보이나" 하며 그냥 신을 정도로 차림새에 무심했고, 직원들이 보고자료를
올릴 때에는 이면지를 쓸 것을 권유할 정도로 종이 한 장 허투루 쓰지 않았다. 가까
운 지인이나 친지들로부터 무소유의 기쁨이란 뜻의 '무희(無喜)' 소리를 들을 만큼
물욕이 없었고 불필요한 낭비를 하지 않았다.

## 봉사 현장에서 아이들과 함께한 현암

현암은 아이들을 좋아했다. 거리를 걷다가도 아이들이 모여 놀고 있으면 그냥 지나
치지를 못했다. 괜스레 한번 툭 건들고는 "얌마, 코 닦아" 하며 장난스럽게 한마디씩
건네곤 했다. 현암은 자녀들에게도 한없이 자애로운 아버지로 기억되었다. 업무를
마치고 나면 늘 한 시간 정도 시간을 내어 홀로 유학 중인 장남 승연에게 편지를 썼
고, 연년생으로 아이를 기르는 딸을 위해 외손주를 돌보기도 했다.

## 현암의 영면

1981년 7월 23일 밤 9시, 현암은 가족이 지켜보는 가운데 파란의 한 생애를 마감했다 가회동 자택에 마련된 빈소에는 경제계를 필두로 정계·언론계·문화계 등 당대 유력 인사들부터 시골 노인까지 2000여 명이 찾아와 조문의 예를 갖추었다. 7월 27일 한국화약그룹장으로 치러진 현암의 영결식은 대한성공회 서울대성당에서 1000여 명의 조문 인사가 참석한 가운데 성공회 의식으로 거행되었고, 고별식이 끝난 후 현암의 유해는 가족과 친지, 임직원, 북일고 학생들이 지켜보는 가운데 충남 공주군 정안면 보물리 선영에 안장되었다.

# 현암 김종희 연보

## 出生 및 學歷

| | |
|---|---|
| 1922. 11. 12. | 충남 천안군 천안면 부대리 出生 |
| 1935. 3. | 직산공립보통학교 졸업 |
| 1936. 3. | 성환공립심상소학교 고등과 수료 |
| 1937. 3. | 경기도립상업학교 입학 |
| 1941. 12. | 원산공립상업학교 졸업 |

## 經營活動

| | |
|---|---|
| 1942. 1. | 조선화약공판 입사 |
| 1952. 10. | 한국화약주식회사 설립 |
| 1953. 6. | 조선화약공판 인수 |
| 1955. 10. | 조선유지 인천화약공장 인수 |
| 1958. 6. | 국내 최초의 다이너마이트 국산화 개발 성공 |
| 1964. 1. | 신한베어링공업 인수 |
| 1965. 8. | 한국화성공업 설립 |
| 1966. 7. | 태평물산 설립 |
| 1968. 9. | 제일화재해상보험 인수 |
| 1969. 11. | 경인에너지개발 설립 |
| 1972. 12. | 한국프라스틱공업 설립 |

| 1973. 2. | 대일유업 인수 |
|---|---|
| 1973. 9. | 동원공업 인수 |
| 1973. 11. | 태평개발 설립 |
| 1975. 5. | 학교법인 천안북일학원 설립 |
| 1976. 5. | 성도증권 인수 |
| 1976. 10. | 서울프라자호텔 개관 |
| 1979. 1. | 그룹 서소문 신사옥 준공 |
| 1980. 8. | 그룹, 미국《포춘》선정 |
| | 세계 500대 기업 393위 선정 |
| 1981. 7. 23. | 현암 회장 영면(향년 59세) |

**賞勳** 및 **經歷**

| 1967. 8. | 주한 그리스 명예총영사 선임 |
|---|---|
| 1970. 3. | 동탑산업훈장 수상 |
| 1972. 1. | 그리스 금성십자훈장 수상 |
| 1972. 12. | 통일주체국민회의 대의원 당선 |
| 1973. 4. | 은탑산업훈장 수상 |
| 1974. 11. | 철탑산업훈장 수상 |
| 1977. 4. | 전국경제인연합회 부회장 추대 |
| 1981. 10. | 금탑산업훈장 추서 |

# 불꽃, 더 큰 빛으로

**초판 1쇄 인쇄** 2022년 11월 5일
**초판 1쇄 발행** 2022년 11월 11일

**지은이** 한화그룹현암탄생100주년기념사업회
**펴낸이** 김선식

**경영총괄** 김은영
**책임편집** 임보윤 **디자인** 윤유정 **책임마케터** 이고은
**콘텐츠사업1팀장** 임보윤 **콘텐츠사업1팀** 윤유정, 한다혜, 성기병, 문주연
**편집관리팀** 조세현, 백설희 **저작권팀** 한승빈, 김재원, 이슬
**마케팅본부장** 권장규 **마케팅2팀** 이고은, 김지우
**미디어홍보본부장** 정명찬 **홍보팀** 안지혜, 김민정, 오수미, 송현석
**뉴미디어팀** 허지호, 박지수, 임유나, 송희진, 홍수경 **디자인파트** 김은지, 이소영
**재무관리팀** 하미선, 윤이경, 김재경, 안혜선, 이보람
**인사총무팀** 강미숙, 김혜진 **제작관리팀** 박상민, 최완규, 이지우, 김소영, 김진경, 양지환
**물류관리팀** 김형기, 김선진, 한유현, 민주홍, 전태환, 전태연, 양문현, 최창우

**펴낸곳** 다산북스 **출판등록** 2005년 12월 23일 제313-2005-00277호
**주소** 경기도 파주시 회동길 490
**전화** 02-702-1724 **팩스** 02-703-2219 **이메일** dasanbooks@dasanbooks.com
**홈페이지** www.dasan.group **블로그** blog.naver.com/dasan_books
**종이** IPP **인쇄** 한영문화사 **제본** 대원바인더리 **후가공** 제이오엘엔피

ISBN 979-11-306-9452-8 (03320)